SH-C-15

THEO CHRISTIANSEN

SCHLESWIG
UND DIE SCHLESWIGER
1945–1962

HERAUSGEBER
GESELLSCHAFT FÜR SCHLESWIGER STADTGESCHICHTE

HUSUM

Umschlagbild: Blick vom Karberg (Foto T. C.)

CIP-Titelaufnahme der Deutschen Bibliothek
Christiansen, Theo:
Schleswig und die Schleswiger 1945−1962 / Theo Christiansen.
Hrsg. Ges. für Schleswiger Stadtgeschichte. − Husum : Husum
Druck- u. Verlagsges., 1987
   Forts. zu: Christiansen, Theo: Schleswig 1836−1945
   ISBN 3-88042-402-0

© 1987 by Husum Druck- und Verlagsgesellschaft mbH u. Co. KG,
   2250 Husum
Satz: Fotosatz Husum GmbH
Druck und Verarbeitung: Husum Druck- und Verlagsgesellschaft
Postfach 1480, D-2250 Husum
ISBN 3-88042-402-0

Zum Geleit

Die Gesellschaft für Schleswiger Stadtgeschichte freut sich, bereits zwei Jahre nach dem Erscheinen des Buches »Schleswig in der Gottorfer Zeit 1544–1711« von Hermann Kellenbenz einen weiteren Band zur Schleswiger Stadtgeschichte vorlegen zu können. Er behandelt die jüngste Geschichte unserer Stadt ab 1945 – einen Zeitabschnitt, den viele Bürger miterlebt und zum Teil auch politisch, gesellschaftlich und vor allem auch kulturell mitgestaltet haben. Was uns einst bedrängende Gegenwart war, oftmals eine schier hoffnungslose, die gemeistert werden mußte, was wir aber auch an Schönem und an Aufbau und Gelingen erlebt haben, ist nun mittlerweile Geschichte geworden.

Dr. Theo Christiansen hat die Geschichte der Stadt Schleswig der Jahre von 1836 bis 1945 bearbeitet und vor 14 Jahren als Buch vorgelegt – ihm danken wir sehr herzlich für die mühevolle Bearbeitung auch des Abschnittes 1945 – 1962.

Dank sagen wir der Staatskanzlei des Landes Schleswig-Holstein sowie der Stadt Schleswig für tatkräftige Unterstützung des Vorhabens. Der Husum Druck- und Verlagsgesellschaft danken wir für die sorgsame Betreuung der Herausgabe.

Möge auch diesem Band Theo Christiansens – wie dem ersten – der gebührende Erfolg beschieden sein!

Schleswig, im November 1987

Dr. Wolfgang Laur　　　　　　　　　　*Reimer Pohl*
1. Vorsitzender der Gesellschaft　　　Redaktionsleiter
für Schleswiger Stadtgeschichte

Vorwort

Dieses Buch ist die Fortsetzung des 1973 erschienenen »Schleswig 1936–1945«. Mancher Leser wird fragen, warum die Darstellung mit dem Jahr 1962 endet. Dafür gibt es etliche Gründe: Die seitdem vergangenen Jahre sind noch zu nahe, eine Schilderung erfordert einen größeren Abstand. – 1962 mußte vorzeitig eine neue Ratsversammlung gewählt werden, da 1959 ein Formfehler übersehen worden war. – Die neugewählte Versammlung hatte schon im wesentlichen die gleiche Zusammensetzung wie heute. – Die Umsiedlung der Heimatvertriebenen war abgeschlossen. – Viele Bauvorhaben, die das heutige Stadtbild mehr oder weniger gelungen prägen, waren begonnen bzw. geplant.

Ein ganzes Buch für nur 17 Jahre? Die Kapitulation hinterließ auch in Schleswig, das äußerlich vom Krieg weitgehend verschont worden war, einen ›inneren Scherbenhaufen‹.

Eine »Stunde Null« mit einem absoluten Neuanfang gab es hier wie überall nicht, konnte es nicht geben, da die Menschen die gleichen blieben, und diese sich nur selten radikal ändern. Als der Druck der Besatzungsmacht sich lockerte und die materiellen Lebensgrundlagen sich besserten, wurden aus den ›Scherben‹ oft wieder die alten Formen zusammengeklebt.

Dennoch wurde die Kapitulation in vielen Lebensbereichen der Bürger ein entscheidender Einschnitt. Die von der britischen Militärregierung forcierte Demokratisierung des politischen Lebens, der Strom der Heimatvertriebenen, der Umbruch in der nationalen Gesinnung und die Währungsreform sind einige der wesentlichsten Änderungen.

Die politische und geistige Haltung der Menschen wurde daher von den wiederbelebten Lebensgewohnheiten der Vergangenheit und den großen neuen Tendenzen der Gegenwart, die von außen auf sie eindrangen, bestimmt.

Aufgabe dieses Buches soll es sein, zu schildern, wie die Schleswiger die Herausforderungen der Zeit annahmen, wie die Stadt sich entwickelte und welche größeren und kleineren Ereignisse in ihr stattfanden. In diesen 17 Jahren bahnten sich technische Änderungen an, die dann in den Jahren bis heute sich rasant entwickelten und auch zu entscheidenden Wandlungen der Lebensgewohnheiten und Lebensauffassungen führten, deren Folgen noch kaum zu überschauen sind.

Das Buch ist eine Mischung von Schilderung und Chronik. Die Beschaffung der Quellen war nicht leicht, da viele Akten sich heute noch unter Verschluß befinden. Weil ich seit 1950 dienstlich an manchen Vorhaben der Stadtverwaltung teilhaben mußte, z. T. also selber ›Quelle‹ bin, habe ich dort die ›Ich-Form‹ gewählt, wo ich besonders beteiligt war, um die Darstellung nicht zu umständlich zu machen.

Es gilt, Dank zu sagen: Dem Landesarchiv Schleswig-Holstein, dem Stadtarchiv Schleswig mit zunächst noch meinem lieben verstorbenen Freund Helgo Klatt und dann Christian Radtke MA, dem Bundeskraftfahrtamt Flensburg, dem Hauptpostamt Schleswig, der Gesellschaft für Postgeschichte in Kiel, dem Statistischen Landesamt in Kiel, vielen Schleswigern, die sich zu Befragungen bereitfanden, Frau Hansen von der Dansk Bibliothek in Schleswig, die außerordentlich freundlich und schnell Literatur besorgte, Frau Dr. Dagmar Unverhau, die beim Korrekturlesen half, und meiner Frau, die eine immer geduldige und kritische Zuhörerin war.

Inhaltsverzeichnis

	Seite
Zum Geleit	5
Vorwort	6

I. Abschnitt
FOLGEN DES KRIEGES

Chaos 1945	9
Die Heimatvertriebenen	12
Die dänische Bewegung	15
Die Militärregierung	29
Die Entnazifizierung	33

II. Abschnitt
DIE POLITISCHE ENTWICKLUNG

1945 bis April 1951	39
Mai 1951 bis April 1955	46
Mai 1955 bis Oktober 1959	51
Oktober 1959 bis März 1962	55

III. Abschnitt
VERWALTUNG UND ENTWICKLUNG DER STADT

Verwaltung der Not	59
Der Kampf um Institutionen 1945–1948	64
Regierungssitz	64
Universität	66
Landesmuseen	67
Gerichte	69
Straßen- und Wohnungsbau, öffentliche Bauten, Bemühungen um Betriebe	70
Kulturelle Institutionen und Bestrebungen der Stadt	
Das Stadtarchiv	84
Von der englischen Lesehalle zur »Deutschen Brücke«	85
Die Volkshochschule	86
Die Stadtbücherei	88
Das Städtische Museum	90
Die Idstedtgedächtnishalle	92
Das Nordmark-Landestheater	93
Der Kampf um das Freilichtmuseum	100
Chronik anderer Maßnahmen, Ereignisse und Personalien	102

IV. Abschnitt
CHRONIK DES BÜRGERLEBENS

Vorbemerkungen	112
Die Briten lockern die Versammlungsverbote	113
Die Kirchen	114
Die Gewerkschaften	121
Die Sportbewegung	124
Das kulturelle Leben	126
Ergänzendes Allerlei	137

Quellen- und Literaturverzeichnis 139
Anmerkungen und Quellenhinweise 143
Anhang 149
Register 153

Folgen des Krieges

Chaos 1945

Als die Schleswiger am 8. Mai 1945 um 12.30 Uhr über den Flensburger Radiosender die Ansprache des »Nachfolgers des Führers« Großadmiral Dönitz hörten, in der er die bedingungslose Kapitulation mitteilte und u. a. sagte: »Am 8. Mai, 23 Uhr, schweigen die Waffen«[1] − seiner Ansprache folgte eine beklemmende 3-minütige Funkstille −, wurden sie nicht überrascht.

Schon seit Herbst 1944 wurde den meisten Bürgern klar, daß das »Reich« den wahnsinnigen Krieg verlieren mußte. Die Zahl der ausgebombten über die Bugenhagenschule in die Wohnungen eingewiesenen Großstädter, die zunehmende Zahl der Flüchtlinge aus dem Osten, die zunächst von Verwandten und Bekannten aufgenommen wurden, die zunehmenden Versorgungsschwierigkeiten − die auf den Lebensmittelkarten angegebenen Rationen konnten oft nicht ausgegeben werden −, Heizmaterialien wurden immer knapper, Strom und Gas standen oft nur wenige Stunden am Tage zur Verfügung, die quälende Angst um das Schicksal der an den Fronten kämpfenden Angehörigen, all diese Anzeichen des herannahenden Endes waren schon eindeutig. Die krampfhaften Durchhalteparolen und die beschönigenden Frontberichte mit Städtenamen aus dem Reichsgebiet konnten nichts mehr verschleiern. Vom 22. Januar 45 an kamen große Transporte von »Flüchtlingen« in der Stadt an. Am 11. Februar waren es 800. Die Bugenhagenschule und die Turnhalle der Wilhelminenschule waren die Durchgangslager, von denen die Einweisung in Wohnungen in der Stadt und Dörfer in der Umgebung erfolgte. Die »Kriegschronik«[2] vermerkt zum 27. Februar 45: »Schleswig beherbergt jetzt schon rd. 5000 Ausgebombte und Flüchtlinge«. Die Lawine des Elends wuchs im März und April zu einem unbeschreiblichen Ausmaß an. Auch viele Transporte mit Verwundeten trafen ein. Dom-, Lornsen- und Gallbergschule wurden Behelfslazarette. In dieses Chaos wurde am 13. April auch noch die Universität Kiel verlegt.

Zu der Not kam die Angst, daß die Kriegslawine über die Stadt hereinbrechen könnte. Am 27. April zog der »Volkssturm« aus, um Panzersperren auf den Zufahrtsstraßen zu bauen. 91-mal wurde im April/Mai »Luftgefahr« durchgesagt.[3]

Der Befehl des Großadmirals Dönitz vom 3. Mai 45, 11.20 Uhr, an den »Kampfkommandanten Schleswig«, daß alle verfügbaren Kräfte an den Kaiser-Wilhelm-Kanal zu führen seien, »... der zu verteidigen ist ...«, sowie der Befehl vom gleichen Tag 13.10 Uhr an den »Kampfkommandanten Rendsburg«, daß die Stadt nicht aufgegeben werden dürfe[4], mußten die Angst verstärken. Wenn auch Gerüchte über die Kapitulationsverhandlungen durchsickerten und die Einwohner die »Waffenruhe« vom 5. Mai durch das Einrücken der britischen Soldaten unmittelbar erlebt hatten, so atmeten doch die meisten nach der Ansprache des Großadmirals am 8. Mai erlöst auf, sie waren endgültig der unmittelbaren Kriegsgefahr entronnen.

Die Stadt war in den letzten Wochen des Krieges ein brodelnder Gerüchtekessel gewesen. Die Kriegschronik berichtet zum 19. April: »Die Stimmung ist schlecht.« Zum 2. Mai vermerkt die Chronik: »Hitlers Tod bekannt ... Ein unaufhörlicher Strom von Soldaten und Flüchtlingen wälzt sich durch die Friedrichstraße nach Norden. Die Zahl der Kraftwagen ist unübersehbar ... Wilde Gerüchte sind im Umlauf. Der Krieg ist verloren ...« Auch ›Personalien‹ boten Anlaß zu Gerüchten und Klatsch. Viele ›Prominente‹ passierten auf der Durchreise die Stadt, unter ihnen Max Schmeling und Anny Ondra, die, auf der Durchreise von Sylt kommend, die Nacht zum 24. April im Friedrichsberg verbrachten. Der Reichskulturminister Dr. Rust nahm am 23. April im Hotel »Stadt Hamburg« Quartier, fand dann im Schloß Louisenlund Unterkunft, wurde am 7. Mai in das Landeskrankenhaus eingewiesen und erschoß sich wenige Tage später in der Gegend von Behrend. Großadmiral Dönitz passierte in der Nacht vom 2. zum 3. Mai die Stadt auf seinem Weg nach Mürwik. Er war nur sehr langsam von Plön vorangekommen, da die Straße unter dauerndem Beschuß von Tieffliegern lag. Die Schleswiger dürften aber kaum geahnt haben, daß er am 2. Mai um 21 Uhr von der Levensauer Hochbrücke aus den Generaladmiral v. Friedeburg zu General Montgomery geschickt hatte, um einen Waffenstillstand für die Nordfront zu erreichen.[5]

Am 3. Mai brach die Ordnung in der Stadt zusammen. Es wurden auf dem Bahnhof 2 Waggons mit Kohle und Militärbekleidung, das Proviantmagazin an der Suadicanistraße und weitere militärische Lager geplündert. Militärpatrouillen stellten am 4. Mai ohne Gebrauch der Schußwaffen die Ordnung wieder her und sorgten für Ruhe in den langen Käuferschlangen vor den Lebensmittelgeschäften.

Die am 5. Mai um 8.00 Uhr beginnende Waffenruhe für die 21. britische Heeresgruppe, die von Friedeburg mit Montgomery ausgehandelt hatte, brachte die Befreiung von der Kriegsangst, aber auch einen beängstigenden neuen Zustand. Große britische Verbände rollten nordwärts durch die Stadt, um den ›Reststaat‹ Mürwik zu zernieren, und erste britische Einheiten zogen als »Quartiermacher« ins Hotel »Stadt Hamburg« ein. Sie machten den Einwohnern sofort klar, wem sie jetzt zu gehorchen hatten: Unter Androhung harter Strafen wurden die Ablieferung aller Waffen und Fotoapparate sowie eine Ausgangssperre von 22.00–6.00 Uhr angeordnet.

In den ersten Wochen nach der Kapitulation herrschte in der Stadt noch eine ›zwielichtige‹ Situation. Vor dem Hotel »Stadt Hamburg« und dem Rathaus zogen Doppelposten auf: je ein britischer und ein deutscher Soldat unter Gewehr. Am 8. Mai fand im »Stalag Xa«[6] am Hesterberg »... eine große Siegesfeier sämtlicher Lagerinsassen ...« statt[7], und die Kriegschronik berichtet, daß die Straßen der Stadt an diesem Tag von Einheimischen, Flüchtlingen und »Ausländern« stark belebt waren, sich im Schloßhof große Waffenhaufen türmten, entlassene »Kriegsgefangene« sich in den Straßen »breitmachten« und »einzelne Ausschreitungen« begingen, während immer mehr britische Uniformen in den Straßen auftauchten. Währenddessen arbeiteten in »Stadt Hamburg« die britischen Stäbe an den Plänen für die Übernahme der politischen, administrativen und militärischen Gewalt.

Schon am 9. Mai mußten sie in der Öffentlichkeit eingreifen, um Ausschreitungen bei einem großen Demonstrationszug bewaffneter Kriegsgefangener, vor allem Russen und Polen, zu verhindern. Deutsche Soldaten mit weißen Armbinden wurden dabei als Hilfskräfte eingesetzt. Die Bevölkerung verharrte an diesem Tag verängstigt in den Wohnungen. Außer kleineren Diebstählen, vor allem von Fahrrädern, kam es zu keinen Zwischenfällen.

Über die am 15. Mai einsetzende ›Säuberung‹ der deutschen Verwaltungsorgane und die Beschlagnahme von Wohnungen wird an anderer Stelle noch berichtet. Das Wichtigste war den Briten zunächst die Entwaffnung und die Überführung geschlossener Wehrmachtseinheiten in Sammellager. Diese wurden u. a. in Busdorf, Treia und im Schleswiger Dom eingerichtet. Die Erfassung war im wesentlichen am 19. Mai abgeschlossen.

Die Stadt glich in den ersten Wochen nach der Kapitulation dem verlassenen Heerlager einer geschlagenen Armee. Im Hafen lagen über 200 kleinere Schiffe vieler Typen: Fischerboote und kleine Passagierboote, auf denen sich Flüchtlinge vor der Roten Armee in Sicherheit gebracht hatten, sowie kleinere Einheiten der Reichsmarine. Die Durchgangsstraßen waren von liegengebliebenen Wehrmachtsfahrzeugen umsäumt. Als am 14. Mai die Moltkekaserne für die Briten von verwundeten deutschen Soldaten ge-

10

Der Bretterzaun a. d. unteren Moltkestraße am 9. Mai 1945. Heute befindet sich dort die Auffahrt zum Warenhaus Karstadt. Heimliche Aufnahme aus einem Fenster der Stadtbücherei. Foto Koch. Städt. Museum. Repro: T. C.

räumt werden mußte, schleppten Schleswiger aus den Kellern Kohlen und Ausrüstungsgegenstände auf Handwagen ab, ohne daß eingeschritten wurde. Die Kriegschronik vermerkt: »Ein trauriges Bild.«

Eine Tragödie bahnte sich an, die die Schleswiger aber als Erleichterung empfanden. Seit dem 8. Mai bewegten sich die freigelassenen russischen und polnischen Kriegsgefangenen frei in den Straßen der Stadt. Sie belästigten Frauen und betrieben ›Wiedergutmachung‹ auf eigene Faust, indem sie vor allem Fahrräder und Uhren, oft mit Gewalt, stahlen. Am 20. Mai traf eine russische Militärkommission in der Stadt ein. Mit Hilfe der Briten beschlagnahmten sie das »Ballhaus Hohenzollern« und fingen am 2. Juni an, dort die russischen Kriegsgefangenen zusammenzulegen. Diese plünderten übrigens das Haus. Am 14. Juni überließen die Briten den Russen die Moltkekaserne. Alle russischen Kriegsgefangenen wurden nun dort zusammengezogen. Über dem Haupthaus wehte die Sowjetfahne. Zu dem Vorgang heißt es in der Chronik der Schutzpolizei lakonisch ». . . zum Abtransport in die Heimat.« Zum 1. Juli vermerkt die Quelle dann, daß die meisten Kriegsgefangenen ». . . insbesondere Russen« die Stadt verlassen hätten. Ihr Schicksal in der Heimat« war schaurig. Viele wurden dort erschossen, alle anderen kamen in den »Gulag«. Am 1. August waren auch die letzten polnischen Kriegsgefangenen abtransportiert worden.

Besonders drückend für die Menschen war das fast völlige Abgeschnittensein von Nachrichten und die Unterbrechung fast aller Verkehrsverbindungen. Eine ›Nachrichtenzentrale< war in den ersten Wochen der große Bretterzaun an der Ostseite der unteren Moltkestraße an der heutigen Auffahrt zum Warenhaus Karstadt. Suchanzeigen, Nachrichten an verschollene Angehörige, Tausch- und Kaufangebote waren von unten bis oben dort angeheftet. Allmählich wurde die Isolation gelockert. Am 13. Juni wurden Postkarten in der Provinz, Hamburg und dem westlichen Teil Mecklenburgs zugelassen, am 5. Juni waren zwischen Behörden in diesem Gebiet auch Briefe erlaubt worden. Am 6. Juli wurde auch der Brief- und Postkartenversand in der ganzen Britischen Zone freigegeben. Vom 20. Juli an verkehrten wieder Omnibusse auf den wichtigsten Strecken, und am 11. Oktober nahm der Stadtverkehr wieder den Verkehr auf. Es waren die ersten Anzeichen einer Normalisierung des Lebens. Es sollte aber noch lange dauern, bis die Schleswiger ihr Leben frei gestalten konnten. Es lagen noch Jahre der Not und des Lebens unter dem Regiment der Besatzungsmacht vor ihnen.

Die Heimatvertriebenen

Der Krieg hat die soziale Struktur der Bevölkerung zunächst radikal verändert. Die Stadt hatte am 31. 8. 1939 26151 Einwohner[8]) einschließlich der Berufssoldaten. 1950 waren es 38281. Darunter etwa 12000 ›Neubürger‹, alles »Flüchtlinge« ohne Habe. Es sind kurzfristig noch mehr gewesen. Der Stadtarchivar Ernst Christian Petersen hat in der Chronik der Schutzpolizei ... auf der Rückseite des Blattes 3 mit Bleistift vermerkt, daß die Zahl der Einwohner am 28. Juni 45 44019 betrug. Ganz zuverlässig dürfte diese Angabe nicht sein. In ihr sind sicher auch »Flüchtlinge« enthalten, die nach kurzer Zeit ins Kreisgebiet weitergeleitet wurden.[9])

Das ungeheure Ausmaß des Elends und der Verzweiflung läßt sich aus den nüchternen Zahlen der noch vorhandenen Lagerbücher nicht ermessen. Die Transportlisten der Bugenhagenschule verzeichnen für die Zeit vom 3. April bis zum 30. Juni 45 2118, die der Wilhelminenschule für die Zeit vom 29. Mai 45 bis zum 19. März 46 1119 und das Lager Stadtfeld am 16. Juli 45 2240 Personen. (Zu diesem Lager gehörte auch die Berufsschule am Domziegelhof.) Die Zahl der durch die Lager »Sudhaus« am Amtsgerichtsplatz und »Ballhaus Hohenzollern« in die Stadt gekommenen »Flüchtlinge« läßt sich bisher nicht ermitteln. Die festgestellte Zahl von 5477 ist nur ein Minimum. Viele der ausgemergelten und verhärmten Menschen, die in Güterzügen, in Trecks und einzeln zu Fuß in die Stadt gekommen waren, blieben nur wenige Tage in qualvoller Enge auf Strohschütten in den Lagern, um dann in Dörfer des Kreises weitergeschickt zu werden, wo die Bürgermeister sie unterbringen mußten. Große Elendstrecks zogen durch die Stadt direkt ins Umland. In den überfüllten Lagern und Wohnungen war kein Platz für sie. Bewundernswert ist die organisatorische Leistung der Verwaltungen der Stadt und des Kreises sowie vieler Kräfte, die sich um eine Linderung des Elends bemühten. Da dabei kaum persönliche Wünsche berücksichtigt werden konnten, entstanden Härten sowohl gegenüber den Unterzubringenden als auch denen, die Unterkunft zu gewähren hatten. Die ›Einheimischen‹ haben vor allem am Anfang viel Menschlichkeit bewiesen. Es ist aber in der menschlichen Natur bedingt, daß bald in vielen Fällen Spannungen entstanden. Die Heimatvertriebenen, damals noch »Flüchtlinge« genannt, hatten Heimat und Besitz verloren, viele von ihnen hatten Angehörige tot an den trostlosen Straßen des Trecks zurückgelassen, sie hatten Angst, Hunger und Kälte erlitten. Sie kamen in eine unzerstörte Stadt zu Menschen, die im Verhältnis zu ihrem Schicksal völlig unbeschädigt die furchtbare Zeit überstanden hatten. Das mußte nach Überwindung des Schocks und nach dem Abklingen der Dankbarkeit darüber, überlebt und eine Unterkunft gefunden zu haben, bei manchen Mißgunst erwecken. Die ›Einheimischen‹ hatten zusammenrücken, Möbel und Hausrat, oft nicht die besten Dinge, abgeben müssen. Die von ihnen zwangsweise Aufgenommenen waren Konkurrenten um die knappen Arbeitsplätze sowie oft Menschen mit anderen Gewohnheiten und anderer Mundart. Noch viele Jahre blieben sie daher die ›Fremden‹. Schleswig hat noch lange Zeit zwei getrennte Bevölkerungsteile gehabt.

Die Zahl der neu ankommenden »Flüchtlinge« nahm zunächst allmählich ab, und es gelang, die meisten wenigstens notdürftig unterzubringen. Eine neue Flut des Elends stand aber bevor. Der Kontrollrat verkündete am 20. November auf Grund der Beschlüsse der »Potsdamer Konferenz« die »... geregelte Aussiedlung«, die für die Britische Zone 1,5 Millionen »Aussiedler« vorsah. Erst als die Moltkekaserne geräumt und notdürftig zurechtgemacht worden war, konnte die Stadt wieder Heimatvertriebene aufnehmen. Am 27. Juni 46 traf der erste Transport, 2300 »Männer, Frauen und Kinder«, auf dem Schleswiger Bahnhof ein. Sie wurden mit ihren »wenigen Habseligkeiten« in Bussen zu den Kasernen gebracht. Am 7. und 24. Juli kamen der 2. und 3. Transport. 3400 Menschen lebten jetzt in diesem ›Getto‹. Bis zu 47 Personen mußten in einem Kasernenraum leben. Durch Unterbringung in Schleswiger Häusern und im Umland verringerte sich die qualvolle Enge in den nächsten beiden Jahren etwas. Im Herbst 1947 waren noch 2100 und im Herbst 1948 rd. 1700 Menschen im Lager. Es lebten aber immer noch mehrere Familien in einem Raum. Der Chronist der Lagerschule, Lehrer Fritz Deichgräber, berichtete erleichtert, daß jetzt fast alle Lagerbewohner Bettstellen mit Stroh hatten und keine mehr auf Strohschütten auf dem Fußboden liegen mußten. 1948 nach der Währungsreform!

Durch die Überbelegung der Schleswiger Schulen verstärkte sich noch die Gettosituation. Es mußte in der Moltkekaserne eine Lagerschule eingerichtet werden. Der Lehrer Polzin wurde im September 46 mit dem Aufbau beauftragt. Mit dem Lehrer Johannes Ornowski und der Lehrerin Frau Wolf sowie drei »Schulhelferinnen« begann der Unterricht von 450 Kindern in drei Räumen unter kaum beschreibbaren Schwierigkeiten. Es gelang den Lehrkräften mit großem persönlichen Einsatz − sie mußten dauernd improvisieren und das Lehr- und Lernmaterial selber basteln − aufzubauen. Im Frühjahr 1947 war ein 7-stufiges Schulsystem in 9 Klassen mit Schichtunterricht entstanden. Als Polzin an die Wilhelminenschule versetzt wurde, übernahm Fritz Deichgräber, der seit Sept. 46 im Waldlager Silberstedt eine Lagerschule aufgebaut hatte, die Leitung. Er mußte zunächst mit 3 anderen Familien in einem Kasernenraum leben. Es kann hier die Geschichte der Schule nicht geschildert werden. Ihr letzter Schultag war der 7. April 1954. Die noch in ihr unterrichteten Kinder wurden auf die Schulen in der Stadt verteilt.

Das Lager war bis zum 31. Dezember 1947 auch in der medizinischen Versorgung eine Enklave. Dr. Werner Drews war in dieser Zeit der Lagerarzt.

Die Bewohner der Kaserne wurden bis zum 31. Mai 1948 alle aus der Lagerküche beköstigt. Das bedeutete, daß sie kaum in Geschäften in der Stadt Möglichkeiten zu Kontakten mit anderen Menschen hatten. Als vom 1. Juni 1948 an auch Wohlfahrtsempfänger − fast alle waren im Lager solche − Lebensmittelkarten beantragen konnten, nahm die Zahl der aus der Lagerküche Versorgten ab.

Durch die 1950 beginnende Umsiedlung und den Bau von Wohnungen für die Heimatvertriebenen sank die Zahl der Lagerbewohner langsam. Das Lager »Sudhaus« wurde am 31. Januar 48 aufgelöst. Die dort noch wohnenden Menschen kamen in die Moltkekaserne. Das zur Moltkekaserne gehörende Lager in der Baracke am Regierungsgebäude beherbergte am 1. 1. 53 immer noch 80 Bewohner. Im Juli 1951 lebten noch 1176 Menschen in der Kaserne, in der z. T. noch zwei Familien in einem Raum vegetieren mußten. Erst 1954 konnte das Lager aufgelöst werden. Das vom Finanzamt verwaltete »Minervalager« an der Husumerstraße, das »gestrandete« Menschen aufgenommen hatte, sollte noch lange weiterexistieren.

Das Zusammenleben in der vollgestopften Kaserne führte naturgemäß zu vielen Spannungen. Der erste Lagerleiter, Johannes Schmidt, mußte recht autoritär ›regieren‹. Als er am 1. Oktober 1948 als Leiter das »Minervalager« übernahm, war das Selbstbewußtsein der Lagerbewohner so gefestigt, daß sein Nachfolger Willi Larschow zusammen mit einem »Flüchtlingsrat« das Lager verwalten mußte.

Die Lagerbewohner wurden oft von den ›Einheimischen‹ scheel angesehen. − Deichgräber macht in seiner Chronik einige bittere Bemerkungen wie z. B., wenn in der Stadt »Vorfälle« vorkamen, es in der Bevölkerung hieß: »Na, ja, die Moltkekaserne«. Pastor lic. Heyer, in dessen Gemeindebezirk St. Michaelis die meisten Heimatvertriebenen untergebracht waren, berichtete dem Synodalausschuß am 12. August 1949 von ». . . Spaltung zwischen Einheimischen und Flüchtlingen«. »Die einheimische Gemeinde hat sich aus den Gottesdiensten fast ganz zurückgezogen, da sie es nicht liebt, mit den Flüchtlingen in dieser Masse zusammen zu sein. Von rd. 350 Besuchern der sonntäglichen Gottesdienste seien durchschnittlich nur 10 Einheimische.«[10]) Es gab aber auch vielerlei menschliche Teilnahme am Schicksal der Vertriebenen. Deichgräber berichtet von Einladungen der Kinder zu Feiern in der Lornsenschule, von Spenden des dänischen Roten Kreuzes, Einladungen der Norwegischen Brigade zu Festen in der Kaserne auf der Freiheit, von Jungens, die für einen Monat nach Norwegen eingeladen wurden, von Spenden aus Schweden, aus den USA, der Schweiz und von deutschen karitativen Verbänden.

Für die Stadtvertretung und -verwaltung war die Integrierung der vielen ›Neubürger‹ eine dringende und schwierige Aufgabe, die sie nicht autoritär ohne Mitwirkung der Betroffenen lösen konnte und durfte. Da die Unterbringung das größte Problem war, wurde am 16. Oktober 1945 vom Beirat eine »Wohnungskommission« gebildet, die 3 Aufgaben erhielt: 1. Schlichtung; 2. Entscheidung über Beschwerden bei Wohnungszuweisungen; 3. Klärung schwieriger Fälle. Mitglieder wurden der frühere Stadtrat Dahl, der Gewerkschaftsleiter Luthe und Herr Calesse als Vertreter der »Flüchtlinge«. Um möglichst große Gerechtigkeit bei Entscheidungen des Wohlfahrtsamts zu erreichen, wurde vom Beirat am 7. Nov. 45 eine »Flüchtlingskommission« berufen mit 2 Flüchtlingen, 2 Einheimischen, dem Bürgermeister als Vorsitzenden und dem Leiter des Wohlfahrtsamts als Beisitzer.

Aus ihrer Isolierung kamen die Heimatvertriebenen aber vorläufig nicht heraus. Sie suchten und fanden daher inneren Halt in den zur Selbsthilfe gegründeten Landsmannschaften. Wenn diese auch vom Kontrollrat im April 1946 verboten wurden, so setzten sie doch ihre Arbeit im ›Untergrund‹ fort. Erst durch die Verordnung Nr. 122 vom 15. Januar 1948 der Militärregierung konnten sie auf Landesebene wieder legal arbeiten. Am 13. Juli 1949 veranstalteten die Landsmannschaften der Ost- und Westpreußen sowie der Danziger im Dom eine große Feier. 2000 Menschen drängten sich in der Kirche. Der Gottesdienst wurde mit dem Lied »Wir treten zum Beten . . .« eröffnet. In einer anschließenden Kundgebung im Hof des Kreuzgangs sprach der frühere Bürgermeister von Marienburg, Regierungsrat Pavelzik. Er schloß seine Ansprache mit dem Anruf: »Herrgott, gib uns unsere Heimat wieder!«[11]) Die diese Veranstaltung prägende Grundhaltung wurde ein Element der deutschen Innen- und Außenpolitik, das bis heute Probleme enthält.

Da die Heimatvertriebenen sich zunächst nicht organisieren durften, mußten sie sich bei Wahlen für die zugelassenen Parteien entscheiden. Erst am 31. März 1950 wurde die Zulassungssperre für politische Organisationen, die ihre Interessen unmittelbar vertreten konnten, aufgehoben. In Schleswig-Holstein erfolgte aber schon vorher eine politische Aktion. Waldemar Kraft, der Vorsitzende der Landsmannschaft Weichsel/Warthe, kandidierte als »Unabhängiger« im Kreis Herzogtum Lauenburg mit 17,5 % aller abgegebenen Stimmen für den Bundestag. Dieser Erfolg führte am 30. Oktober 1949 zur Gründung eines »Aktionsausschusses«, der dann am 8. Januar 1950 die Partei »Block der Heimatvertriebenen und Entrechteten (BHE)« gründete. Die sich schnell im ganzen

Bundesgebiet konstituierende Partei änderte am 14. November 1952 ihren Namen in »Gesamtdeutscher Block/BHE« um. In Schleswig wurde die treibende Kraft der neuen Partei Walther Brühl. Er hatte schon 1945, als er nach Schleswig ›verschlagen‹ wurde, die Schlesier um sich versammelt und wurde, als Landsmannschaften erlaubt wurden, der Vorsitzende der »Landsmannschaft Schlesier und Sudetendeutsche«. Er blieb es bis zum Herbst 1983. Mit viel ›Schneid‹ organisierte er von seinem ›Hauptquartier‹ im »Weißen Schwan« aus die Parteigründung und die ersten Wahlkämpfe. Er wurde 1950 Landtagsabgeordneter der Partei, und nach der Legislaturperiode wählte ihn die Partei in den Kreisausschuß.[12]) Brühl wurde am 5. 10. 1894 in Spiegel in der Provinz Posen geboren. Aus dem 1. Weltkrieg kam er als Leutnant der Reserve mit dem EK I zurück. 1939 war er Direktor einer Berufsschule in Breslau. Im 2. Weltkrieg diente er als Reserveoffizier, zuletzt als Hauptmann in Norwegen, von wo er 1945 nach Schleswig kam. Im Entnazifizierungsverfahren wurde er zunächst in die Kat. III und dann in der Berufung in die Kat. IV eingestuft.

Der BHE war eine Partei auf ›Abruf‹. Mit der Eingliederung der Vertriebenen in die Gesellschaft verlor ihr Hauptziel, die Interessenvertretung ihrer Mitglieder, an Bedeutung. Die Erweiterung des Programms um die Forderung nach »Wiedervereinigung« 1952 blieb ohne Erfolg, wie die an anderer Stelle zu schildernden Wahlergebnisse zeigen. Die ›Eingliederung‹ begann 1950 stetig. Das große Wohnungsbauprogramm gab, schon Ende 1950 beginnend, vielen menschenwürdige Behausungen. Es kam auch schon zur Gründung von Geschäften und kleinen Betrieben. Entscheidend wurde die wohl größte Solidaritätsleistung der jungen Bundesrepublik Deutschland: Am 8. August 1949 beschloß der Bundestag das »Soforthilfegesetz«, und der endgültige »Lastenausgleich« wurde durch das Gesetz vom 14. August 1952 geregelt. Insgesamt wurden aufgrund dieser Gesetze bis 1968 einschließlich günstiger Darlehen 65 Milliarden 978 Millionen DM ausgezahlt. Der größere Teil dieser Mittel kam den Heimatvertriebenen zugute. Sie ermöglichten den Bau von Wohnungen, die Anschaffung von Hausrat, die Gründung neuer Existenzen, die Sicherung von Renten u. a. Viele Millionen DM flossen auch in die Stadt und machten die Heimatvertriebenen zwar auch zu Konkurrenten − die übrigens den Wettbewerb belebten −, vor allem aber zu Kunden, die den Umsatz erheblich steigerten. Die ›Neubürger‹ waren 1962 zu ›Bürgern‹ geworden, die anfänglichen Spannungen waren einem Miteinander gewichen; 5044 waren bis 1962 in ›den Westen‹ umgesiedelt worden. Die Stadt zählte ›nur‹ noch 33 385 Einwohner, die sich nicht mehr auf engstem Raum zusammenzudrängen brauchten.

Die dänische Bewegung

Eine zweite große Änderung im Gemeinwesen Schleswigs, war die nach der Kapitulation eruptiv aufbrechende nationale Spaltung der einheimischen Bevölkerung. Was längst ›Geschichte‹ zu sein schien, wurde plötzlich wieder akut. In Schleswig entstand eine große dänische ›Minderheit‹. Ein Exkurs in die Vergangenheit ist nötig, um diesen Vorgang zu verstehen. Im dänischen Volk war der Verlust des Herzogtums Schleswig im Krieg von 1864 gegen Preußen und Österreich nie ganz verwunden worden. Von dänischen Organisationen unterstützt, verteidigte eine große dänische Volksgruppe zäh unter oft großen Opfern gegen eine ungeschickte harte ›Germanisierungspolitik‹ der deutschen Behörden ihre nationale Identität. Es gelang der dänischen Regierung, obwohl Dänemark am 1. Weltkrieg nicht teilgenommen hatte, in den Friedensvertrag von Versailles mit der Bestimmung einer Volksabstimmung im Herzogtum Schleswig aufgenommen zu werden. Das Ergebnis war die heutige deutsch-dänische Grenze. Auf beiden Seiten der neuen Grenze verbliebenen ›Minderheiten‹ der beiden Nationen, die mit Hilfe ihrer Mutterländer ihr kulturelles Eigenleben aufbauten. Wenn auch wohl in beiden Volksgruppen ›Zukunftshoffnungen‹ lebten, so schien jetzt doch nach einem schmerzhaften geschichtlichen Prozeß »die Grenze festzuliegen«. Für das dänische Volk wurde die Besetzung ihres Landes durch die deutsche Wehrmacht am 9. April 1940 ein Schock, der sein Nationalgefühl ungemein verstärkte und die latente Angst vor dem ihm unheimlichen ›Militärstaat‹ jäh aufbrechen ließ.

Als eindeutig klar war, daß das »Dritte Reich« vor der Kapitulation stand, erwachte in vielen Dänen die Hoffnung, das Herzogtum Schleswig zurückgewinnen zu können. Sie waren davon überzeugt, daß Schleswig »urdänisches Land« und die Bevölkerung im Grunde dänisch und das Deutschtum nur ›aufgepfropft‹ war. In der dänischen Minderheit war die Hoffnung auf eine Wiedervereinigung mit Dänemark natürlich besonders groß. Trotz starken Drucks während der Naziherrschaft hatte »Den slesvigske Forening« (der schleswigsche Verein) zur Zeit der Kapitulation noch 2778 Mitglieder, und 437 Schüler besuchten 9 dänische Schulen.[13] − Der Druck in der NS-Zeit zeigt sich deutlich an den Zahlen für die Stadt Flensburg. Dort hatte der Verein 1930 noch 2419 und bei Kriegsbeginn nur noch 1990 Mitglieder. Die Zahl der dänisch gesinnten Bürger war sicherlich weit größer, sie wagten es aber nicht mehr, sich offen zu bekennen. Der ›harte Kern‹ befand sich in Flensburg und Umgebung, aber auch in der Stadt Schleswig und in Tönning waren um 1930 nach der Gründung je einer dänischen Schule in zäher Arbeit kleine dänische Minderheiten entstanden. 1930 konnte der 1. Bauabschnitt der »Ansgarskolen«, ausgerechnet an der *Bismarck*straße, eingeweiht werden. 1932/33 besuchten sie 60 und 1936 nach dem weiteren Ausbau 90 Schüler.[14]

Diese sich trotz starken Drucks offen zu ihrer dänischen Gesinnung bekennende Minderheit, die aus dem Königreich moralisch und finanziell unterstützt worden war, bildete die Basis für das lawinenhafte Anwachsen der dänischen Bewegung.

Der dänische Vorstoß führte zunächst zu einem Volkstumskampf mit Vorteilen für die dänische Seite. Die deutschgesinnte Bevölkerung befand sich in einem fast trostlosen Zustand. Viele Menschen hatten noch lange an einen »Endsieg« geglaubt. Erst jetzt wurden sie sich ihres großen Irrtums bewußt. Der »Führer« hatte sich durch Selbstmord aus seiner Verantwortung geschlichen. Die furchtbaren Verbrechen wurden erst jetzt allgemein bekannt. Der Morgenthauplan, Pläne zur Teilung Deutschlands, Kanalstaatspläne ..., es liefen viele begründete und unbegründete Gerüchte um; viele der hungernden, frierenden und desillusionierten Menschen glaubten nicht an eine deutsche Zukunft. Manche nachdenkliche Deutsche hatten in der Zeit des »Dritten Reiches« oft sehnsuchtsvoll über die Grenze in das friedliche demokratische Nachbarland geschaut.

In dem von Morten Kamphövener redigierten Werk »Sydslesvig gennem Tiderne« heißt es: »Während des Krieges war ein Kreis von maßgebenden Schleswigern zusammengekommen, um eine Aktion für eine Grenzverschiebung gleich nach dem Krieg vorzubereiten. Es waren vor allem Menschen, die früher nicht mit der Minderheit verbunden waren. Sie waren deutschsprachig, ihre Erziehung und Ausbildung war deutsch, aber in der Erkenntnis des Unglücks, das die Verbindung mit Holstein und Preußen über ihre Heimat gebracht hatte, wollten sie eine Bewegung zur Rückkehr zum Mutterland in der südschleswigschen Bevölkerung anregen...«[15] Es wird derselbe Kreis gewesen sein, der im Juni 1945 Unterschriften für eine Adresse an die dänische Regierung sammelte. In dieser hieß es am Schluß: »... Daher bitten wir die dänische Regierung um Eingliederung in den dänischen Staat.« Fast 50000 Menschen, davon allein 10−13000 in der Stadt Flensburg, sollen unterschrieben haben. Die Militärregierung stoppte das Verfahren. Die meisten derjenigen, die unterschrieben hatten, wurden Mitglieder der dänischen Organisationen. Es waren darunter aber auch die Namen von Männern, die später besonders aktive Mitglieder der deutschen Grenzorganisationen wurden. Bezeichnend für die innere Unsicherheit mancher deutschgesinnter ›Südschleswiger‹ ist auch die Tatsache, daß am 4. Oktober 1945 deutsche und dänische Flensburger, von dem Landrat Johannes Tiedje angeregt, die Militärregierung baten, Schleswig von Holstein zu trennen und zu einem Regierungsbezirk zu machen, in dem nur ›Einheimische‹ mit leitenden Stellungen betraut werden sollten.[16])

Die entstandene Volksbewegung brachte die dänische Regierung in eine schwierige Situation. Am 5. Mai 45 war unter dem Ministerpräsidenten (»Staatsminister«) eine ›große Koalition‹ gebildet worden. (»Samlingsregering«). Die Eröffnungsrede des Ministerpräsidenten vor dem Parlament am 9. Mai wurde für die dänische Minderheit und die Mehrheit des dänischen Volkes eine große Enttäuschung. Er sagte u. a.: »Die Regierung, die auf dem Boden des nationalen Selbstbestimmungsrechts steht, vertritt die Auffassung, daß Dänemarks Grenze festliegt«.[17]) Die folgenden dänischen Regierungen haben, zwar mit Differenzierungen, an dieser Politik festgehalten. Der erste Teil des Satzes aber schloß die Gültigkeit des 2. Teils für die Zukunft nicht aus.

Für die Briten war die Minderheitenfrage ein schwer zu begreifendes Phänomen. Sie waren mit der Meinung ins Land gekommen, daß durch die Abstimmungen von 1920 die Grenzfrage zwischen Deutschland und Dänemark endgültig erledigt sei. Sie erhielten von dänischer Seite verwirrende andere Informationen. Diese führten dazu, daß das Hauptquartier der 21. Armeegruppe der 2. Armee, die die Verantwortung für Schleswig-Holstein hatte, Instruktionen für die Behandlung der dänischen Minderheit herausgab.[18]) Diese waren aber keine verbindlichen Befehle, sondern mehr Anregungen, denn sie begannen mit dem Verb »anheimstellen« (henstille). Es wurde empfohlen: dänisches Eigentum nur zu requirieren, wenn es unbedingt nötig sei; Dänen nicht zu unangenehmen Arbeiten heranzuziehen; sie in Verwaltungsstellen zu berufen, »wo es für zweckmäßig erachtet wird« (»hvor dette skönnes«); alle dänischen nationalen Bestrebungen zu stützen.

Auch in der Stadt Schleswig bemühten sich die Briten, möglichst schnell ein ›Stadtregiment‹ aus ›unbelasteten‹ Bürgern einzusetzen. Sie setzten den Dipl.-Volkswirt Dr. Hinrichs als kommissarischen Bürgermeister ein und beauftragten ihn, einen »Beirat« mit sieben »unbelasteten« Bürgern vorzuschlagen. Sie genehmigten seinen Vorschlag, und das Gremium trat am 12. Juni 45 zu seiner 1. Sitzung zusammen.[19]) Hier sollen zunächst nur zwei der neuen Stadträte erwähnt werden, die für die Entwicklung der dänischen Minderheit von besonderer Bedeutung wurden. Es sind der Rektor der dänischen Schule, Svend Johannsen, und der zunächst noch sozialdemokratische Reichsbahnsekretär Hermann Clausen. Sie repräsentierten die beiden Grundströmungen innerhalb der dänischen Minderheit, und ihre Lebensläufe sind daher für das Verständnis der Entwicklung in der Stadt von besonderer Bedeutung.

Svend Johannsen wurde am 15. 10. 1903 in Flensburg als Kind dänisch gesinnter Eltern geboren. Als er 1920 von der Oberrealschule I in Flensburg relegiert wurde, ging er ›über die Grenze‹ und machte 1923 am Gymnasium in Haderslev das dänische Abitur (Studentereksamen). Er studierte in Kopenhagen Theologie mit dem Abschluß als cand. theol. Er hätte ein behagliches Leben in Dänemark haben können. Er aber wollte Pastor in »Südschleswig« werden, ». . . um für überzeugten christlichen Glauben zu wirken und gleichzeitig mit dabei zu sein, das Dänentum zu bewahren und möglichst zu stärken . . .«. ». . . ich wollte mit abstimmen, falls abgestimmt werden sollte . . .«[20]) Schon der Titel seiner Erinnerungen ist bezeichnend: »Für alles, was dir lieb ist.« Nach einigen beruflichen Zwischenstationen als »Hilfssekretär« von »Graenseforeningen« in Flensburg, Mitarbeit an der Gründung der dänischen Schule in Schleswig, einem 2-jährigen Studium am Lehrerseminar in Kopenhagen und Lehrtätigkeit an der Duborgschule in Flensburg, wurde er 1. Lehrer an der Ansgarschule in Schleswig. Während seiner Arbeit hier war er als begeisterter Pfadfinder »Chef« des dänischen Pfadfinderkorps im Landesteil. Wohl wegen einer unvorsichtigen Bemerkung in einem Brief an seine Mutter wurde er 1940 verhaftet, nach 3-monatiger Untersuchungshaft in Flensburg freigesprochen, aber von der Gestapo in das Konzentrationslager Sachsenhausen gesperrt. Nach dieser schrecklichen ›Umerziehung‹ durfte er die Stadt Schleswig nicht verlassen. Die Kapitulation gab seiner schon in der Jugendzeit gehegten Hoffnung auf eine Rückgewinnung Schleswigs für Dänemark einen großen Auftrieb. Er widmete sich mit aller Kraft der dänischen Bewegung. Seine Auffassung von dem ›Kampf‹ deckte sich aber nicht immer mit den Vorstellungen der maßgeblichen dänischen Kreise in Flensburg. Er formulierte seine Auffassung in einem Aufsatz, den »Flensborg Avis« nicht abdrucken wollte, und den er dann auf eigene Kosten in Kopenhagen drucken ließ. Der Titel lautete: »En redelig Løsning. Tanker til Overvejelse« (»Eine redliche Lösung. Zu bedenkende Gedanken.« (Übers. T. C.). Die kleine Schrift erschien 1946. Seine Thesen waren für viele dänische Funktionäre eine Provokation. Er forderte: Die Grenze müsse »vorläufig« festliegen. Man solle nicht der Versuchung der gegenwärtigen Situation erliegen, die einen »... besonders günstigen Wind in den Segeln« bedeute. Es sei »fair play« nötig. Er lehnte die erwähnte große Unterschriftenaktion ab. Von den Teilnehmern schrieb er »... Sie sind ja mitverantwortlich für das, was geschehen ist! Was haben sie mit Dänemark zu tun?« Er lehnte die »Lebensmittelpolitik« ab aus »Taktgefühl« gegenüber dem weitaus größeren Teil der Bevölkerung, der trotz des »sogenannte(n) Deutschtum(s)« sein »nordisches Wesen« bewahrt habe. Er schlug folgende Lösung vor: »Vollständige administrative Trennung von Holstein«. In diesem Regierungsbezirk Südschleswig sollten in der Verwaltung nur heimatberechtigte Südschleswiger tätig sein. In völliger Gleichberechtigung müßten die beiden Nationalitäten Zeit haben, um zur Ruhe zu kommen, »... um sich auf ihr Erbe und ihre Schuld zu besinnen«. Er war überzeugt davon, daß das Ergebnis der ›Besinnung‹ der Anschluß an Dänemark sein würde.

Im Augustheft der Zeitschrift »Grænsevagten« von 1949 wurde er in einem Kurzporträt gewürdigt. Der Verfasser stellte fest, daß Johannsen sich eine hervorragende Position geschaffen hatte, »aber nicht ohne Widerspruch« (»Men ikke uden modsigelse«). Als die euphorischen Hoffnungen auf eine sofortige Eingliederung Südschleswigs in Dänemark unerfüllt blieben, wurde Johannsens Vorschlag für einen selbstverwalteten Regierungsbezirk Bestandteil der Politik der Minderheit.

Hermann Clausen wurde der 2. entscheidende Vertreter der dänischen Bewegung. Er wurde 1885 in Eggebek geboren. Zweige seiner Familie lebten nördlich und südlich der Grenze von 1920.[21] 1913 wurde er Reichsbahnsekretär auf dem Schleswiger Bahnhof, wo er 1920 nicht unwesentlich an der Niederschlagung des Kapputsches beteiligt war.[22] Von 1920-33 vertrat er die SPD als Stadtverordneter und seit 1929 auch als Magistratsmitglied. Die Auflösung der Stadtverordnetenversammlung und das Verbot der SPD durch die Nationalsozialisten wurden für ihn ein entscheidender Einschnitt in sein Leben. Er lebte in der Nazizeit wie andere Sozialdemokraten und Bürgerliche, die sich nicht beirren ließen, in einer ›inneren Emigration‹. Der 2. große ›Schock‹ in seinem Leben wurde seine Verhaftung nach dem Attentat auf Hitler 1944. Er kam nach Zwischenlagern ins KZ Neuengamme. Er wurde am 19. Sept. 44 wieder nach Schleswig entlassen. Die furchtbaren Erlebnisse im Lager, vor allem die menschliche Erniedrigung, haben den letzten Anstoß zur Lösung vom Deutschtum gegeben.[23]

Svend Johannsen und Hermann Clausen haben nicht nur im lokalen Bereich gewirkt, beide haben an Verhandlungen mit der dänischen Regierung und der Militärregierung über den künftigen Status »Südschleswigs« teilgenommen.

Der Aufbau einer großen dänischen Minderheit bekam einen bitteren Beigeschmack durch die »Paketaktion«. Es ist verständlich, daß viele Dänen im Königreich Solidarität gegenüber den treu durch alle Bedrängnis in den Organisationen der Minderheit gebliebenen Menschen bekunden wollten. Zunächst bekamen nur diese Lebensmittelspenden aus Dänemark. Aufgrund der dänischen Meinung, daß das ›Substrat‹ der einheimischen Bevölkerung dänisch sei, begann bald eine Werbung für die dänischen Organisationen. Voraussetzung dafür war die Genehmigung der Militärregierung. Am 13. Oktober 1945 erhielt Rektor Bernhard Hansen, der Leiter der Duborgskole in Flensburg, der 1946 für alle dänischen Privatschulen zuständig wurde, die Genehmigung zur Aufnahme von Kindern in die dänischen Schulen.[24]) Bald erfolgte auch die Genehmigung zur Aufnahme von Erwachsenen in die dänischen Organisationen. Es begann eine große Werbeaktion. Man wollte aber nicht wahllos Menschen aufnehmen. Sie sollten zum dänischen »Volk« gehören, d. h. »blutsmäßig« − ein doch recht unbedacht gebrauchtes Wort − mit »Südschleswig« verbunden sein. Die Aufnahmebestimmungen zeigen, daß die Begriffe sehr weit ausgelegt wurden. Ausgeschlossen wurden zunächst Kinder aus »Nazifamilien«. Ohne Vorbedingungen konnten solche aufgenommen werden, deren Eltern dänische Schulen besucht hatten und solche, deren Eltern in ›Südschleswig‹ oder Dänemark geboren waren. Nach »gründlicher Untersuchung« konnten auch Kinder aufgenommen werden, deren einer Elternteil nördlich der Eider geboren war. Entsprechend waren auch die Bedingungen für die Aufnahme Erwachsener in die dänischen Organisationen.

Im »Slesvighus« − heute Hotel »Skandia« − richtete der »südschleswigsche Verein« (SSV) ein Aufnahmebüro ein. Die die Aufnahme beantragenden Bürger mußten einen langen Fragebogen ausfüllen, in dem auch nach den Beweggründen gefragt wurde. Hermann Clausen schreibt dazu: »Man versuchte mit dieser Frage die Beweggründe klarzulegen. Man wollte es den neuen Mitgliedern nicht so leicht machen, weil man genau wußte, daß oft rein materielle Gründe vorlagen. Man konnte die Gedanken der Kommenden nicht lesen.« Parallel mit der großen Aufnahmeaktion wurde von Generalleutnant Barker die Grenze für unbeschränkten Lebensmittelpaketversand an Mitglieder der dänischen Minderheit geöffnet.[25]) Anders Ture Lindstrøm berichtet:[26]) »Die Mitgliederzahl in den schleswigschen Vereinen ging explosionsmäßig in die Höhe.« (Übers. T. C.) Sie betrug am 1. Januar 1946 11801! Nach der Verhängung einer Mitgliedersperre am 1. 11. 45 − sie wurde am 1. 2. 46 wieder aufgehoben[27]) − stieg sie bis zum 1. Oktober 46 auf 56318 und bis zum 1. Januar 47 auf 66317. Diesen Zahlen für den ganzen Landesteil entsprechend stieg auch die Zahl in der Stadt an, wie die noch zu erörternden Wahlergebnisse zeigen werden.

Die dänischen Regierungen standen unter dem Druck der euphorischen Stimmung in den Organisationen der Minderheit. Sie haben sich aber gegenüber den politischen Forderungen zurückgehalten. Sie hegten Skepsis gegenüber der Dauerhaftigkeit der neuen Bewegung und damit die Furcht, durch eine große deutsche Minderheit in der Zukunft schwierige innerpolitische Situationen zu bekommen. Es war für Hermann Clausen eine große Enttäuschung, daß ihm im März 1946 der sozialdemokratische Parlamentsabgeordnete Frede Nielsen, der Schleswig im Auftrag seines Parteivorsitzenden und späteren Ministerpräsidenten Hans Hedtoft besuchte, auf die Frage nach einer Volksabstimmung über die Wiedervereinigung mit Dänemark klar sagte: »Nein, Clausen, das wird niemals etwas, wir glauben nicht, daß die Bewegung in Südschleswig echt ist, sie ist konjunkturbestimmt . . .«[28]).

Am 7. Nov. 45 wurde Hermann Clausen zum kommissarischen Bürgermeister ernannt, da Dr. Hinrichs das Amt des kommissarischen Landrats übernehmen mußte. Er beschreibt in seinen Erinnerungen[29]) seine Aufgabe: »Jetzt wußte ich, was ich als Bürgermeister meiner Heimatstadt zu tun hatte. Ich mußte eine kommunale Politik auf deutschem Boden machen für Schleswigs Zukunft. Ich wußte aber auch, daß ich dafür sorgen mußte, daß die dänische Bewegung die demokratischen Rechte bekam, daß sie gleichgestellt wurde mit den deutschgesinnten Bürgern.« Er hat dann nach dem Gespräch mit Frede Nielsen die Situation realistisch begriffen und sich auf ein ›Langzeitprogramm‹ eingestellt. Er ist von extremen deutschen Gruppen oft übel angegriffen worden. Besonnene deutsche Bürger aber haben ihm, dem tüchtigen und auf Ausgleich bedachten Mann, Achtung nicht versagt. Er hat sein Amt nicht zugunsten der Minderheit mißbraucht.

Laut Anordnung Nr. 928 der Militärverwaltung hatte Major Smith Dr. Hinrichs mitgeteilt, daß ein »Stadtparlament« zu bilden sei.[30] In der Beratung schlug Clausen vor, 30 Stadtverordnete zu benennen, aus denen der Bürgermeister 6 oder 7 als Stadträte zur »engeren Mitarbeit« heranziehen könne. In der Beiratssitzung vom 7. Nov. 45, in der Clausen nach der Berufung von Dr. Hinrichs in das Amt des Landrats zum kommissarischen Bürgermeister bestimmt wurde, wurde die Zusammensetzung beschlossen: Bürgermeister, Beirat und Gewerkschaften konnten 20, das Handwerk 5–6 und der Handel 5 Bürger vorschlagen. Der Bürgermeister sollte dann endgültig die 30 Stadtverordneten bestimmen und aus diesen 7 Stadträte ernennen. Die Ernennung erfolgte in der Beiratssitzung am 6. Dezember 45. Der Bürgermeister benannte 6, die Gewerkschaften erhielten 15, das Handwerk und der Handel 4 bzw. 5 Sitze. Clausen ernannte von diesen 8 Stadträte: Johannes Weiß, Johannes Lassen, Theodor Bannier, Svend Johannsen, Hans Steppat, R. A. Weiland, Johannes Hagge und Heinz Luthe. Es waren nur ›Einheimische‹ in diesem ersten Gremium vertreten. Wieviele Mitglieder sich schon der dänischen Bewegung angeschlossen hatten, läßt sich nicht feststellen, da die dänischen Organisationen sich erst im Aufbau befanden. Es hat dieses erste ›Stadtparlament‹ ohne demokratische Legitimation nicht nach parteipolitischen Gesichtspunkten seine Entscheidungen getroffen. Die Linderung der Not war das Anliegen aller. Auch der Aufbau des dänisches Schulwesens erfolgte ohne große Kontroversen. Der Beirat beschloß am 3. Mai 46 einstimmig, in der Bugenhagenschule Räume für die dänische Schule bereitzustellen.

Die Nationalitätenfrage gewann mehr und mehr Bedeutung in der ›großen‹ Politik, und Mitglieder der Minderheit in der Stadt haben darin eine Rolle gespielt. Die Briten genehmigten im Sept. 45 einen dänischen Verbindungsoffizier. Es wurde zunächst der Oberstleutnant F. E. W. Toussieng, der in Flensburg residierte.[31] Die Militärregierung setzte ihrerseits den Major Tremblat als »SSV-Sachbearbeiter« ein, der im Nov. von Major Mac Intosh abgelöst wurde, während die dänische Regierung schon im Januar 46 Oberstleutnant Hans Matthiesen Lunding zum Nachfolger Toussiengs machte. Über diese dänischen Offiziere ließen sie Wünsche der Minderheit nach Kopenhagen gelangen. Auf diesem Weg kam im Oktober 45 eine Petition aus ›Südschleswig‹ an Montgomery nach Kopenhagen.[32] In dieser wurde »... im Namen der ansässigen Bevölkerung zwischen der Eider, der alten historischen Grenze, und der jetzigen dänischen Grenze« die Trennung Schleswigs und Holsteins mit eigenem Oberpräsidenten, einem eingeborenen »Südschleswiger« als Regierungspräsidenten mit Sitz in Schleswig, Besetzung der Verwaltungsposten »im Prinzip« mit eingeborenen Schleswigern sowie schnelle Befreiung Schleswigs von »Flüchtlingen« gefordert. Diese letzte Forderung zeigt, daß man die Chancen für eine erhoffte spätere Volksabstimmung verbessern wollte. Der Wortlaut: »Dieser Strom von Fremden aus den Ostgebieten droht unseres Volkes ererbten Charakter auszulöschen und birgt in sich die ernsteste Gefahr unser Volk preußisch zu machen.« (Übers. T. C.) Aus Schleswig hatten u. a. Hermann Clausen und Andreas Paysen unterschrieben. Aber auch die Namen von Flensburger Bürgern, die später betont deutsche Interessen vertraten, waren darunter. Der dänische Außenminister Christmas Möller übergab diese Forderungen dem britischen Gen. Leutnant Sir Evelyn Backer in Kopenhagen. Dieser zeigte sich wenig aufgeschlossen und betonte, daß es jetzt darum gehe, dafür zu sorgen, daß im Winter so wenig Menschen wie möglich erfrören. Die Haltung Christmas Möllers zur Frage der Grenze in der letzten Sitzung des dänischen Parlaments vor den Neuwahlen am 5. Okt. 45 zeigt, daß in Dänemark keine einhellige Meinung bestand. Die Regierung wurde in der Sitzung von Abgeordneten angegriffen, weil sie angeblich die dänischen Interessen bei der britischen Regierung nicht energisch genug vertreten habe. Die Erwiderungen Möllers und z. B. auch des Abgeordneten Erik Appel zeigen, daß auch rationale Skepsis bestand: Die beiden stellten nüchtern fest, daß vor 1914 15 000 dänisch gesinnte ›Südschleswiger‹ 250 000 deutsch gesinnten gegenüberstanden, daß nach 2–3 Menschenaltern seit 1864 – auch wenn sie beide für eine Selbstbestimmung seien – es keine Voraussage über das Ergebnis geben könne.

Es können im Rahmen dieser stadtgeschichtlichen Arbeit die hochinteressanten Verhandlungen zwischen der dänischen und britischen Regierung, der Minderheit und der dänischen Regierung, dieser sowie der Minderheit mit der Militärregierung und später der schleswig-holsteinischen Regierung nicht ausführlich dargestellt werden. Hier geht es um die Auswirkungen auf die Stadt Schleswig.

Die schon erwähnte Mitgliedersperre für die dänischen Organisationen ab 1. 11. 45 wurde von einer Delegiertenversammlung der dänischen Vereine in Flensburg am 31. Okt. 45 beschlossen. Svend Johannsen wurde von dieser zum 2. Vorsitzenden gewählt. Er dürfte wesentlich zu diesem Beschluß beigetragen haben. Am 31. Januar 46 hatte die Militärregierung die Erlaubnis zur Bildung von »Sydslesvigske Forening« (SSV) als Zusammenschluß der früheren Einzelvereine gegeben. Der Verein durfte sich aber nicht »politisch« betätigen. Er hob die Mitgliedersperre ab 1. Februar wieder auf. Es kam zu dem bereits geschilderten riesigen Anwachsen der Mitgliederzahlen. Sie war natürlich doch »politisch«, sie war die Vorraussetzung für das Ergebnis der ersten Wahlen für die Stadtvertretung am 15. 9. 46. Die Militärregierung hatte dem SSV nicht erlaubt, als Partei aufzutreten, aber in den Wahlbezirken »unabhängige« Kandidaten aufzustellen. Es wurde nach einem etwas variierten britischen Mehrheitswahlrecht gewählt. Es waren 30 Abgeordnete, davon 24 direkt und 6 über Liste zu wählen. Der SSV stellte 24 stadtbekannte Bürger auf, die alle direkt gewählt wurden. Von den Listenplätzen erhielten die CDU 4 und die SPD 2. Die Stimmenzahl zeigt die Problematik des Mehrheitswahlrechts. Die CDU erhielt 26017, die SPD 12180, die KPD 2151 Stimmen und die »Unabhängigen« bekamen 36794. Bei 17872[32a]) Wahlberechtigten erstaunt die Stimmenzahl. Sie hat ihren Grund darin, daß jeder Wähler 6 Stimmen hatte. Es läßt sich nicht mehr feststellen, ob viele Wähler ihre Stimmen über mehrere Parteien ›gestreut‹ haben. Einige im Stadtarchiv vorhandene ausgefüllte Stimmzettel sind nur mit Kreuzen für eine Partei versehen. Es haben etwa 12800 Schleswiger gewählt. Die deutschen Parteien erhielten etwa 600 Stimmen mehr als die »Unabhängigen«. In dem Werk »Sydslesvig gennem Tiderne«[33]) wird nüchtern festgestellt: »Dank der Zersplitterung der deutschen Parteien gelang es den unabhängigen dänischen Kandidaten, die Mehrheit in einer Reihe wichtiger Kommunen zu erobern.« (Übers. T. C.) Dennoch waren maßgebende Vertreter des SSV mit dem Wahlmodus unzufrieden. Sie empfanden es als ungerecht, daß die dänisch gesinnten Bürger, da sie keine politische Partei bilden durften, keinen Zugriff auf die Listen hatten und daß die Heimatvertriebenen Stimmrecht hatten. Sie machten folgende Rechnung auf: 1939 hatte der Landesteil 383023 und 1946 670417 Einwohner. Der Zuwachs um rd. 75 % seien die Heimatvertriebenen, ohne deren Stimmen wäre das Ergebnis für die dänische Seite weit höher gewesen, denn die Einheimischen hätten überwiegend für die »Unabhängigen« gestimmt. Zweifellos war das Ergebnis erstaunlich; es muß aber doch relativiert werden, denn 5000 Bürger waren nicht zur Wahl gegangen, und diese müssen vor allem bei den Vertriebenen vermutet werden, die weder zu den Kandidaten noch zur Stadt eine feste Beziehung hatten.

Dein Merkzettel zur Wahl!

Für die Einheit Deutschlands, für Frieden und Fortschritt kämpfen unsere Kandidaten des **Wahlbezirks 2**

1.	**Albrecht**	Willi, Friedrich Hermann	Schubystr. 92	Schiffbau-schlosser	**KPD**
6.	**Eschner**	Gustav, Robert	Stadtfeld 9	Arbeiter	**KPD**
11.	**Haese**	Max, Ernst Siegfried	Poststraße 5	Angestellter	**KPD**
20.	**Matthiesen**	Hertha, Marie Sophie, Henriette	Kattenhunderweg Kolonie 11	Ehefrau	**KPD**
23.	**Schröder**	Friedrich, Oskar Thomas	Klaus-Groth-Straße 7	Angestellter	**KPD**
24.	**Sprung**	Kurt, Hermann	Gorch-Fock-Str. 18	Kupfer-schmied	**KPD**

Wählt KPD!

Heinrich Maas, Schleswig

Schleswiger! Wählt Schleswiger!

Am kommenden Sonntag, den 15. September, gehen wir zum ersten Mal seit vielen Jahren zu einer *freien* und *unabhängigen* Wahl. Ohne, daß uns von irgend einer Seite etwas vorgeschrieben werden kann, haben wir jetzt das Recht, ganz *unabhängig* nach eigener und innerer Überzeugung *die* Männer und Frauen zu wählen, denen wir das Geschick unserer Stadt in der kommenden Periode anvertrauen wollen.

Die Ereignisse der letzten 15 Jahre

haben uns mehr den je davon überzeugt, daß uns mit dem Preußengeist, dem Urheber des National-sozialismus, nichts, aber auch garnichts, verbindet. Dagegen fühlen wir Schleswiger uns mit der ruhigen, sachlichen und besonnenen Art der *nordischen* Menschen aufs tiefste verbunden.

Die Phrase vom „Schleswig-Holstein stammverwandt"

wird schon durch die tausendjährige Verbundenheit unserer schleswigschen Heimat mit dem Norden, die erst vor 82 Jahren durch einen preußischen Gewaltakt unterbrochen wurde, widerlegt. Aber darüber hinaus haben wir erkannt, daß die unwahre Behauptung der Stammesverwandtschaft mit dem Süden, unserer Hei-mat zum *fürchterlichen Verhängnis* geworden ist.

Die Liebe zu unserer Schleswigschen Heimat,

der Wunsch, *unsere Eigenart zu erhalten*, zwingt uns, dem Geist vom Süden und seinen Vertretern den Rücken zu kehren. In unserem Stadtparlament wünschen wir *echte* und *unabhängige* Söhne und Töchter unserer Heimat zu sehen.

Schleswiger! Wählt deshalb echte Schleswiger!

Die Schleswiger, die sich als *unabhängige* Kandidaten aufgestellt haben, sind *unabhängig* sowohl von den Parteien, wie auch von dem Geist des Südens, der die Parteien immer noch beherrscht.

Schleswiger! Wählt daher unabhängige Schleswiger!

Johannes Lassen, Plessenstraße 3, Schlossermeister

398/18 000/9. 46, Kl. A

Stimmzettel

für die direkte Wahl von Vertretern in dem II. Wahlbezirk der
Stadt **S c h l e s w i g** am 15. September 1946

1	**ALBRECHT** (Willi Friedrich Hermann Albrecht, Schubystr. 92 — Schiffbauschlosser — KPD)	
2	**BECKER** (Julius Emil Becker, Plessenstr. 12 — Vertreter — CDU)	✗
3	**BRODKORB** (Hugo Brodkorb, Reeperbahn 2 — Angestellter — SPD)	
4	**DESLER** (Magda Friederike Johanna Desler, Michaelisstr. 13 — Ehefrau — CDU)	✗
5	**EHLERS** (Karl Friedrich Wilhelm Hans Ehlers, Stadtweg 68 — Kreisobersekretär — CDU)	✗
6	**ESCHNER** (Gustav Robert Eschner, Stadtfeld 9 — Arbeiter — KPD)	
7	**FIRJAHN** (Christian Firjahn, Stadtweg 21 — Kaufmann — UNAB)	
8	**FLATTERICH** (Hans Flatterich, Lollfuß 58 — Rentenempfänger — UNAB)	
9	**FRAHM** (Hans Ferdinand August Frahm, Berliner Straße 46 — Büroangestellter — SPD)	
10	**GRELL** (Franz Robert Grell, Stadtweg 77 — Drogist — CDU)	✗
11	**HAESE** (Max Ernst Siegfried Haese, Poststr. 5 — Angestellter — KPD)	
12	**HANISCH** (Julius Otto Hanisch, Bismarckstr. 15 a — Obering. a. D. CDU)	✗
13	**JENSEN** (Hermann Jensen, Moltkestr. 41 — Schlosser — SPD)	
14	**JOHANNSEN** (Svend Johannsen, Bismarckstr. 18 a — Schulleiter — UNAB)	
15	**KLINKER** (Karl Heinrich Klinker, Stadtweg 31 — Kaufmann — CDU)	✗
16	**KUNTZMANN** (Johannes Kuntzmann, Angelnerstr. 41 — Arbeiter — SPD)	
17	**LASSEN** (Johannes Lassen, Plessenstr. 38 — Schlossermeister — UNAB)	
18	**LUTHE** (Heinz Luthe, Bellmannstr. 12 — Reg.-Inspektor — SPD)	
19	**LUTHE** (Magda Luthe, Bellmannstr. 12 — Ehefrau — SPD)	
20	**MATTHIESEN** (Hertha Marie Sophie Henriette Matthiesen, Kattenhunder Weg, Kolonie 11 — Ehefrau — KPD)	
21	**PAYSEN** (Andreas Paysen, Hesterberg 6 b — Angestellter — UNAB)	
22	**PETERSEN** (Sophus Petersen, Bismarckstr. 23 — Malermeister — UNAB)	
23	**SCHRÖDER** (Friedrich Oskar Thomas Schröder, Klaus-Groth-Straße 7 — Angestellter — KPD)	
24	**SPRUNG** (Kurt Hermann Sprung, Gorch-Fock-Straße 18 — Kupferschmied — KPD)	

Ein ausgefüllter Stimmzettel eines CDU-Wählers. Wahlwerbung der dän. Minderheit und der KPD.
Stadtarchiv. Repro: T. C.

Am 9. Sept. 45 hatte die britische Regierung die dänische zu einer Entscheidung gedrängt. Die britischen Lösungsvorschläge: 1. Austausch der deutschen und dänischen Bevölkerungsteile in national einheitliche Gebiete – ein Vorschlag, der zeigt, wie wenig die Briten die Situation im Lande begriffen hatten –, 2. Volksabstimmung; 3. eine einfache Grenzregulierung. Die meisten Mitglieder des SSV waren für die Volksabstimmung. Die dänische Regierung lehnte alle drei Vorschläge ab. Ein Eingehen auf den 1. und 3. hätte heftige Proteststürme in Dänemark und bei der Minderheit ausgelöst. Die Volksabstimmung aber war eine zweischneidige Lösung. Bei einem ›Sieg‹ der Dänen bestand die Gefahr eines schwierigen Nationalitätenproblems in der Zukunft. Ein Mißerfolg aber würde die Grenze endgültig festlegen und eine spätere Abstimmung nach intensiver Volkstumsarbeit unmöglich machen. Die dänische Regierung mußte einen schwierigen Balanceakt zwischen nüchterner Politik und der Volksstimmung vollführen. Der Druck der Öffentlichkeit in Dänemark war groß. »Sydslesvigsk Udvalg« (Südschleswigausschuß) hatte Anfang Februar 46 in kurzer Zeit 498918 Unterschriften in Dänemark für eine Resolution an die Regierung zusammengebracht. In dieser wurde die Regierung aufgefordert, sich für eine Regelung einzusetzen, die Südschleswig von deutscher Oberhoheit freimache. Gallupumfragen in Dänemark 1946 und 1947 unter 2607 Befragten ergaben 71 bzw. 76 % für eine Volksabstimmung. 31 % wollten diese sofort, 16 % nach 10–20 Jahren, 8 % »wenn die Verhältnisse es erlauben«, und der Rest entschied sich für keine zeitliche Festlegung. Erstaunlich ist, daß nur 16 % an eine Änderung der Gesinnung der ›Südschleswiger‹ glaubten.[34]) Sie gaben damit indirekt der Regierung recht. Der Druck der Öffentlichkeit konnte von der Regierung nicht unbeachtet bleiben. Sie hat daher lange Zeit in ihren Verhandlungen mit der britischen Regierung das Ziel einer verwaltungsmäßigen Trennung der einstigen Herzogtümer und der Aussiedlung der Heimatvertriebenen verfolgt.

In der Stadt Schleswig hatten die »Unabhängigen« also eine erdrückende Mehrheit in den Gremien erhalten. Der Beirat (heute Magistrat) wurde aus 7 Dänen und 3 Deutschen gebildet. Die 7 Dänen waren: Hermann Clausen als Bürgermeister und damit Vorsitzender, Christian Firjahn, Svend Johannsen, Schlossermeister Lassen, Andreas Paysen, Zimmermeister Mahrt, Sophus Petersen. Die 3 Deutschen: Johannes Hagge (CDU), Jacob Böhme (CDU) und Reg. Rt. Weiß (SPD).[35]) In der rd. zweijährigen Amtszeit der Gremien hat die nationalpolitische Frage keine entscheidende Rolle gespielt. Es ging um schwierige Alltagsprobleme, über die meistens unter dem umsichtig leitenden H. Clausen einstimmig entschieden wurde.

Das Jahr 1946 war für die dänische Minderheit ein Jahr großer Erfolge geworden. Sie hatte die Anerkennung ihres Vereins durch die Militärregierung erreicht, sie begann mit dem Ausbau ihres Schul- und Bibliothekwesens und konnte am 22. Juni ihre ersten großen Jahreskundgebungen durchführen; an der Schleswiger nahmen rd. 10000 Menschen teil.[36]) Der britische Major Fleed äußerte dem Landesdirektor Dr. Müthling gegenüber, der das undankbare Amt des Verbindungsmannes zwischen den deutschen Verwaltungsstellen und der Militärregierung hatte, daß bei einer baldigen Abstimmung das Land zwischen Eider und der dänischen Grenze wohl dänisch werden würde. Müthling sah die Lage weniger pessimistisch, bezeichnete sie aber als ernst.[37]) Die Minderheit hatte 1946 schon 36 Schulen mit 5185 Schülern.

Die Aktivität der Dänen richtete sich in der Folgezeit auf die Anerkennung einer eigenen politischen Partei. Hermann Clausen gehörte zu den dänischen Abgeordneten in dem am 8. 11. 46 neu gebildeten Landtag. Er hat in diesem am 15. Januar 1947 den Antrag auf Anerkennung des SSV als Partei energisch mit vertreten. Der Landtag lehnte den Antrag ab. Svend Johannsen gehörte der dänischen Kommission an, die am 27. 1. 47 vom britischen Militärgouverneur de Crespigny in Kiel empfangen wurde. Sie übergab und erläuterte ihm ein Memorandum an die vier Alliierten. Dieses enthielt einen historischen Rückblick auf die Geschichte des Landes aus dänischer Sicht, Klagen über die angeblich ungünstigen Bedingungen für die Arbeit der Minderheit, das Flüchtlingsproblem, die Forderung auf Anerkennung des SSV als politische Partei und u. a. 3 Vorschläge für die Zukunft: 1. vorübergehende Verwaltung ›Südschleswigs‹ durch eine internationale Kommission oder 2. eine Selbstverwaltung unter Aufsicht der Vereinten Nationen oder 3. autonomes Gebiet mit der Verwaltung durch ›einheimische‹ Beamte. Das Ziel aller drei Vorschläge sollte eine künftige Abstimmung sein.[38]) Der Gouverneur konnte das Memorandum nur weiterleiten, die Forderungen gingen bis auf eine über seine Kompetenzen. Er genehmigte am 7. 3. 47 dem SSV, an der Landtagswahl im April als gleichberechtigte Partei teilzunehmen. Die Genehmigung galt aber nur für diese Wahl, da die Statuten des SSV nicht denen einer politischen Partei entsprächen.

Die Hoffnungen der Minderheit auf eine baldige Volksabstimmung hatten im Januar 1947 keinen realen Grund mehr. In einem Memorandum der dänischen an die britische Regierung vom 31. Januar 47 hieß es im Punkt 7 resignierend zu der sich in dem großen Anwachsen der Minderheit zeigenden Gesinnungsänderung, ob sie »... von dauerndem Charakter ist, kann nur die Zeit zeigen ...«, daher würden keine Vorschläge »... über eine Änderung der staatlichen Zugehörigkeit Südschleswigs ...« gemacht, es müsse der Bevölkerung überlassen bleiben, ob sie die Frage »... über Zulassung zur Ausübung ihres natürlichen Selbstbestimmungsrechts ...« erheben wolle.[39])

Viele Mitglieder der Minderheit fühlten sich von der dänischen Regierung im Stich gelassen.[40]) Ihre Funktionäre stellten sich auf ein Langzeitprogramm ein. Sie hatten die Zuversicht, durch Überzeugungs- und Erziehungsarbeit die Menschen des Grenzlandes zu ihrem ›dänischen Ursprung‹ zurückzuführen. Svend Johannsen hat an diesem Programm intensiv mitgearbeitet. Dazu gehörten der weitere Ausbau des Schul-, Kindergarten- und Bibliothekwesens, die Gründung einer deutschsprachigen Zeitung (die meisten neuen Mitglieder konnten »Flensborg Avis« nicht lesen), die Anerkennung des SSV als politische Partei und die Durchsetzung dänischer Interessen im Alltagsleben.

Die Struktur des Schulsystems führte zu langen Erörterungen. In Schleswig war, wie schon berichtet, in der Bugenhagenschule eine dänische kommunale Schule gegründet worden. Auch in Flensburg bestand eine solche. Alle anderen waren Privatschulen. Kommunale Schulen unterstanden der deutschen Schulaufsicht und mußten nach deutschen Lehrplänen arbeiten. Sie hatten den Vorteil der gleichen Finanzierung wie die deutschen Schulen. Für die Ziele der dänischen Minderheit, die Schulkinder voll in das dänische Volkstum zu intergrieren, waren aber der deutschen Schulaufsicht entzogene Privatschulen eher wünschenswert. Nach Verhandlungen mit der schleswig-holsteinischen Regierung und der Militärregierung unter dem Regionalkommander G. P. Henderson kam es im Mai 1947 zum »Regulativ über dänische Schulen«. Es sollten danach Privatschulen einen Zuschuß des Landes Schleswig-Holstein von 60 % zu den Gehältern der voll beschäftigten dänischen Lehrer in Klassen mit 30 und mehr Kindern und 30 % bei kleineren Klassen erhalten. Das Minimum für die Gründung einer Schule wurde auf 10 Kinder festgesetzt. Die beiden Kommunalschulen in Schleswig und Flensburg durften bis zum 1. Mai 1948 weiterbestehen.[41]) Die Auflösung der Schleswiger Schule hatte ein kurioses Nachspiel in England. Der englische Unterhausabgeordnete Prof. Savory von der Partei »Ulster Unionist« schrieb Anfang 1949 an den britischen Außenminister Ernest Bevin, ob dieser wisse, daß Svend Johannsen, der »... höchstverdienstvolle Lehrer und Rektor dieser Schule nur deswegen entlassen worden sei, weil er der Präsident des SSV ist?«[42])

Im Alltag ging es zwischen den Angehörigen der Minderheit und den Deutschen natürlich nicht immer ›idyllisch‹ zu. Es gab vor allem Reibereien beim Erwerb von Grundstükken für die neuen Einrichtungen der Minderheit und bei Personalbesetzungen in Verwaltungsstellen. In einer Landtagsdebatte am 12. und 13. September 47 führte Hermann Clausen eine lange Reihe von angeblichen Übergriffen deutscher Verwaltungsbeamter und Ungerechtigkeiten bei Stellenbesetzungen auf. Es hat zweifellos in der erregten Atmosphäre der Zeit Übergriffe gegeben. Die Militärregierung ist einigen der Vorwürfe nachgegangen und hatte bei diesen keine Benachteiligung von Angehörigen der Minderheit festgestellt. Clausen schlug in der Landtagsdebatte einen Beschluß vor: »Beamte, Funktionäre und Arbeiter, die Mitglieder des SSV sind, haben die gleichen kulturellen und politischen Rechte wie andere Beamte ... innerhalb der Landes-, Kreis- und Kommunalverwaltungen. Durch ihre Mitgliedschaft in dem SSV dürfen ihnen daher kein Schade bei Anstellung, Lohn usw. zugefügt werden.« Er verstieg sich am Schluß seiner Rede zu der Behauptung, daß es mit »Demokratie« noch nicht viel auf sich habe, da: »... der alte autoritative Preußengeist jetzt wie früher sein Unwesen in den Amtsstuben der Landesregierung treibt.« Ministerpräsident Lüdemann (SPD) wies die Behauptungen Clausens zurück. Es kam nicht zu dem geforderten Beschluß.[43])

Die Anerkennung des SSV als politische Partei fand bei der britischen Regierung keine Unterstützung. Dem dänischen Gesandten in London wurde erklärt, daß es für die Deutschen undenkbar sei, eine Partei anzuerkennen, die ein neues unabhängiges Territorium errichtet haben wolle. Als Partei müsse der SSV auch Pflichten gegenüber dem deutschen Staat übernehmen und könne nicht mehr enge und ständige Kontakte zu Beamten und Staatsbürgern außerhalb der deutschen Grenzen haben. Der SSV habe als kulturelle Vereinigung größere Vorteile.[44]) Diese Auffassung der britischen Regierung zeigt deutlich, daß das weltpolitische Klima sich entscheidend geändert hatte. Der Gegensatz zwischen Ost und West beherrschte jetzt die internationale Politik. In dieser aber sollte ein neuer deutscher Staat eine Rolle spielen. Die für die Briten sekundäre Frage des deutschdänischen Grenzlandes durfte dabei kein Störfaktor sein. Die Struktur Schleswig-Holsteins als künftiges Bundesland zeichnete sich in dem Entwurf für eine Landessatzung ab. Diesen übersandte der dänische Außenminister als Depesche an den dänischen Gesandten in London mit kritischen Bemerkungen zu einigen Artikeln zur Unterbreitung an die britische Regierung. Seine 4. Bermerkung begann mit dem Zweifel an der Notwendigkeit einer solchen Verfassung: Falls Schleswig-Holstein »... überhaupt eine Verfassung haben muß«, müßten Bestimmungen aufgenommen werden, die »... ausdrücklich dem nichtdeutschen Element in Südschleswig die bürgerlichen und demokratischen Freiheitsrechte sichern ...«[45])

Am 22. Februar 1948 hatte Außenminister Bevin dem Unterhaus vorgeschlagen, eine »Westunion« zu bilden. Mit diesem Plan befaßten sich am 23. Februar bis zum 6. März 1948 in London die »Sechs-Mächte-Besprechungen«. Damit war der Bruch zwischen der Sowjetunion und ihren westlichen Verbündeten endgültig. Die künftige Rolle Deutschlands wurde das Hauptthema der Konferenz. Die Minderheit bat die dänische Regierung, in London zu erwirken, daß die Konferenz eine von ihr gebildete Delegation anhöre. Hermann Clausen sollte ihr angehören. Der dänische Außenminister leitete diesen Wunsch am 21. Februar 1948 an den britischen Gesandten in Kopenhagen weiter und schickte am 26. Februar an den dänischen Gesandten in London eine Depesche mit 8 Anlagen, in denen die Anliegen der geplanten Delegation spezifiziert waren. Es waren die schon oft gestellten Forderungen nach Entfernung der »Flüchtlinge«, der Trennung der ehemaligen Herzogtümer usw. Der britische Gesandte teilte dem dänischen Außenminister am 28. Februar mit, daß die Delegation nicht empfangen werden könne. Die Konferenz habe andere Fragen zu beraten. Es war eine recht kühle Ablehnung. Es hieß darin, daß die Forderungen der »Südschleswiger« bekannt seien. Wenn der Verein neue Gesichtspunkte habe, wäre es besser, diese dem Regionalkommissar in Kiel vorzulegen.[46])

Die Arbeit der Minderheit konzentrierte sich in den folgenden Monaten auf die Genehmigung einer politischen Partei und einer deutschsprachigen Zeitung. Svend Johannsen nahm an den Verhandlungen darüber mit dem Regionalkommissar Henderson teil. Dieser teilte ihm am 13. Juli 1948 mit, daß, falls nicht innerhalb von 6 Wochen nach dem 1. Juli die Anerkennung der Partei unter Vorbehalt des Einverständnisses der Kontrollkommission in Berlin erfolge, eine vorläufige Anerkennung für die bevorstehenden Kreis- unf Kommunalwahlen erteilt werde. Die Voraussetzung für die Gründung der SSW, der »Südschleswigschen Wählervereinigung«, war damit gegeben. Am 8. Juli wurde bei Henderson auch die Lizenz für eine deutschsprachige Zeitung beantragt. Als Lizenzinhaber wurde Svend Johannsen und als Redakteur Dr. Hans Jacobsen genannt. Die Zeitung sollte in Husum gedruckt werden und »Südschleswigsche Heimatzeitung« heißen. Es war eine Auflage von 40 000 Exemplaren dreimal wöchentlich mit zweimal 4 und einmal 6 Seiten geplant. Am 5. August teilte Hendersen Svend Johannsen die formelle Anerkennung für die »Sydslesvigske Vælgerforening« (SSW) als politische Partei für das Gebiet nördlich des »alten Eiderbetts« und am 20. August für ganz Schleswig-Holstein mit.

Die führenden Mitglieder der Minderheit verfolgten mit Mißtrauen das Entstehen der Bundesrepublik Deutschland. Sie stellten den gesamten Komplex ihrer Forderungen in einer Broschüre zusammen, die Hermann Clausen als Mitglied des Landtages und Svend Johannsen als Mitglied des Kreistages am 3. August 48 den Chefs der britischen, amerikanischen und französischen Militärregierungen übersandten. Sie bemerkten am Schluß ihres Anschreibens, daß die Minderheit davon ausgehe, daß von der angeblich gebildeten Kommission der Ministerpräsidenten der deutschen Länder zur Untersuchung von Änderungen der »verschiedenen ›Länder‹ in Westdeutschland« keiner Entscheidung der Trennung Schleswigs von Holstein vorgegriffen werde.[47]

Am 24. Oktober 1948 fanden die Kreistags- und Kommunalwahlen statt. Die Situation hatte sich seit der Wahl von 1946 entscheidend geändert. Das nationale Bewußtsein der deutsch gebliebenen Einheimischen hatte sich wieder gefestigt. Friedrich Wilhelm Lübke, der Landrat des Kreises Flensburg, hatte schon 1946 den »Verein für Erwachsenenbildung und Büchereiwesen« gegründet (seit 1949 »Deutscher Grenzverein für Kulturarbeit im Landesteil Schleswig«). Es folgten 1947 der »Schleswig-Holsteinische Heimatbund«, der sich vor allem der deutschen Volkstumarbeit widmete, 1948 die »Arbeitsgemeinschaft Deutsches Schleswig«, die sich der deutschen Sozialarbeit verpflichtete und auch ein Korrespondenzbüro betrieb sowie der »Bund für deutsche Friedensarbeit im Grenzlande« (Grenzfriedensbund). Deutsche Parteien hatten sich fest organisiert, das Land Schleswig-Holstein hatte mehr und mehr Kompetenzen erhalten, und die Währungsreform stärkte die Hoffnungen auf eine baldige Linderung der Not.

CDU und SPD schlossen sich zum »Deutschen Wahlbund« in der Stadt zusammen. Es wurde ein hitziger Wahlkampf mit nicht gerade zimperlichen Angriffen von deutscher und dänischer Seite. Beide Seiten veranstalteten Großkundgebungen mit prominenten Rednern. Der Wahlbund erhielt 12 286 und der SSW 7000 Stimmen. In Schleswig-Holstein erreichten die Dänen mit 91 631 Stimmen das Ergebnis von 1947 mit 99 500 Stimmen nicht wieder. Ihre Stimmenzahl war dennoch erstaunlich hoch. In Schleswig hatten sie noch 200 Stimmen hinzugewonnen. Hermann Clausen schreibt dazu: »Dieses Wahlergebnis wurde als großer deutscher Sieg gefeiert. Nimmt man aber dies Wahlergebnis etwas genauer unter die Lupe, dann sieht die Sache von deutscher Seite gesehen doch etwas bedenklich aus.«[48] Zweifellos war eine Rückgewinnung der ›Einheimischen‹ den deutschen Parteien nur teilweise gelungen. Eindeutig ist, daß die Heimatvertriebenen sich jetzt beteiligt und deutsch gewählt hatten.

Es wurde nach einem differenzierten Verhältniswahlrecht gewählt. Die Stadt war in

Handzettel des Deutschen Wahlbundes.
Stadtarchiv. Repro: T. C.

16 Bezirke eingeteilt worden – wie auch heute noch. 16 Kandidaten waren also direkt und 11 über die Liste zu wählen. Bei der Gründung des »Deutschen Wahlbundes« hatten CDU und SPD sich auf eine Aufteilung der Wahlbezirke geeinigt. In 10 Bezirken sollte der CDU-Kandidat und in 6 der SPD-Kandidat gewählt werden. Diese Verteilung erfolgte aufgrund der Wahlergebnisse von 1946. Mit Handzetteln wurde den deutschen Wählern ›eingehämmert‹, daß sie in 10 Bezirken nur den CDU- und in 6 Bezirken nur den SPD-Kandidaten wählen sollten. Die deutschen Kandidaten wurden alle direkt gewählt. Von den Listenplätzen erhielten die beiden deutschen Parteien je 2 und die Dänen 7. Die alte Stadtverordnetenversammlung kam am 13. Oktober zu ihrer letzten Sitzung zusammen. Johannes Hagge dankte Hermann Clausen für seine gute Amtsführung. Er schloß mit den Worten: »... daß das Parlament seine Arbeiten in guter demokratischer Weise erledigt habe, sei hauptsächlich dem Bürgermeister zu danken.«[49]) In der ersten Sitzung der neuen Stadtverordnetenversammlung konnten die Dänen mit ihren 7 Stimmen die Wiederwahl Clausens nicht durchsetzen. Schlossermeister Böhme (CDU) wurde zum Bürgermeister und Reg. Rt. Weiß zum Stellvertreter gewählt. Clausen vermerkt in seinem rd. 15 Jahre später geschriebenen Buch noch bitter, daß der neue Bürgermeister es nicht für nötig gehalten habe, ihm einen Dank zu sagen. Böhme ließ zur Irritation der Dänen zwei Tage die blau-weiß-rote Fahne, die die Dänen noch immer als »Insurgentenfahne« bezeichneten, auf dem Rathaus hissen.[50])

Die weiteren Verhandlungen über die Grenzfrage können hier nicht dargelegt werden. Die grundsätzlichen Entscheidungen waren getroffen. Durch die »Kieler Erklärung« der SPD-Landesregierung vom 26. Sept. 1949, in der der dänischen Minderheit alle Bürgerrechte und Freiheit des nationalen Bekenntnisses garantiert wurden, und die »Bonner Grundsatzerklärungen« vom 29. März 1955, in denen der Status der deutschen Minderheit in Nordschleswig und der dänischen Minderheit in Südschleswig geregelt wurden, sind die formellen Voraussetzungen für eine Entspannung der nationalen Gegensätze geschaffen worden. Mit der Gründung der Bundesrepublik Deutschland und dem wirtschaftlichen Aufschwung sank die Zahl der dänischen Stimmen: Bundestagswahl 1949 = 5728, Hermann Clausen wurde Bundestagsabgeordneter, Landtagswahl 1950 = 5559, Kommunalwahl 1951 = 5341, Bundestagswahl 1953 = 3354, Landtagswahl 1954 = 2992, Kommunalwahl 1955 = 3305, Bundestagswahl 1957 = 2319, Landtagswahl 1958 = 2525, Kommunalwahl 1959 = 2394, Bundestagswahl 1961 = 1749, Kommunalwahl 1962 = 1999, Landtagswahl 1962 = 1751. Der dänische Stimmenanteil sank in den folgenden Jahren noch etwas, hat sich dann aber um 1450 stabilisiert. Bei der Kommunalwahl im März 1986 erzielte die Minderheit in der Stadt 1433 Stimmen.

Die Erregung der ersten Nachkriegsjahre ist inzwischen der Besonnenheit gewichen. Die ›Paketaktion‹ hatte wesentlich zur Erhitzung der Stimmung beigetragen. Es darf aber nicht verschwiegen werden, daß die dänische Regierung 1947 3 Millionen Kronen und 1948 2 Millionen für deutsche Kinder in Schleswig und Holstein zur Verfügung stellte, um besonders unterernährte Kinder unter 14 Jahren mit 350—400 Kalorien täglich zu versorgen. Europa verträgt keinen von Fanatismus geprägten ›Grenzkampf‹ zwischen zwei eng verwandten Völkern. Es mußte die Diskussion um »echt« und »unecht« aufhören. Heute ist jedenfalls die dänische »Volksgruppe« — auf diesen Begriff einigten sich Landesdirektor Müthling und die Militärregierung —, »echt«. Über 20000 Menschen haben sich konstant über 25 Jahre zu ihr bekannt. Völker können nur friedlich zusammenleben, wenn sie das Selbstbestimmungsrecht anerkennen. Eine Generation ist nun schon durch dänische Schule gegangen und von dänischem Geistesleben geprägt worden.

Militärregierung — Entnazifizierung

Die britische Besatzungsmacht befand sich in einer zwiespältigen Situation. Die britische Armee hatte die Wehrmacht des »Dritten Reiches« mit zerschlagen. Die Soldaten und Beamten waren von der Propaganda, die nicht zwischen Nationalsozialisten und den Deutschen insgesamt unterschieden hatte, geprägt. Sie forderte eine harte Behandlung der »Hunnen«. Andererseits aber waren die Engländer, die sich als Bürger des demokratischsten Landes der Welt empfanden, von dem Sendungsbewußtsein erfüllt, die Deutschen nach ihrem Vorbild zu Demokraten umzuerziehen. Das war aber nur möglich, wenn sie das Vertrauen der Bevölkerung gewinnen konnten.

Um das besetzte Land verwalten zu können, waren sie auf die bestehenden Verwaltungen angewiesen. Die gleich im Mai 1945 begonnene rigorose ›Säuberung‹ der Stadtverwaltung erwies sich bald als unmöglich, da fast alle Beamten der NSDAP angehört hatten. Der von ihnen eingesetzte »Beirat« mußte 43 Beamte und Angestellte der Stadtverwaltung entlassen. Da eine Bewältigung der ungeheuren Fülle von Verwaltungsaufgaben ohne bewährte Verwaltungsfachleute nicht möglich war, beschloß der Beirat in seiner Sitzung am 12. Juni, die Militärregierung zu bitten, zu differenzieren und einen Teil der Entlassungen rückgängig zu machen.[51]) Der Fall eines Stadtinspektors ist typisch für die den Engländern vorgetragene Argumentation: Er habe »... sich in keiner Weise im nationalsozialisten Sinne aktiv betätigt ...« Der Betreffende war am 1. 4. 1933 in die Partei eingetreten. Es gelang bald, die meisten der Entlassenen in die Verwaltung zurückzubekommen. Das entstehende distanzierte Vertrauensverhältnis von Dr. Hinrichs und dann Hermann Clausens zu Residenzoffizier Oberst Smith hat zur Entkrampfung wesentlich beigetragen.[52])

Das »Fraternisierungsverbot« wurde schon am 17. Juni 45 gelockert. Zu engen Kontakten zwischen der Bevölkerung und den »Besatzern« kam es aber nicht. Es bestanden auf beiden Seiten große psychologische Barrieren. Auf den Straßen aber lockerte sich die anfängliche Feindseligkeit. Die britischen Soldaten konnten nicht teilnahmslos am Elend der Menschen vorübergehen und erwiesen oft Kindern vor allem kleine Freundlichkeiten mit Geschenken von Süßigkeiten. Es wird aber von Zeitzeugen auch von arrogantem Auftreten namentlich von Offizieren berichtet.

Insgesamt lebten die Briten in ›Gettos‹ getrennt von den Einwohnern. Die Soldaten der niederen Ränge wohnten mit eigenen Kantinen und Geschäften isoliert in den Kasernen auf der Freiheit. Für die Offiziere und Beamten waren 151 Häuser in den besten Wohnlagen beschlagnahmt worden. Das größte ›Engländerviertel‹ waren Chemnitz-, Fehrs-, Bellmann- und Suadicanistraße. Insgesamt hatten 1800 Einwohner ihre Wohnungen verlassen müssen.[53])

Das gesellschaftliche Leben der höheren Chargen spielte sich nach englischem Brauch in »Clubs« ab. Das Hotel »Stadt Hamburg« wurde zunächst Offiziersclub der Royal Air Force mit dem Namen »Malcolm Club«, später wurde es dann der »Three Ways Club« der »Army«. Die Royal Attillery richtete sich in den Theatergaststätten ein, die sie in »The Bull Club« umbenannten. »Ravens Hotel« wurde Clubhaus der Royal Engeneers. Dem Vergnügen aller Briten dienten das Lichtspieltheater »Capitol« als Garnisonskino und das Stadttheater für Shows, Theateraufführungen und Tanzveranstaltungen.

Für die Verwaltung des besetzten Gebiets hatte die Militärregierung die »Richtlinien...«[54]) erlassen. Im Vorwort heißt es: »Der Charakter eines Volkes widerspiegelt im allgemeinen den Einfluß des Landes, in dem sie leben. Unsere Demokratie, die widerstandskräftigste der Welt, ist das Produkt unseres Charakters und Landes. Auf britischem Boden gedeiht sie am besten, aber wir exportieren sie, und wenn sie sorgfältig gehegt und gepflegt wird, so wächst und gedeiht sie in allerlei Ländern, selbst wenn es lange dauert, bis sie sich akklimatisiert.« Es wird weiter dargelegt, daß in Deutschland die Demokratie nie »... wirklich zur Blüte...« gekommen sei und daß die Alliierten nach dem 1. Weltkrieg es den Deutschen überlassen hätten, den »Samen der Demokratie selbst neu auszusäen«. Sie sei vom »üblen Unkraut einer neuen Form deutscher Staatsautorität erstickt« worden. »Diesmal haben die Alliierten beschlossen, die Arbeit gründlicher zu besorgen; deshalb die Besetzung, deren Zwecke im Potsdamer Abkommen dargelegt sind ...« Die Umsetzung dieser ›hehren‹ Ziele in die Praxis war schwierig, wie schon die erste ›Säuberung‹ der Stadtverwaltung zeigte.

Da die britische Militärpolizei ›Sicherheit und Ordnung‹, aber auch die Ermittlung verdächtiger Personen nicht allein bewältigen konnte, ›säuberte‹ die Militärverwaltung zunächst die in der Nazizeit schwer belastete deutsche Polizei von besonders belasteten Beamten und nahm dann eine Neuorganisation in Angriff.

Die Beamten wurden in den ersten Tagen der Besetzung in der Polizeiunterkunft zusammengezogen und verblieben dort bis zum 10. Mai. Am 11. Mai versahen sie wieder »geregelten Straßendienst«. Die ›Säuberung‹ wurde aber schon vorbereitet. Die Personallisten mußten am 12. Mai der Militärregierung vorgelegt werden, und die Beamten hatten einen 4 Seiten langen Fragebogen auszufüllen. Am 14. Mai erfolgte die Entwaffnung. Waffen und Munition mußten der Militärpolizei übergeben werden. In den folgenden Wochen wurden einige Beamte entlassen. Im Juni erhielten die verbliebenen weiße Armbinden mit dem Eindruck: » Police MG – MG Polizei« und englische Ausweise. Sie durften zunächst nur gegen deutsche Einwohner einschreiten, »später« auch gegen »ausländische Zivilisten«.[55])

Mit einigen Ausnahmen, die für die Stadt nicht von Bedeutung waren, wurde die Polizei durch eine Verordnung vom 10. Juli 1945 vereinheitlicht, indem die kommunalen Schutzpolizeieinheiten und die Gendarmerie in die allgemeine Polizei eingegliedert und dem Oberst der Gendarmerie, Kühn, der seine Dienststelle beim Regierungspräsidenten in Schleswig hatte, unterstellt.[56]) Am 25. September 1945 fand im »Wintergarten« der

Schleihalle eine Dienstversammlung für Polizeibeamte statt, in der der für die Polizei zuständige britische Major Appleton die neue Ordnung erläuterte.[57]) Er verlangte von den Beamten »Tüchtigkeit, Eifer und Gehorsam ...« den Vorgesetzten gegenüber und sprach die Hoffnung aus, daß sie eine »glückliche Familie« sein würden. Er betonte, daß diese »Zusammenfassung der Polizeikräfte« nicht kritisiert werden dürfe, da sie auf Beschluß der »Kontroll Kommission« erfolge. Nach dem Major sprach Oberst Kühn. Der Chronist, der verdienstvolle Stadthistoriker E. Chr. Petersen, berichtet: »Kühn redete sich so in Wut, daß er dabei in hohem Bogen sein Gebiß ausspuckte und glücklicherweise abfangen konnte, um weiter zu reden.« Den Grund dieser großen Wut teilt Petersen nicht mit. Er wird aber im Unwillen vieler Beamter über die Bekanntgabe der Entlassung alter Polizeibeamter ohne Pension seine Ursache gehabt haben. Wieweit Stadtklatsch oder Tatsachen in Petersens weiterem Bericht über Kühns ›Lebenswandel‹ enthalten sind, läßt sich nicht mehr feststellen. Es steckt darin wohl auch etwas Häme eines alten konservativen Beamten. Kühn soll sich täglich von seiner Wohnung in Böklund im Dienstwagen zu seiner Dienststelle haben fahren lassen — wie sollte er auch sonst dorthin kommen? —, mit englischen Offizieren »begüterte« Bauern aufgesucht haben, und »Kühn war ein ausgesprochener Empfehlsempfänger der Besatzung«. Das Vertrauen der Briten hatte er zweifellos. Er arbeitete auf ihre Weisung den »Organisationsbefehl Nr. 2« vom 12. 12. 45 über die Neugliederung aus. Schleswig-Holstein wurde in 12 Distrikte mit 26 Inspektionen und 71 Abteilungen eingeteilt. Bis zum 4. Dezember 45 war die deutsche Polizei zunächst noch unbewaffnet, erhielt dann Holzknüppel und durch die Anordnung Nr. 16 schließlich Pistolen und Revolver zugeteilt.

Die Militärregierung überschüttete die Bevölkerung und Verwaltung mit Anordnungen und Reformen. Besondere Initiative widmete sie dem Rechtswesen. Die umfangreichen Rechtsreformen sind zu komplex, um hier dargestellt zu werden. Die »Proklamation Nr. 3« des Kontrollrats vom 20. Oktober 1945, »Grundsätze für die Umgestaltung der Rechtspflege«, war die Grundlage für die künftige Entwicklung.[58]) Für Schleswig bedeutete die Anordnung, daß am 11. 7. 1946 in Anwesenheit des Brigadiers Henderson das Landesverwaltungsgericht feierlich eröffnet wurde.[59]) Zunächst lief die Rechtssprechung zweigleisig, da die Briten Verstöße gegen ihre Anordnungen selber ahndeten. Das Militärgericht tagte im Rathaus. Es hatte über zahllose ›Delikte‹ zu urteilen. Besonders viel Arbeit machte ihm die Verordnung Nr. 13 vom 9. September 1945 über »Militärische Uniformen und Abzeichen«.[60]) Es war von den Einwohnern viel zu beachten, um unbestraft zu bleiben. Uniformen wurden absolut verboten. Kurios waren die Bestimmungen im Artikel IV der Verordnung. Darin wurden alle »Abzeichen« verboten, zu denen auch »Knöpfe, Schnallen, Insignien, Tressen, Borten und Epauletten« gezählt wurden. Auch alle militärischen Kopfbedeckungen fielen unter das Verbot. Der Artikel V legte die Strafen bei Übertretung fest; es konnte bei besonders schweren Fällen sogar die Todesstrafe verhängt werden. Am 1. 3. 46 wurde auch der Wohnungswechsel ohne Genehmigung der Militärregierung unter Strafe gestellt.[61]) Der »Befehl Nr. 4 vom 13. 5. 46[62]) »Einziehung von Literatur und Werken nationalsozialistischen und militärischen Charakters« ordnete die ›geistige Säuberung‹ an. Innerhalb von 2 Monaten waren »Bücher, Flugschriften, Zeitschriften, Zeitungssammlungen, Alben, Manuskripte, Urkunden, Landkarten, Pläne, Gesang- und Musikbücher, Filme und Lichtbilddarstellungen — auch solche für Kinder jeglichen Alters — welche nationalsozialistische Propaganda, Rassenlehre und Aufreizung zu Gewalttätigkeiten oder gegen die Vereinten Nationen gerichtete Propaganda enthalten sowie ›Militaria‹ aus öffentlichen Büchereien, Schulen, Leihbüchereien usw. zu entfernen und ›zwecks Vernichtung‹ den ›Zonenbefehlshabern‹ zur Verfügung zu stellen«. Wenn dieser Befehl auch nicht private Bibliotheken erwähnte, so hat es doch Razzien in Wohnungen besonders belasteter Einwohner gegeben. Da-

Auf Anordnung der Militärregierung stellten die deutschen Behörden Personalausweise aus. Dieser ist am 26. April 1950 ausgestellt worden.

her haben fast alle Einwohner aus Angst entsprechende Materialien abgegeben, vernichtet oder versteckt.[63]) Die vielen Verordnungen und Verbote über Einhaltungen der Sperrstunden (von 22.00–6.00 Uhr), Holzdiebstähle, Schwarzschlachtungen usw. können hier nicht alle erwähnt werden. Die Bevölkerung lebte in ständiger Angst, entwickelte aber auch Techniken der Tarnung. Die Briten konnten allein die vielen Verbote nicht durchsetzen. Sie waren auf die Hilfe der deutschen Polizei angewiesen, die oft ›beide Augen zudrückte‹. Die vielen Maßnahmen der Militärregierung erzeugten viel Mißstimmung gegen die »Besatzer«.[64])

Mit der zunehmenden Konsolidierung des Landes Schleswig-Holstein, der Gründung der Bundesrepublik Deutschland und der damit aufhörenden Militärregierung, die von der nur Kontrolle ausübenden »Alliierten Hohen Kommission« abgelöst wurde, trat die Besatzungsmacht mehr und mehr in den Hintergrund. Zu den britischen Soldaten kamen 1950 Soldaten der norwegischen Brigade, deren Stab und einige Einheiten isoliert in den Kasernen auf der Freiheit lebten.[65]) Mit eigenen Nachrichtenblättern, Sport, Kinovorführungen, Reiseangeboten wie z. B. zur Zonengrenze und häufigen Urlaubsreisen auf dem Schiff »Svalbard« versuchte die Brigadeführung der Langeweile, die zu starkem Alkoholmißbrauch führte, entgegenzuwirken. Die Norweger betätigen sich auch viel sozial durch Sammlungen für Flüchtlingskinder und Weihnachtsbescherungen wie z. B. 1952 für 450 Kinder von deutschen Kriegsinvaliden im Großen Baumhof. Es hat einige Verstimmungen gegeben, insgesamt aber war das Verhältnis zu der deutschen Bevölkerung freundlich. Im April 53 fand die Abschiedsparade der Brigade vor Kronprinz Olav in Anwesenheit von General Sir Richard Gale, dem Oberbefehlshaber der britischen Rheinarmee, auf dem Flugplatz Jagel statt.

Im September 1949 wurde der Kreisresident-Offizier Oberst Dudley Smith durch

Oberst E. B. Daniell abgelöst, der Schleswig am 1. April 54 verließ. Mit den beiden Offizieren hatten die Schleswiger Glück gehabt. Sie waren kultivierte und humane Männer.
Seit der Gründung der BRD war das Verhältnis zu den Briten weitgehend freundschaftlich geworden. Oberst Daniell gab z. B. in jedem Sommer im Garten seiner Residenz
Paulihof 5 eine fröhliche »garden party« für viele Bürger. Die Besatzungszeit war beendet. Im November 53 wurden bis auf 13 alle beschlagnahmten Häuser, darunter auch das
Finanzamt, das Transithotel der Briten gewesen war, freigegeben. Im Februar 54 wurden
auch die Kasernen auf der Freiheit wieder der deutschen Verwaltung übergeben.

Die Entnazifizierung

Der Begriff »Entnazifizierung« wird im allgemeinen nur für das hier im Land 1947 einsetzende Verfahren der Einstufung von Parteimitgliedern, Angehörigen von NS-Organi-
sationen, Beamten und Angestellten in 5 Kategorien gebraucht. Der Begriff wird hier erweitert. Die geschilderten Maßnahmen zur ›Säuberung‹ der Verwaltung und des öffentlichen Lebens gehören ebenso dazu wie die Internierung von höheren Funktionären vor
dem offiziellen Verfahren.

Die Alliierten konzentrierten sich zunächst auf die Ermittlung und Verurteilung der
»Kriegsverbrecher«. Örtliche kleinere Nazi-Funktionäre wurden zwar schnell erfaßt,
aber zunächst bis zur Erarbeitung von Richtlinien für ihre ›Bestrafung‹ in einen ›Warte-
stand‹ versetzt. Sie durften nicht ihre früheren Berufe ausüben, sondern wurden zu kör-
perlicher Arbeit vor allem im Straßenbau und in Torfmooren eingesetzt. Der größte Einsatz erfolgte beim Ausbau der Landstraße von Schleswig nach Husum. Viele daran betei-
ligte Schleswiger berichten, daß sie sich dabei nicht sehr angestrengt und gespottet haben, daß sie für die Engländer die Rückzugstraße zum Nordseehafen Husum bauen sollten. Es ist nicht unwahrscheinlich, daß die Straße aus militärischen Gründen forciert ausgebaut wurde. Im Februar 1946 nämlich gab das Hauptquartier des 8. Korps »A military
geography of Schleswig-Holstein« heraus. Die Auflage war »restricted«, also für einen
eingeschränkten Benutzerkreis bestimmt. Im Absatz 1 der Einleitung heißt es: »Aufgabe
dieser Studie ist es, eine Übersicht über die geographischen Gegebenheiten zu geben, die
geeignet ist für irgendwelche militärischen Operationen in Schleswig-Holstein von Nutzen zu sein . . .«[66] Im Text werden nach einem Überblick über die Geschichte des Landes
Brücken, Wasserläufe, Straßen, Fähren, Landschaftsstrukturen und die Häfen beschrieben. Bei den Häfen an der Westküste des Landesteil Schleswig wird Husum an erster
Stelle genannt. Der Bildteil bringt z. T. sehr gute Luft- und Bodenaufnahmen zur Ergän-
zung des Textteils.

Die Briten hatten geschlossene Einheiten der Wehrmacht in »Camps« überführt. Vielen Soldaten aber gelang es, sich mit Entlassungsscheinen deutscher Dienststellen und
Wehrmachtseinheiten nach Schleswig durchzuschlagen. Diese Papiere wurden dann
aber nicht anerkannt, und die Soldaten mußten zur britischen Entlassungsstelle in Brekling. Ganz junge, alte, kriegsversehrte und kranke Soldaten erhielten das ersehnte Papier
ohne größere Schwierigkeiten. Von den anderen erlangten es manche durch geschicktes
Simulieren. Viele blieben im ›Sieb‹ hängen und wurden in Lager geschickt. Manche wurden auch schon bei den Vernehmungen ›vorgemerkt‹ für spätere Verfahren. Diese mar-
schierten schon in den nächsten Tagen zum Straßenbau.

Die Hoffnung der kleineren örtlichen Funktionäre, damit ›davongekommen‹ zu sein,
trog. Noch ehe die Alliierten sich über ein offizielles Entnazifizierungsverfahren geeinigt
hatten, wurden sie in der britischen Zone vor allem im Mai 46 in Lager gesperrt. Am 22.
Mai 46 wurden die Schleswiger Ortsgruppenleiter und mittlere Funktionäre, untere SA-

und SS-Führer in das ehemalige KZ Neuengamme gebracht. Ein Ortsgruppenleiter berichtete bereitwillig über die Zeit dort. Nach seinem Bericht − und andere haben ihn bestätigt − war die Behandlung »hart aber gerecht«. »Hart« war die Zeit in den Lagern vor allem am Anfang sicherlich. Die Verpflegung war wie die der Bevölkerung knapp. Die deutschen Kriegsgefangenen in Rußland allerdings hätten sie als Erfüllung eines Wunschtraums gesehen. Die Verbindung zu den Angehörigen war auf ein Minimum eingeschränkt. Die Internierten durften eine Karte mit 25 Wörtern im Monat schreiben, aber nichts über das Lagerleben berichten. Die Post der Angehörigen traf auch nicht regelmäßig ein. Ein Internierter aus Schleswig schrieb z. B. am 18. 11. 46 an seine Frau: »Seit September keine Post . . .« Seine Lagerzeit dauerte bis zum 9. März 1947. Er durfte nach seiner Rückkehr nicht wieder in seinem Beruf arbeiten, sondern mußte sein Brot in einer Holzschuhfabrik verdienen. Erst 1948 konnte er wieder in seine alte Stellung zunächst als Angestellter und dann 1949 als Beamter zurückkehren.

Aber nicht nur Parteifunktionäre waren den Briten besonders verdächtig, sondern auch manche Angestellte in zivilen Berufen. Der Schleswiger Journalist Otto Pautz, der in der Nazizeit noch versucht hatte, kritische Akzente zu setzen[67]), wurde nach einer Zeit als Arbeiter an der Straße nach Husum im August 46 zum Verhör in die ›Villa Rasch‹ befohlen und ohne Benachrichtigung seiner Frau 7 Tage ins verdreckte Amtsgerichtsgefängnis gesperrt.[68]) Nach seinem Bericht wurde er von dem deutschen Gefängnispersonal gründlich »gefilzt« und »stur« behandelt. Von dort wurde er ins Internierungslager Gadeland bei Neumünster gebracht, das sich in einer alten Lederfabrik befand. Angehörige durften die Internierten nicht besuchen, sondern konnten ihnen dort nur von draußen zuwinken. Mitgebrachte Pakete wurden über eine Rutsche ins Lager befördert. Von Gadeland kam er ins Lager Eselheide (Senne), von wo er im März 1947 nach Schleswig entlassen wurde. Nach seinem Bericht war die Behandlung in den beiden Lagern nicht besonders hart.

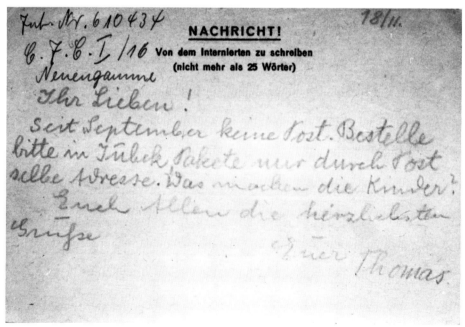

Postkarte eines Schleswigers aus dem Lager Neuengamme.   *Privatbesitz. Repro: T. C.*

34

Die beiden Beispiele sind typisch. Die aus den Lagern Zurückgekehrten waren aber keineswegs »entnazifiziert«. Der Kontrollrat hatte eine einheitliche Entnazifizierung beschlossen und die Richtlinien dafür am 12. Januar 1946 in der »Direktive« Nr. 24 festgelegt. Für die amerikanische Besatzungszone wurde schon am 5. März 46 in München das »Gesetz zur Befreiung von Nationalsozialismus und Militarismus« erlassen. In ihm waren die 5 »Kategorien« eingeführt worden. Für alle Bürger, die eine Tätigkeit, außer Handarbeit, ausüben wollten, war schon vorher in der amerikanischen Zone der berühmt-berüchtigte »Fragebogen« mit 131 Fragen eingeführt worden. In der britischen Zone wurden in der Verordnung Nr. 110 vom 24. Februar 1947 die Regelungen der Amerikaner im wesentlichen übernommen und die Landesregierungen zum Erlaß der notwendigen Gesetze ermächtigt. Für Schleswig-Holstein erfolgte die Bekanntgabe im »Amtsblatt Nr. 16« vom gleichen Tage in der Verordnung Nr. 79: » Einteilung von weniger gefährlichen Nationalsozialisten in Kategorien«. Kategorie I: »Hauptschuldige«. Kat. II: »Belastete«. Für diese beiden Gruppen waren harte »Sühnemaßnahmen« möglich wie z. B. 10 Jahre Arbeitslager, Vermögensentzug, Pensionsentzug u. a. Die Entnazifizierungsausschüsse konnten über die Einstufung nicht endgültig entscheiden, sie mußten ihre Urteile der Militärregierung vorlegen. Da die Akten über das ganze Verfahren noch unter Verschluß liegen, ist nicht festzustellen, ob Schleswiger Bürger in diese beiden Gruppen eingestuft wurden. Die Kat. III bedeutete Verlust des aktiven und passiven Wahlrechts, das Verbot in politischen Organisationen Funktionen zu übernehmen, politisch verantwortliche Stellungen in Staat und Gemeinden zu bekleiden, die Sperrung des Vermögens, das Verbot des Wohnungswechsels ohne Genehmigung der Militärregierung und eine polizeiliche Meldepflicht 1–3mal monatlich.

Einige Schleswiger, die in die beiden Kategorien IV und V eingestuft waren, haben bereitwillig Auskunft gegeben und ihre Bescheide zur Verfügung gestellt. Die »Sühnemaßnahmen« für die Kat. IV waren wesentlich milder: Kein passives, aber aktives Wahlrecht, Möglichkeit der Vermögenssperrung, Genehmigung der Militärregierung zum Verlassen

»Persilschein« und Entnazifizierungsbescheide Kathegorie IV (S. 36) und V (S. 37) für einen Schleswiger Gruppenleiter.

Schleswig, 13. Juli 1948.

A b s c h r i f t .

Herr ████████████ , Schleswig, ████████████ ist
mir seit mehr als 2⁰ Jahren bekannt.

An Eidesstatt erkläre ich hiermit als Vorsitzender der
Gemeinn. Volkswohnstättengenossenschaft für den Kreis Schleswig
e.G.m.b.H (früher Schleswiger Arbeiterbauverein), dass ich häufig Gelegenheit hatte, mich mit ████ über politische Dinge zu unterhalten.
In den Aufsichtsrats und Vorstandssitzungen der Genossenschaft hat
████ sich ohne viel Gegenrede die politischen Meinungen anderer
angehört und seine Gedanken stets ruhig vertreten.

Es wäre für ihn ein Leichtes gewesen, jemand wegen
politischer Gegenreden zur Anzeige zu bringen. Dies hat ████ hier
nie getan und mir ist auch kein anderer Fall irgendwelcher Denunziationen zu Ohren gekommen. Sein anständiger Charakter trat hier in
Erscheinung. Soweit mir bekannt ist, wurde er von den Genossenschaftsmitgliedern wegen seiner Hilfsbereitschaft geschätzt.

Ich bin nicht Mitglied der Partei gewesen.

Kanzleisekretär a.D.

35

(Britisches Kontrollgebiet)

Berufungsausschuß
für die Entnazifizierung u. Kategorisierung
im Landgerichtsbezirk Flensburg.

MG/PS/CAT/201

EINREIHUNGSBESCHEID
(NACH BERUFUNG)
Kategorien III und IV

Geschäftsnummer I B 110/48

Datum 3. September 1948

An (vollständiger Vor- und Zuname) ▨▨▨▨▨

Anschrift   S c h l e s w i g , ▨▨▨▨▨

Beruf

1. Hiermit werden Sie davon in Kenntnis gesetzt, daß Sie nach Anhörung Ihrer Berufung gegen Ihre
~~Entfernung/Ausschließung/~~Einreihung durch den deutschen Berufungs~~Überprüfungsausschuß~~ in Flensburg

in die Kategorie   IV   ~~der Anlage 1 zur Verordnung Nr. 79 der Militärregierung~~ eingereiht
~~und ihnen die nachstehenden Beschäftigungsbeschränkungen auferlegt~~ worden sind:

Der Einreihungsbescheid der Militärregierung Deutschland vom 28.2.1948
wird aufgehoben.
Der Betroffene wird zunächst als Mitläufer in die
Kategorie IV eingestuft. Er verliert für die Dauer
der Zugehörigkeit zu dieser Kategorie das passive
Wahlrecht.
Sodann wird der Betroffene gemäß § 12 des Gesetzes
vom 10.2.1948 in die Kategorie V umgestuft.
Er h at eine Verfahrensgebühr von 20.—DM zu zahlen
sowie die baren Auslagen des Verfahrens zu tragen.
     gez.Prölß, John Harenberg, Ole Petersen,
           C.Bövadt, Richard Späth .

a) bei Personen in Kategorie III kurze Angabe derjenigen Stellungen im öffentlichen Dienst oder in bedeutenden Privatunternehmungen, deren Innehabung untersagt ist.

b) bei Personen in Kategorie IV ist an dieser Stelle anzugeben, ob Eigentum und Konten zu sperren sind; Beschäftigungsbeschränkungen bestehen nicht.

Begründung:

Die Einstufung des Betroffenen in die Gruppe IV der Mitläufer nach § 5
des Gesetzes vom 10.2.1948 ist zunächst gerechtfertigt, weil der Betroffene schon im Jahre 1932 in die Partei eingetreten ist und später
als Zellen-, Ortsgruppen- und Kreiskassenleiter der Partei diese mindestens unerheblich unterstützt hat. Er ist aber nach den Aussagen der

2. Sie haben sich binnen 2 Wochen seit Zugehen dieses ~~EINREIHUNGSBESCHEIDES~~ unter Vorlage des

Ihres PERSONALAUSWEISES sowie von fünf Abzügen eines aus neuerer Zeit stammenden Lichtbildes

von Ihnen bei der deutschen Polizeibehörde   zu melden,

bei der eine Eintragung gemacht und Ihnen ein polizeiliches Meldebuch ausgehändigt werden wird.

VERMERK: Die Größe jedes Lichtbildes hat 7 cm x 5 cm zu betragen. Die linke Hälfte des Bildes hat
Ihr Gesicht von vorn, die rechte Hälfte hat es im Profil zu zeigen.

- 2 -

Asmussen in seiner Tätigkeit bei der ▨▨▨▨▨ in Schleswig
als Aktivist nicht hervorgetreten, hat auch die anderen entgegen-
gesetzten Meinungen von Nichtparteigenossen gelten lassen. Er
ist dann im Jahre 1946/1947 neun Monate interniert gewesen und
hat dadurch schon eine genügende Strafe erlitten.
Es rechtfertigt sich daher jetzt seine Umstufung in die Gruppe V
der Entlasteten.
Die Kostenentscheidung beruht auf § 2 und § 5 der Kostenordnung.

              Der Vorsitzende

                  [Unterschrift]

36

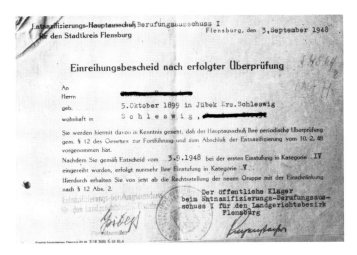

der britischen Zone. Endgültig in die Kat. V Eingestufte unterlagen keinerlei Beschränkung, ihnen war ein »Entlastungsschein« auszustellen.

Der Entnazifizierungsausschuß erhielt Diensträume im Haus Poststraße 4. Die Zusammensetzung des Ausschusses wechselte am Anfang. Vorübergehend gehörte ihm das KPD-Mitglied Büchmann an. Vom Anfang bis zum Ende gehörte der Drogist und Mitbegründer der CDU Franz Grell dazu. Die Zusammensetzung im März 1949 ist aktenkundig. Es waren: P. Kray als Vorsitzender und Regierungsrat Weiß, H. Luthe, H. Horstmann und F. Grell als Beisitzer.[69] Die Funktion des ›Anklägers‹ hatte der »Öffentliche Kläger beim Entnazifizierungs-Hauptausschuß f. d. Kreis Schleswig«. 1948 noch war die Berufungsinstanz für die in die Kat. III und IV Eingestuften der »Entnazifizierungs-Hauptausschuß, Berufungsausschuß für den Landgerichtsbezirk Flensburg« in Flensburg. 1949 wurden Einsprüche aber auch vom hiesigen Ausschuß bearbeitet. Die Vorgeladenen verteidigten sich selber z. T. mit den »Persilscheinen«, Entlastungsschreiben von Bürgern, die keiner Parteigliederung angehört hatten. Diese waren in der kleinen Stadt, in der fast ›jeder jeden‹ kannte, leicht beizubringen. Der Tenor dieser Entlastungsschreiben war oft sehr ähnlich. Am Schluß eines solchen vom 13. Juli 48 heißt es z. B.: »Es wäre für ihn ein Leichtes gewesen, jemand wegen seiner politischen Gegenreden zur Anzeige zu bringen. Dies hat hier er nie getan und mir ist auch kein anderer Fall irgendwelcher Denunziationen zu Ohren gekommen. Sein anständiger Charakter trat hier in Erscheinung. Soweit mir bekannt ist, wurde er wegen seiner Hilfsbereitschaft geschätzt. Ich bin nicht Mitglied der Partei gewesen...« Der Entlastungszeuge konnte in diesem Fall eines Ortsgruppenleiters mit ruhigem Gewissen schreiben.

Die Spruchpraxis des Ausschusses läßt sich an drei Fällen dokumentieren. Der erwähnte Ortsgruppenleiter wurde zunächst in die Kat. IV eingestuft. Die Flensburger Berufungsinstanz stufte ihn dann am 3. Sept. 1948 in die Kat. V ein.

Ein sehr hoher Beamter, der im August 1931 in die NSDAP eingetreten war, also ein »alter Kämpfer«, und hohe Parteifunktionen ausgeübt hatte, wurde im Dez. 48 in die Kat. IV und im März 49 in V eingestuft.

Ein anderer höherer Beamter in der Stadt, der im Nov. 1933 in die SA und 1937 in die Partei eingetreten und am 24. April 1945 als Marineoffizier d. R. in Genua gefallen war, mußte nachträglich entnazifiziert werden, da der Pensionsanspruch der Witwe zu klären war. Der von ihr im Januar 47 ausgefüllte »Fragebogen« ist erhalten. Er enthielt hier in der britischen Zone 133 Fragen. Die Fragen 41–98 beziehen sich auf die Partei und von ihr ›eingemeindete‹ Organisationen. Die Witwe konnte nur die erwähnten Mitgliedschaften in der Partei ›positiv‹ beantworten. In der Partei hatte er keine Funktion gehabt, in der SA war er Truppenführer und Adjudant eines Marinesturmbanns gewesen. Er wurde am 15. 3. 49 in die Kat. IV und nach Einspruch am 19. Mai 49 vom hiesigen Ausschuß in die Kat. V eingestuft.

Diese offizielle Entnazifizierung hat sehr viel Unwillen gegen die Briten hervorgerufen. Ernst von Salomon hat das Verfahren 1951 in seinem weit verbreiteten Buch »Der Fragebogen« grotesk ironisiert. 1950 hörten die Verfahren ohne einen offiziellen Abschluß auf. Am 15. Oktober 1950 hat der Bundestag zwar den Ländern eine Abschlußgesetzgebung empfohlen, die aber nicht in allen erfolgte.

Die politische Entwicklung
Anhang 1

1945 – April 1950

Die Stadt war in der »Stunde Null« und den ersten Jahren danach soziologisch in drei Klassen zerfallen. Die »Flüchtlinge« lebten – mit Ausnahmen – zusammengedrängt nur von den kümmerlichen Rationen der Lebensmittelkarten ohne Beziehung zur Stadt und den ›Einheimischen‹. Die deutsch gebliebenen ›Alteinwohner‹ hatten – bis auf die von den Briten aus den Wohnungen gesetzten – noch ein ›Zuhause‹ oft mit Gärten und vor allem Verwandte und Bekannte auf dem Lande. Sie konnten sich noch einigermaßen durchschlagen. Die Mitglieder der dänischen Minderheit waren durch die ›Paketaktion‹ Besitzer von zusätzlichen »Kalorien«, und sie wußten, wo sie politisch hingehörten.

Für die Deutschen begann ein schwieriger Prozeß der politischen Orientierung. Er wurde nur möglich durch Menschen, die die Hoffnung auf eine deutsche Zukunft nicht aufgegeben hatten.

Am schwierigsten war es für die ›Bürgerlichen‹, die an die Tradition des Konglomerats der bürgerlichen Parteien der Weimarer Republik nicht anknüpfen konnten. Leichter hatten es die standtfest gebliebenen alten SPD-Mitglieder. Sie konnten an dem ›Faden anknüpfen‹, der 1933 zerrissen worden war. Schon am 3. Mai 1945 – also noch vor der Kapitulation – wurde illegal der SPD-Ortsverein mit Hermann Clausen als Vorsitzendem wieder gegründet.[70] Am 1. Mai hatte Clausen zusammen mit seinem Nachbarn Ernst Joost das im Mai 1933 von dem Zimmermann Christian Fischer in seinem Haus in der Töpferstraße eingemauerte kleine Parteiarchiv und die Fahne herausgeholt.

In bürgerlichen Kreisen mußte man sich langsam an eine Neuorientierung herantasten. In der Stadt war es der Oberverwaltungsgerichtsrat Candit, der schon Mitte Mai 45 die Gründung einer »... bürgerlich-demokratischen Partei ...« anregte. Er kam mit einem Kreis von Gleichgesinnten im Sommer häufiger zu politischen Gesprächen zusammen und beantragte am 16. September 45 bei der Militärregierung die Genehmigung zur Gründung einer »Liberal-Demokratischen Partei«. Auch in anderen Orten des Kreises regten sich ähnliche Bestrebungen. So z.B. regte Hans Buntzen aus Langstedt die Anmeldung einer »Christlich-Demokratischen Partei« an.

Vertreter der verschiedenen bürgerlichen Gruppen setzten sich zusammen, um einer Zersplitterung durch die Gründung einer gemeinsamen Partei entgegenzuwirken. Es kam im Oktober 1945 zur Gründung der »Christlich-Demokratischen Partei«. Zu den aktivsten Mitgliedern gehörte Franz Grell. Er war aus der Kirche ausgetreten, aber ein gläubiger ›Pantheist‹ und ein toleranter Demokrat. Im Februar 1946 schloß sich die Partei der auf Landesebene gegründeten CDU an.[71]

Auch die KPD entstand wieder. In ihr spielte Walter Büchmann die Hauptrolle. Da Unterlagen über ihre Tätigkeit bisher nicht zugänglich sind, kann hier nicht weiter auf sie eingegangen werden.

Fast überall in ›Deutschland‹ entstanden lokale Parteigründungen, die dann bald in die beiden großen noch heute vor allem die ›politische Landschaft‹ prägenden Parteien eingingen. Die ›Kristallisierung‹ der SPD zu einer großen Gesamtpartei erfolgte durch Kurt Schumacher, der schon am 6. Mai 1945 in Hannover mit der Neugründung begann, und dem die Militärregierung am 15. Mai 45 die Errichtung des »Büro Schumacher« genehmigte. In Köln hatten sich schon am 19. März nach der Einnahme durch die Alliierten bürgerliche politische engagierte Menschen zusammengefunden, um über das Programm einer »Christlich-Demokratischen Volkspartei« zu beraten. Parallel dazu entstand in Berlin, übrigens durch den Befehl Nr. 2 der Sowjetischen Militäradministration ermöglicht, die »Reichsgeschäftsstelle der Christlich-Demokratischen Union Deutschlands«. Die Partei mit diesem Namen wurde in der Ostzone am 11. Juli 1945 lizenziert. In Köln hatten die »Christlichen Demokraten« am 17. Juni 1945 ihren »Entwurf zu einem Programm der Christlich-Demokratischen Union Deutschlands« fertig erarbeitet. In Bad Godesberg fand dann vom 14.–16. Dezember 1945 das »Erste Reichstreffen der christlichen Demokraten« statt, bei dem für alle Gruppierungen der Name »Christlich-Demokratische Union« (mit Ausnahme Bayerns) beschlossen wurde. Die CDU war ›geboren‹. Man hatte aus der »Weimarer Zeit« gelernt; es war eine große bürgerlicher Partei entstanden, die auch die konfessionellen Spannungen auffangen konnte.

Die politische Arbeit war im ersten Jahr nach der Kapitulation ein mühseliges Geschäft. Bei den schlechten Nachrichten- und Verkehrsverbindungen sowie ohne deutsche Zeitungen war es sehr schwer, in der lethargen Bevölkerung politisches Interesse zu wecken. Die Militärregierung ließ zwar deutschsprachige Zeitungen drucken. Vom 11. Mai 1945 an wurde auf den Maschinen der »Flensburger Nachrichten« das »Flensburger Nachrichtenblatt der Militärregierung« und später ebenfalls dort für ganz Schleswig-Holstein der »Kieler Kurier« gedruckt. Diese in kleiner Auflage gedruckten Blätter enthielten vor allem Bekanntmachungen der brit. Militärregierung, politische Nachrichten in derem Sinne und einige örtliche Nachrichten. Sie waren keine ›Medien‹ für politische Parteien. Am 4. April 1946 änderte sich die Situation. Oberstleutnant Lindsay-Young übergab in einer Feierstunde Direktor Iversen die Lizenzurkunde für das »Flensburger Tageblatt«. Chefredakteur dieser »unabhängigen« deutschen Zeitung wurde Hanno Schmidt. Die Zeitung war wegen des Papiermangels auf 4 bzw. 6 Seiten beschränkt und unterlag britischer Zensur. Die dänische Minderheit hatte ununterbrochen ihre Zeitung »Flensborg Avis« behalten. Aber auch sie litt unter Papiermangel und stand ebenfalls unter scharfer Zensur. Da sie dänisch geschrieben war, erreichte sie, wenn sie auch in den dänischen Vereinen den Mitgliedern übersetzt wurde, nur einen kleinen Teil der Bevölkerung.

Der Wahlkampf für die Kommunalwahl am 15. September 1946 begann im Juni. Die dänische Minderheit, die noch keine zugelassene Partei hatte, konnte keine öffentlichen Wahlversammlungen abhalten. Sie nominierte ihre »Unabhängigen Kandidaten« in einer Versammlung in der Turnhalle der Ansgarschule an der Bismarckstraße. Die nationalpolitische Situation war das Hauptthema der Wahlversammlungen. In einer Großveranstaltung im Ballhaus »Hohenzollern« sprachen Franz Grell und Dr. Braun. Grell setzte sich für die »Flüchtlinge« ein, und Dr. Braun forderte die Rückgabe der deutschen Ostgebiete und behauptete, daß die noch 80 000 Deutschen in dänischen Lagern schlecht behandelt würden. Der dänische Redakteur Christensen wies diese Behauptung scharf zurück. Die KPD veranstaltete ebenfalls im »Hohenzollern« eine Wahlkundgebung Ende Juli. Stadtrat Walter Büchmann verkündete, daß die Arbeiterklasse jeden Quadratmeter deutschen Bodens verteidigen werde. Der SPD-Landesvorsitzende von Thüringen, ein Reg. Rt. Hoffmann, war als Gast anwesend und forderte: »Treu zu Deutschland«.[72]) Für die Schleswiger SPD war eine antidänische Haltung nach den Reden Kurt Schumachers am 7. Juli in Husum klar. Er hatte die »Nation als Schatzkästlein der Menschheit« bezeichnet und den SPD-Ortsverein in Flensburg scharf verurteilt, der es seinen Mitgliedern freigestellt hatte, wie sie sich national entscheiden wollten. Er schloß den Flensburger Kreisverein aus der SPD aus. Es wurde ein neuer, zunächst noch mitgliederschwacher rein deutscher SPD-Kreisverein gegründet, dem vor allem Heimatvertriebene angehörten. Die ausgeschlossenen Mitglieder gründeten die »Sozialdemokratische Partei Flensburgs« (SPF).[73]) Auch in der Schleswiger SPD bestanden die gleichen

40

Tendenzen wie in Flensburg. Hier bewirkte Schumachers Vorgehen aber keine Spaltung, sondern das Ausscheiden der dänisch gesinnten Mitglieder, unter diesen auch Hermann Clausen. Lindstrøm[74]) wird Recht haben, wenn er die Haltung der Schleswiger SPD mit dem großen Anteil von Flüchtlingsmitgliedern begründet.

Das Wahlergebnis ist bereits bei dem Bericht über die dänische Bewegung mitgeteilt worden. Nach der Wahl spielte in der Stadtvertretung der nationale Streit zunächst keine entscheidende Rolle. Nur in zwei Fällen vermerken die Protokolle 2 Stimmenthaltungen. Einmal bei der Frage der Wohnungszuweisung von dänischen Staatsbürgern — wohl dänischen Lehrern, denen die Militärregierung die Einreise gestattet hatte — und bei der Zurverfügungstellung von Klassenräumen in der Wilhelminenschule für die dänische Volksschule. Neben den vielen Beschlüssen zur Verwaltung der Not wurde auch die Umbenennung von Straßen beschlossen. Schon bald nach der Kapitulation waren die Adolf-Hitler-Straße wieder in Flensburger Straße und die Hermann-Göring-Straße wieder in Schubystraße zurückbenannt worden. Am 21. Februar 1947 wurden vom Beirat folgende Straßen umbenannt:[75]) Richthofenstraße in Piependiek, Immelmannstraße in Möwenweg, Niemannstraße in Knud-Laward-Straße, Admiral-Scheer-Straße in Moltkestraße (der obere Teil), General-v.-Seeckt-Straße in Gartenstraße, Hindenburgstraße in Amselstraße, Ludendorfstraße in Lerchenstraße, Kluckallee in Schwalbenweg und Franz-Joseph-Allee in Schloßallee.[76]) Das Vorgehen war nicht sehr logisch. Daß die ›Größen‹ der Nazizeit schnell von den Straßenschildern entfernt wurden, war selbstverständlich. Daß die ›Heroen‹ des Krieges von 1870/71 bleiben durften, während die des 1. Weltkrieges bis auf Hindenburg — es blieb der Hindenburgplatz — alle verschwanden, ist nicht zu verstehen. Die späteren deutschbestimmten Stadtvertretungen wären sicher nicht so radikal vorgegangen. Straßennamen sind schließlich auch geschichtliche Zeugnisse politischen Bewußtseins einer Bevölkerung.

Am 20. April 1947 wurde der erste Landtag in freien Wahlen gewählt. Es war ein sehr gedämpfter Wahlkampf vorangegangen. Das Flensburger Tageblatt berichtet nur von einer größeren Wahlversammlung am 19. März in der »Schleihalle«. Veranstalter war die im Frühjahr 1946 gegründete FDP, die sich erstmalig in der Stadt der Öffentlichkeit mit einem prominenten Redner, dem damaligen »Finanzminister« der britischen Zone und späteren Vizekanzler Franz Blücher, vorstellte. Ohne großen Erfolg, wie die Wahlergebnisse zeigen. Die furchtbare Not war wohl der Grund für den matten Wahlkampf. Der britische Oberbefehlshaber in Deutschland, Sir Shilto Douglas, stellte Ende März fest, daß die Industrie im Winter ganz erlegen, der Verkehr fast ganz zusammengebrochen und für nur 50 % der Bevölkerung 1550 Kalorien täglich gesichert seien. Am 11. Januar 1947 lasen die Schleswiger auf der Titelseite des Tageblatts: »Notstand für Schleswig-Holstein erklärt«. In einer Landtagssitzung Ende März wurde befürchtet, daß nur noch 275 g Fleisch monatlich je Person ausgegeben werden könnten. Das Wahlergebnis in der Stadt: SSV 7014, CDU 5634, SPD 3457, KPD 388 und FDP 316 Stimmen.

Das Jahr 1948 begann mit großer Not der durch drei Hungerjahre zermürbten Menschen und endete mit dem wirtschaftlichen Neuanfang. Die Kalorienzahl im März betrug 1298[77]) — die Zuteilungen der drei Jahre werden an anderer Stelle mitgeteilt —, und war kaum noch zu ertragen. Die Gewerkschaften veranstalteten Anfang Februar 48 eine Protestversammlung gegen die »Hungerrationen«, an der 2000 Werktätige teilnahmen.[78]) Ende März fand eine Versammlung des Deutsches Frauenbundes statt, die unter dem Verzweiflungsmotto stand: »Wir Frauen sind am Ende unserer Kraft«.[79]) Dankbar muß erwähnt werden, daß für viele Familien die aus den USA gespendeten »Carepakete«[80]) eine entscheidende Hilfe zum Überleben waren.

Auf dem furchtbaren Hintergrund der endgültigen Spaltung Europas durch den »eisernen Vorhang«, der die Trennungslinie zwischen Ost und West durch Deutschland legte

Vorder- und Rückseite des 10,–DM-Scheins der Währungsreform. Repro: Deutsche Bundesbank, Geldmuseum.

und die drei westlichen Zonen Deutschlands zu Bestandteilen der künftigen Bundesrepublik Deutschland machte, vollzog sich die wirtschaftliche Gesundung. Die Demontagen hörten auf, und durch den »Marshallplan«[81]) waren die Grundlagen für den Wiederaufbau Westeuropas geschaffen worden. Der erste Schritt für die Westzonen Deutschlands war die »Währungsreform«. Das »Gesetz Nr. 61, erstes Gesetz zur Neuordnung des Geldwesens«, regelte das Verfahren. Vom 21. Juni 1948 an wurde die DM das ».. . alleinige gesetzliche Zahlungsmittel«. Jedem Einwohner stand eine »Kopfquote« von 60,–DM zu, die sofort mit 40,– DM und innerhalb von 2 Monaten mit 20,– DM auszuzahlen war. Alles »Altgeld« mußte abgeliefert werden. Private »Altgeldkonten« wurden mit 1 : 10 gutgeschrieben[82]), aber nur zur Hälfte freigegeben. Später wurden die Konten dann allerdings um weitere 70 % abgewertet. Am Sonntag, dem 21. Juni 1948, eilten die Schleswiger zu den 16 Geldumtauschstellen, die mit je 10 Verwaltungsbediensteten besetzt waren. Im Kreis Schleswig wurden an diesem Tag 6 200 000,– DM ausgezahlt. Erstaunlich war, daß in der Stadt wie in allen Orten der Zonen am 22. Juni in den Schaufenstern plötzlich eine Fülle von Waren auftauchte. Die offizielle Rationierung von Lebensmitteln blieb noch bis 1949, allerdings mit steigenden Kalorienzahlen. Die Zuteilung der letzten, der 126. Periode, für Mai 1949 betrug 1851 Kalorien. Aber nur Menschen ohne Beziehungen und mit niedrigem Einkommen mußten davon leben. Die Einwohner der Stadt waren mit der Währungsreform keineswegs gleichgestellt. Wer Haus-, Grundbesitz und andere Sachwerte besaß, hatte eine weit bessere Ausgangschance für die Zukunft als die vielen besitzlosen Bürger.

Wie schon berichtet wurde, fand der Wahlkampf für die Kommunalwahl am 24. Oktober 1948 fast ganz unter nationalpolitischem Vorzeichen statt. Die danach überwiegend deutsch bestimmte Stadtverordnetenversammlung und der Hauptausschuß (vorher »Beirat«) konnten nach der Währungsreform mit konkreten Planungen für die Zukunft beginnen. Neben dem Wohnungsbau, der an anderer Stelle geschildert werden muß, war die Schulraumnot besonders drückend. An den Bau neuer deutscher Schulen war in kurzer Frist noch nicht zu denken. Der Hauptausschuß stimmte daher dem Grundstückserwerb für eine 8—9-klassige dänische Schule im Friedrichsberg und eine 16-klassige Schule an der Berliner Straße am 2. Febr. 1950 zu.[83]) Bei manchen deutschen Bürgern der Stadt hat diese Entscheidung heftige Polemik entzündet. Die Gremien haben aber sachlich entschieden. Durch den Bau der dänischen Schulen erfolgte eine Entlastung der überfüllten deutschen Schulen, die weitgehend den Schichtunterricht beseitigte.

Der Sommer 1949 wurde politisch durch die Wahl zum ersten deutschen Bundestag bestimmt. Eine Wahlversammlung der KPD Ende Juli im »Hohenzollern« artete in eine »Radausitzung« aus. Es waren 600 Menschen, darunter Vertreter aller anderen Parteien, gekommen, die lautstarke Proteste erhoben.[84]) Scharfe Polemik wurde auch in einer überfüllten Wahlversammlung der SPD Anfang August laut, als der Redner, Oberbürgermeister Andreas Gayk aus Kiel, der CDU drei »Lügen« vorwarf: Ihr »Scheinchristentum«, ihre sogenannte »freie« Wirtschaftsordnung und ihre Behauptung, daß die SPD eine »marxistische Front« wolle.[85]) Das Motto seiner Rede war: »Einheit nur über die Freiheit der Ostzone«. Das Ergebnis der Wahl am 14. August weist eine noch stark zersplitterte Parteienlandschaft auf: DKP (Deutsche Konservative Partei) 5027, SSW 5728, Unabhängige 3777, CDU 2709, SPD 1940, FDP 337, DP 304, KPD 206, Zentrum 112, R.SF 44.[86]) Von 23615 Wahlberechtigten waren 20411 zur Wahl gegangen. Es wurden 227 ungültige Stimmen gezählt. Die Schleswiger hatten wesentlich anders gewählt als der Bundesdurchschnitt. Erstaunlich ist das Ergebnis der DKP, die im Bundesdurchschnitt nur 1,8 % erreicht hatte, und das der unabhängigen Kandidaten. Die Heimatvertriebenen, die noch keine eigene Partei hatten, dürften der Grund sein. Sie haben sich stark an der Wahl beteiligt. Die Wahlbeteiligung betrug im Bundesdurchschnitt 78,5 %, in Schleswig aber waren 86,4 % zur Wahl gegangen. Im gesamten Bundesgebiet hatte sich im wesentlichen schon das künftige Parteiensystem deutlich abgezeichnet: Die CDU erhielt 31, die SPD 29,2 und die FDP 11,9 %. In Schleswig dagegen hatten CDU und SPD seit der Landtagswahl 1947 2925 bzw. 1517 Stimmen verloren, und die FDP war eine belanglose Größe geblieben. Die Dänen hatten im Wahlbezirk die 5 %-Klausel noch überspringen können. Hermann Clausen kam als ihr Abgeordneter in den ersten deutschen Bundestag.

Durch die im Frühjahr 1950 in Kraft getretene neue Gemeindeordnung, die hauptamtliche Bürgermeister und evtl. auch Stadträte vorsah, geriet die bis dahin meist friedlich arbeitende Stadtvertretung, die jetzt Ratsversammlung hieß, in Turbulenzen. Die »Schleswiger Nachrichten« berichteten am 3. April erstmalig über die bevorstehende Bürgermeisterwahl. Es gingen »Sensationell aufgemachte Gerüchte − Verfrühte Kombinationen?« um. Es sollten schon komplette Abmachungen erfolgt sein über den Reg. Rt. Lorenzen. Die Zeitung wolle aber noch nicht Stellung nehmen. Am 19. April berichtete sie dann, daß die CDU eine Ausschreibung der Stelle verlange, SPD und SSW aber den Reg. Rt. Bruno Lorenzen präsentieren wollten. Hauptamtliche Stadträte lehne die CDU grundsätzlich ab, falls solche aber unumgänglich seien, dann müßten es Fachbeamte ohne Rücksicht auf ein Parteibuch sein. Am 19. April fand im »Großen Baumhof« eine Versammlung der »Nationalen Rechten« statt. Die Bürgermeisterwahl hatte eine ›Solidarisierung‹ der zersplitterten bürgerlichen Parteien herbeigeführt. Ohne einen treibenden Motor wäre diese aber nicht so schnell erfolgt. Es war der 1949 für den ausgeschiedenen Stadtrat Schwoch in die Ratsversammlung gekommene Dr. Carl Wehn, der sie zum gemeinsamen Handeln zwang. Dieser hochintelligente und wendige Taktiker aus dem Rheinland, der nicht gerade zimperlich in der Wahl seiner Mittel war, wurde der ›Dirigent‹ der bürgerlichen Parteien. Viele ihrer Mitglieder haben oft insgeheim gegen ihn gemurrt, wenn es aber ›zum Schwur‹ kam, hat er sich fast immer durchgesetzt. Die Versammlung im »Großen Baumhof« verlief tumultarisch, da auch viele Mitglieder der SPD und des SSW gekommen waren. Der vom SSW als hauptamtlicher Stadtrat vorgesehene Andreas Paysen weigerte sich, vom schwarz-weiß-rot (!) drapierten Rednerpult aus zu sprechen. Er behauptete, daß die CDU erst für eine Ausschreibung der Bürgermeister- stelle eingetreten sei, als es ihr nicht gelungen war, für ihren Kandidaten Jakob Böhme genügend Stadtverordnete zu gewinnen. Der von der SPD als Stadtrat ausersehene Carl Lossau erklärte, daß die SPD auf einen eigenen Bürgermeisterkandidaten zugunsten des parteilosen Bruno Lorenzen als qualifiziertem Verwaltungsfachmann verzichtet habe. Nachdem die SPD- und SSW-Anhänger die im Tumult untergehende Versammlung ver- lassen hatten, empfahl Dr. Matthias aus Flensburg eine Wahlgemeinschaft aus CDU, DP und FDP als »einzige Rettung«. Am 20. April hielt die »Nationale Rechte« wieder eine Versammlung ab, um die am Vortage angesprochene Zusammenarbeit weiter zu erör- tern. Aufregung erregte besonders ein »offener Brief« Carl Lossaus, in dem er behauptet hatte, daß die CDU versucht habe, die SPD für ihren Kandidaten zu gewinnen. Unwahr- scheinlich war dieser behauptete Versuch nicht, denn die beiden Parteien hatten ja seit 1948 im allgemeinen friedlich zusammengearbeitet. Wenn Lossaus Behauptung stimmte, war die Forderung der Bürgerlichen nach einer Ausschreibung nicht ganz glaubwürdig, denn dann hatte sie ja das versucht, was sie jetzt der SPD vorwarf.[87])

Der innere Grund für den Bruch der 2½jährigen guten Zusammenarbeit zwischen den beiden Parteien war deren ›innere Wandlung‹. In der SPD war hier im Lande die nach der Kapitulation extrem nationale Haltung gegenüber der dänischen Volksgruppe einer gemäßigten Stimmung gewichen. Die CDU hatte sich mehr und mehr vom »Ahlener Pro- gramm« von 1947 mit der Forderung nach einem »Sozialismus aus christlicher Verant- wortung« entfernt und sich zu einer Volkspartei mit der Integrierung rechter Gruppen entwickelt.

Umstritten werden die Vorgänge vom April 1950 immer bleiben. Die Ratsversamm- lung vom 24. April konnte trotz der Appelle der »Nationalen Rechten« keine Änderung bringen. Die Mehrheit von SPD und SSW mit 15 : 12 Stimmen war eindeutig, und alle wiederholten Argumente der Rechten blieben wirkungslos. Es bleibt ein Kuriosum, daß Franz Grell im letzten Augenblick noch versuchte, den früheren Bürgermeister Dr. Hel- mut Lemke als Kandidaten zur Diskussion zu stellen. Mit 15 : 12 Stimmen wurden Bruno Lorenzen als Bürgermeister, Carl Lossau als Erster Stadtrat, Walter Müller-Stahl und Andreas Paysen als weitere hauptamtliche Stadträte auf 12 Jahre gewählt. Die Wahl der drei Stadträte bleibt problematisch. Die Wahl von vier Beamten des ›Höheren Dienstes‹ konnte mit Recht kritisiert werden. Die drei hauptamtlichen Stadträte wurden mit dem Argument verteidigt, daß für die großen Zukunftsaufgaben politisch verantwortliche Dezernenten erforderlich seien. Die drei Herren haben intensiv und mit Erfolg gearbei- tet. Politisch bedenklich war, daß SPD und SSW auf 12 Jahre unabhängig von künftigen Wahlen sich Magistratssitze gesichert hatten.

Ein ›Glücksfall‹ für die Stadt aber war die Wahl Bruno Lorenzens zum Bürgermeister. Er wurde am 7. Januar 1904 als Sohn des Schleswigers Friedrich Lorenzen geboren, der zeitweilig ehrenamtlicher Stadtrat und später Stadtinspektor war. Nach Erreichung der mittleren Reife an der Domschule, einer Lehre an der Stadtsparkasse und danach einer Zeit als Stadtsparkassensekretär ging Bruno Lorenzen zur »Reichsanstalt für Arbeitsver- mittlung« in Berlin, wo er nach mehreren mit »sehr gut« bestandenen Verwaltungsprü- fungen 1943 Regierungsamtmann wurde. Am 1. 12. 1946 wurde er als Reg. Rt. stellver- tretender Direktor des Arbeitsamts Schleswig.[88]) Als junger Mensch hatte er sich in Schleswig intensiv in der Jugendarbeit betätigt, viel, vor allem Lyrik, gelesen und keine Theatervorstellung ausgelassen. Für ihn war die Wahl zum Bürgermeister seiner Hei- matstadt die Erfüllung seines Lebens. Er hat sich in dem Amt, das ihm viele bittere Erfahrungen bringen sollte, zerschlissen. Als hervorragender Verwaltungsfachmann hat er mit taktischem Geschick und notfalls mit Härte die Interessen der Stadt vertreten. Da er sehr sensibel war und ein ausgesprochenes Gefühl für Fairneß hatte, verletzten ihn persönliche Angriffe zutiefst. Schon in der Wahlversammlung am 24. April 1950 hatte Dr. Carl Wehn, der einstimmig zum Bürgervorsteher gewählt worden war, bei der Forderung nach der Ausschreibung der Bürgermeisterstelle betont, daß der beste Fachmann nötig sei, »... ein unzweideutiger Repräsentant des Deutschtums«. Lorenzen haßte Fanatismus, war tolerant, konnte differenzieren und vermitteln. In einem langen Nachtgespräch über den Aufbau der deutschen Kulturarbeit sagte er mir einmal: »Wir helfen der deutschen Sache am besten, wenn wir das deutsche Haus in Ordnung bringen.«

Am 8. Mai 1950 hielt er vor der Ratsversammlung seine Einführungsrede.[89]) Nach der Würdigung seiner Vorgänger dankte er für viele positive Zuschriften, fügte aber hinzu: »Aber es hat auch nicht an mehr oder minder versteckten Verdächtigungen gefehlt ...«, »... Ich habe in der Vergangenheit stets als deutscher Beamter gehandelt ... im übrigen muß ich es ablehnen, irgendwelche Vorschriften für meine Gesinnung entgegenzunehmen.« Im Grenzland gebe es nicht nur zwei extreme Gesinnungen. Die Trennungslinie gehe häufig mitten durch die Familien »... — und das ist vielleicht das Tragischste — manchmal sogar mitten durch die Herzen.« Die Rede beeindruckte alle. Die Schleswiger Nachrichten berichteten am 9. Mai, daß es eine klare Rede gegen seine Widersacher in fairem, sauberem und mutigem Ton gewesen sei. Dr. Herbert Hase erklärte für die CDU, auch sie habe aus der Rede des neuen Bürgermeisters den guten Willen herausgehört. Die CDU erkläre sich bereit zu loyaler Zusammenarbeit. Damit solle aber nicht gesagt sein, daß alles gutgeheißen werde, was in letzter Zeit im Rathaus geschehen sei.

Für das Jahr bis zur nächsten Kommunalwahl wurde der jetzt Magistrat heißende frühere Hauptausschuß noch unter Einbeziehung der hauptamtlichen Stadträte in den Proporz neu gebildet. Ihm gehörten der Bürgermeister als Vorsitzender, die hauptamtlichen Stadträte Lossau (SPD), Müller-Stahl (SPD), Paysen (SSW) sowie die ehrenamtlichen Stadträte Dr. Braun (CDU), Dr. Beske (CDU) (erst nach dem Ausscheiden von Johs. Hagge), Felske (CDU), Trapp (CDU), Kube (SPD) und Lassen (SSW) an. Auch im Kreise wurde die neue Gemeindeordnung wirksam. Der Kreistag wählte den Kaufmann Johannes Hagge zum hauptamtlichen Landrat.

In den folgenden Jahren wurde die Welt wieder von Krisen und akuter Kriegsgefahr geschüttelt. Die beiden deutschen Staaten grenzten sich mehr und mehr gegeneinander ab. Die DDR erkannte am 6. Juli 1950 Polen gegenüber die Oder-Neiße-Grenze als »Staatsgrenze« an. Im Juli bedrohte die Spannung zwischen Rumänien und Jugoslawien den Weltfrieden, der durch die Koreakrise bis weit in das Jahr 1953 noch stärker gefährdet wurde. Durch die Zeitungsberichte mit dicken Schlagzeilen über das Vordringen der »Kommunisten«, ihre Zurückdrängung, ihr erneutes Vordringen, die Erwägung der USA, die allgemeine Wehrpflicht wieder einzuführen, eine Atombombe einzusetzen und die Bunderepublik Deutschland aufzurüsten, hätten die Schleswiger mit dauernder Angst erfüllt sein müssen. Es war davon in der Stadt aber wenig zu spüren. Die meisten Bürger beschäftigten sich mit ihrer persönlichen Zukunftsplanung und schwammen mit Begeisterung auf der »Freßwelle«. Alle Regierungen des Westens aber befanden sich in einem dauernden ›Alarmzustand‹. Der Historiker David J. Dallin schreibt zu der weltpolitischen Situation:[90]) »Die Ereignisse im Fernen Osten wirkten in Amerika und Europa alarmierend. Es schien möglich, daß Stalin im geteilten Deutschland die gleiche Strategie verfolgen würde wie in Korea und, daß es zum Ausbruch eines neuen Weltkrieges kam, ohne daß der demobilisierte und mit anderen Angelegenheiten beschäftigte Westen zu wirklicher Verteidigung gerüstet war. Von diesem Zeitpunkt an beherrschte die Frage der deutsche Wiederaufrüstung die internationale Bühne. Von 1948–1950 war die An-

Wahlzettel des BHE.
Stadtarchiv.
Repro: T. C.

sicht im Wachsen, daß man auf Deutschlands militärischen Beitrag dringend angewiesen sei. Man ging an die Lösung des Problems heran wie an die Quadratur des Kreises. Die Aufgabe bestand darin, Deutschland gegen den Osten stark zu machen, ohne daß es auch in anderer Hinsicht stark wurde. Die Situation war paradox, die Westmächte verschwendeten vier Jahre an die Lösung des Problems.«

Eine der Folgen dieser gefährlichen weltgeschichtlichen Situation war der »Koreaboom«, und mit ihm die schnelle Belebung der deutschen Wirtschaft, mit Auswirkungen auch in der Stadt Schleswig.

Am 9. Juli 1950 mußte der Landtag neu gewählt werden. Die Stadt gehörte zum Wahlkreis sieben, in dem sich 7 Kandidaten zur Wahl stellten. Dr. Helmut Lemke für die CDU, Johann Vorbrock für die SPD, Jörgen Andersen für den SSW, Franz Müller für die KPD, Walther Brühl für den BHE und Heinz Burgwald für die SRP (Sozialistische Reichspartei). Der Leitartikel der Schleswiger Nachrichten vom 8. Juli hatte die Überschrift: »Deutsch wählen.« Die Ergebnisse in der Stadt: SSW 5559, BHE 5122, CDU 4872, SPD 2007, SRP 1581, KPD 205. Im Wahlkreis wurde der BHE ›Sieger‹, und Walther Brühl zog als Direktkandidat in den Landtag ein. Auf Landesebene war das Ergebnis aber wesentlich anders. Es kam zu folgender Sitzverteilung: SPD 19, CDU 16, BHE 15, FDP 8, DP 7 und SSW 4 Sitze. Im Land erreichte die SRP nur 1,6 % der Stimmen, in Schleswig waren es rd. 8,1 %. Sympathisanten der DP (Deutsche Partei), die hier keinen Kandidaten aufgestellt hatte, dürften sie vor allem gewählt haben. Erst nach langen Koalitionsverhandlungen konnte eine Regierung gebildet werden. Der BHE ging schließlich eine Koalition mit dem »Wahlblock« aus CDU, FDP und DP ein, der mehr ›bot‹ als die SPD. Der BHE erhielt 5 Ministersessel. Seitdem blieb die SPD aus der Regierungsverantwortung ausgeschlossen.

Mai 1951 – April 1955

Der Beschluß des Landtages mit 37 : 28 Stimmen, am 30. April 1951 Kommunalwahlen durchzuführen, brachte Unruhe in die wieder beruhigte Atmosphäre in der Stadt. Der Lollfußer Bürgerverein griff in einer Versammlung Anfang Dezember 1950 die Diskussion um die drei hauptamtlichen Stadträte wieder auf. Der manchmal polterige

Dr. Alslev behauptete, »... Die Bürgerschaft sei mit ihnen nicht einverstanden ..«, es sei ein »Kuhhandel« gewesen.[91])

Das »Wirtschaftswunder« erreichte Schleswig verzögert. Der Winter 1950/51 war noch sehr von Not geprägt. Der »Erwerbslosenausschuß«, dessen Sprecher der Kommunist Walter Büchmann war, verlangte Hilfe. Die Gremien stellten 20000,– DM bereit, um die größte Not von 7000 Bedürftigen zu lindern, und sie beschlossen, für die Gemeinschaftsküche 12721,– DM zur Verfügung zu stellen, damit sie bis zum 31. 12. 1951 weiterarbeiten konnte.

Der Wahlkampf für die Kommunalwahl am 29. April 1951 – die Stadtvertretung hatte vergeblich Einspruch gegen die Neuwahlen erhoben – nahm unerfreuliche Formen an. Die Zeitung brachte am 28. April einen Artikel mit der Überschrift »Es geht um Wahrheit und Klarheit«. Häßliche in Umlauf gesetzte Verdächtigungen gegen dänisch gesinnte Beamte der Stadtwerke und der Stadtverwaltung, die sich alle später als unwahr erwiesen, sollten die Wahl beeinflussen.

Es war Dr. Wehn gelungen, die bürgerlichen deutschen Parteien zur »Deutschen Liste« zusammenzuschließen. Das Wahlergebnis war eindeutig: Deutsche Liste 9072, SSW 5341, SPD 3010 und Parteilose 480 Stimmen. Es ergab sich folgende Sitzverteilung in der Ratsversammlung: DL 18, SSW 6 und SPD 3 Sitze. Dr. Wehn kommentierte die Wahl in den SN in der Ausgabe vom 1. Mai: Die Aufgabe sei, »... darüber zu wachen, daß jeder im Stadtparlament zu fassende Beschluß einzig und allein der deutschen Sache und damit dem deutschen Schleswig dient ...«

Neben dem parteilosen Bürgermeister hatte die Deutsche Liste im neugebildeten Magistrat 5, die SPD 3 und der SSW 2 Sitze.[92]) Dr. Wehn wurde wieder zum Bürgervorsteher gewählt.[93])

Wahlplakate der Deutschen Liste und des SSW.   *Stadtarchiv. Repro: T.C.*

Viele Schleswiger suchten ihr angeschlagenes Nationalgefühl aus der Vergangenheit zu beleben. Schon 1950 brachten die Schleswiger Nachrichten eine Serie über ›heroische‹ Kriegsereignisse, z. B. den Kampf des Schlachtschiffes »Bismarck«, das am 27. Mai 1941 nach schwerem Kampf im Atlantik unterging. Besonders deutlich wurde diese Haltung bei der Heimkehr des in Schleswig geborenen Generals Ramcke Anfang Juli 1951. Der »Verteidiger von Brest« war von einem französischen Gericht zunächst zu Gefängnis verurteilt, dann interniert und schließlich freigelassen worden. Die Zeitung berichtete am 7. Juli 1951: »Ramcke im Triumpfzug nach Hause getragen: 10-tausende Schleswiger umjubelten ihren weltberühmten Heimkehrer.« Chöre und Musikkapellen begrüßten ihn, und Fallschirmspringer trugen ihn auf den Schultern. Es war »Unbeschreiblich ...« Der Magistrat lehnte aber eine besondere Feierstunde für Ramcke im Stadttheater ab. Es wurde aber eine Kundgebung zusammen mit dem Verband der Heimkehrer im Stadttheater beschlossen mit der Forderung nach Rückkehr aller Kriegsgefangenen. In diesem Rahmen durfte Ramcke sprechen. Er nahm zur Frage eines deutschen Wehrbeitrags Stellung: Ein Verteidigungsbeitrag solle nur geleistet werden, wenn der General der Flieger Kesselring u. a. freigelassen würden und die Diffamierung deutscher Soldaten aufhöre. Die SN berichteten in ihrer Ausgabe vom 14. September auch, daß er den gegründeten Soldatenverband »... als Hüter der Ordnung ...« bezeichnet habe.

Es gab auch etliche andere Versuche, an die Vergangenheit anzuknüpfen. Im Januar 1952 wurde der »Marineverein Schleswig von 1896« wiedergegründet. Ebenfalls im Januar wurde in der »Strandhalle« eine Ortsgruppe des »Stahlhelm« und seiner Frauengruppe »Luisenbund« (benannt nach der preußischen Königin Luise) »neu errichtet«. Nach dem Bericht der SN vom 22. Januar war der Raum mit einer Büste der Königin und einer schwarz-weiß-roten Fahne dekoriert, und es wurde der Fridericus-Rex-Marsch gespielt.

Die Arbeitslosigkeit war auch noch Ende des Jahres 1951 ein drückendes Problem. Mitte Dezember veranstaltete der »Erwerbslosenausschuß« vor dem Rathaus eine Kundgebung. Es wurde eine Weihnachtsbeihilfe gefordert, die 140000,– DM betragen sollte. Als der Bürgermeister und Stadtrat Lossau wegen fehlender Mittel ablehnten, reduzierte der Ausschuß die Forderung auf 20,– DM für jeden vor dem Rathaus erschienenen Erwerbslosen. Als auch diese Forderung abgelehnt wurde, besetzten die Erwerbslosen das Rathaus. Als die Polizei sie mittags aufforderte, das Haus zu verlassen, taten sie dieses »... ohne Murren ...«, wie die SN am 17. 12. berichteten.

Das durch die hauptamtlichen Stadträte verschobene Parteienverhältnis im Magistrat wurde durch Beschluß der Ratsversammlung vom 4. Dezember 1951 mit einer Gegenstimme korrigiert. Der der DL nahestehende Oberbaurat Bulle wurde zusätzlich in den Magistrat gewählt. Dieser befaßte sich im Sommer immer noch mit den Vorwürfen gegen dänisch gesinnte Beamte. Es waren vor allem der Stadtrat Paysen, der Dezernent für die Stadtwerke und das Krankenhaus, und der Leiter der Stadtwerke, Andersen, gegen die Vorwürfe erhoben wurden. Es war ein Ausschuß eingesetzt worden, der für »Wahrheit und Klarheit« sorgen sollte. In der Stadtverwaltung hat diese Aktion viel Verbitterung hervorgerufen. Durch eine Presseerklärung des Magistrats vom 11. 9. 51 fand sie ihren offiziellen Abschluß. Es wurde darin festgestellt, daß keine Vorwürfe gegen Paysen zu erheben seien.[94]

Die verkrampfte Situation lockerte sich – wenigstens nach außen – allmählich. In der Magistratssitzung am 2. Mai 1952 dankte Dr. Wehn dem Bürgermeister aus Anlaß seiner zweijährigen Amtszeit: »... für seine rege und erfolgreiche Arbeit ...« und sprach ihm beste Wünsche für die zukünftige Arbeit aus.[95] Als Ende September 1952 Rowdis dänische Schulen und das dänische Gemeindehaus mit antidänischen Parolen beschmiert hatten, sprachen Bürgermeister und Bürgervorsteher gemeinsam in den SN vom 25. Sept. ihr Bedauern über den Vorfall aus. Dr. Wehn fügte allerdings hinzu, daß die Irritation der deutschen Bevölkerung verständlich, dieses Mittel aber verwerflich sei. Laut Bericht der SN vom 22. Dez. 51 dankte der Bürgervorsteher in der Weihnachtssitzung der Ratsversammlung » ... Bürgermeister Lorenzen für das auf Achtung und Kameradschaft aufgebaute Verhältnis ...«

Die dänische ›Kulturoffensive‹ mit stattlichen Bauten in einer Zeit, in der von deutscher Seite noch wenig Mittel zur Entwicklung des Landesteils zur Verfügung standen, irritierte viele deutsch gesinnte Einwohner. Diese Irritation kam bizarr zum Ausdruck in einer Versammlung der Schlesw.-Holstein.-Gemeinschaft Mitte Dezember 1952, in der Wilhelm Jürgensen Lüngerau sprach. Er hatte in der Nazizeit schon scharfe Pamphlete gegen die Dänen unter dem Pseudonym »Asmus von der Heide« verfaßt. Nach dem Bericht der SN vom 15. 12. 52 hatte er sich als »Mensch am Grenzzaun« bezeichnet und gesagt » ... ich stelle fest, daß der Grenznachbar, der über den Zaun seine Hand nach deutschem Boden ausstreckte, sich auch gegen Gottes 10. Gebot vergehe ...«

Dennoch begannen die nationalen Gegensätze sich zu mildern. Die Gremien stimmten dem 1. Gastspiel des Nordmark-Landestheaters mit Schillers Don Carlos in Odense am 29. November 1952 zu, und es fuhren Vertreter aller Parteien mit, die in Odense festlich empfangen wurden. − Der Oberspielleiter des Theaters, Karl Striebeck, hatte in einem dänischen Film, der in der Zeit der deutschen Besetzung Dänemarks spielte, die Rolle eines SS-Standartenführers übernommen. Es wurden kritische Stimmen in der Bevölkerung laut, die von einer Herabsetzung des deutschen Ansehens sprachen. Der Magistrat befaßte sich mit der Frage am 26. Februar 1953 und beschloß, in Kopenhagen Auskünfte einzuholen. Bürgermeister und Bürgervorsteher fuhren dazu in die dänische Hauptstadt. Sie konnten beruhigt zurückreisen, da es sich um den ganz unpolitischen Liebesfilm »Es kam ein Tag« handelte. Die beide Herren hatten in Kopenhagen auch dänische Dienststellen aufgesucht, um die Möglichlichkeiten einer Intensivierung des deutsch-dänischen Kulturaustauschs zu erörtern.[96])

Im Sommer 1953 verblaßten die örtlichen Querelen vor einschneidenden Ereignissen in der Geschichte der jungen Bundesrepublik Deutschland. Der Aufstand der Arbeiter in Ostberlin am 17. Juni ließ alle Bürger den Atem anhalten. Sie lasen auf der Titelseite der SN »Massendemonstration Ostberliner Arbeiter«, »Panzer fahren auf« und schließlich die Berichte über die Niederschlagung des Aufstands. Die Hoffnungen auf »Tauwetter« zwischen Ost und West, die der Tod Stalins am 5. März ausgelöst hatte, waren endgültig ausgelöscht. Damit wuchs in immer mehr Bundesbürgern die Überzeugung, daß ihr Staat sich noch enger an den Westen binden müsse. Diese Politik aber verkörperte die stärkste Gestalt der deutschen Politik, Dr. Konrad Adenauer. Die Bundestagswahl am 6. September 1953 wurde daher entscheidend für die Zukunft. Die Parteien schickten Prominenz in den Wahlkreis. So z. B. sprachen in Schleswig Dr. von Brentano für die CDU und Vizekanzler Blücher für die FDP. Die FDP versuchte sogar, mit Konrad Adenauer Wahlreklame zu machen. Ihr Direktkandidat im Wahlkreis, Walther Rockenfeller aus Twedt, behauptete, daß der Kanzler eine starke FDP wünsche. Die CDU erwiderte in den SN vom 5. September: »Der Bundeskanzler Dr. Adenauer erklärt: Niemals habe ich eine starke FDP als Gegengewicht gegen den angeblichen linken Flügel meiner CDU gewünscht.[97]) Entsprechende Erklärungen der FDP sind unwahr. Der Kandidat meines Vertrauens im Wahlkreis Schleswig-Eckernförde ist Kai-Uwe von Hassel.« Die Wahl wurde ein »Sensationeller Wahlsieg der CDU/CSU«. Von den 88 798 im Wahlkreis abgegebenen Stimmen erhielten: CDU 44 477, SPD 16 023, BHE 12 546, SSW 8295, FDP 3337, DP 1212 und KPD 639. Kai-Uwe von Hassel war direkt gewählt. Auf Bundesebene sah das Ergebnis etwas anders aus. Während das Verhältnis von CDU zur SPD im Wahlkreis 50,08 : 18,2 % betrug, war das Verhältnis im Bund 45,2 : 28,8 %. Mit dem Wahlergebnis war der Weg zur Bundeswehr und in die NATO vorbestimmt.

49

Großen Anteil nahmen die Schleswiger am Schicksal der noch 32 Kriegsgefangenen aus Stadt und Kreis. 10000 Menschen kamen am 24. Oktober 1953 abends auf Aufforderung des Verbandes der Heimkehrer zu einer Kundgebung auf dem Jahnplatz zusammen, auf der Kaplan Laubig die Namen der 32 verlas.

Die am 27. Juli 1953 eingetretene Waffenruhe in Korea und die vernichtende Niederlage des französischen Expeditionsheeres in Vietnam bei Dien Bien Phu im Frühjahr 1954 wurden in der Bevölkerung angesichts der näherliegenden politischen Ereignisse in der Bundesrepublik überlagert. Die Verhandlungen über die Gründung der EVG (Europäische Verteidigungsgemeinschaft) und das am 26. März 1954 verkündete verfassungsändernde Gesetz über die Verteidigung und die Wehrpflicht beschäftigte die Menschen viel mehr.

Während in den städtischen Gremien 1954 sachlich ohne große Kontroversen gearbeitet wurde, war der Wahlkampf für die Landtagswahl am 12. September 1954 recht hitzig. Die CDU befand sich durch die ›Wehrdiskussion‹ und zwei ›Fälle‹ in einer schwierigen Verteidigungssituation. Die Flucht des Präsidenten des Bundesamtes für Verfassungsschutz, Otto John, nach Ostberlin und des CDU-Bundestagsabgeordneten Wittmack in die DDR bot der SPD willkommene Angriffsflächen. Wenige Tage vor der Wahl sprach Erich Ollenhauer, der Vorsitzende der SPD, im überfüllten Stadttheater. Er sagte u. a.: »Der Kumpel von Herrn Adenauer sitzt jetzt in Pankow.« Um die Wehrfrage, die für die SPD ein schwer verdaulicher Brocken war, konnte er sich nur mühsam herumdrücken. Die Bundesrepublik Deutschland müsse mit Frankreich und England zusammengehen, »notfalls« auch auf militärischem Gebiet.[98] Am 23. Okt. wurde die Bundesrepublik Mitglied der NATO.

Das Wahlergebnis in der Stadt (in Klammern die Zahlen von der Landtagswahl 1950): CDU 4118 (4872), SPD 3449 (2007), SSW 2992 (5559), GB/BHE 2695 (5122), FDP 2645 (nicht beteiligt), SHB 639 (nicht beteiligt), KPD 223 (205). Die CDU hatte sicher Stimmen an die FDP abgegeben, für die der stadtbekannte Landrat Johannes Hagge kandidierte, vom BHE war ein Teil zur SPD abgewandert. Ihr ›Potential‹ war aber auch durch die Umsiedlung kleiner geworden.

In der Nacht vom 29. zum 30. Dezember starb Bürgermeister Bruno Lorenzen. Am 3. Januar 1955 fand im überfüllten Stadttheater die offizielle Trauerfeier statt, in der viele anerkennende Reden gehalten wurden. Man hätte ihm zu Lebzeiten mehr Anerkennung gewünscht! In der kirchlichen Trauerfeier im Dom sprach Propst Erwin Grabow, und dann folgte ein langer Trauerzug dem Sarg zum Domfriedhof. Eine Fülle von Kondolenzschreiben erreichte Frau Lorenzen. Staatssekretär Thediek vom Bundesministerium für Gesamtdeutsche Fragen hat in seinem Beileidsschreiben an die Stadt Lorenzen besonders treffend gewürdigt: »... Sein frühes Hinscheiden ist ein bitterer Verlust für Ihre Stadt wie für meine Mitarbeiter und mich, denn wir schätzten mit Ihnen bei Herrn Lorenzen seine vornehme Menschlichkeit, seine große Sachkenntnis und seine unverzagte Beharrlichkeit, mit der er die Interessen der Stadt Schleswig, die zugleich seine Heimatstadt war, draußen vertrat ...«[99]

Schon wenige Tage nach der Beerdigung Bruno Lorenzens begann die Diskussion um einen Nachfolger. Am 6. Januar 1955 griffen die Schleswiger Nachrichten das Thema auf und wurden am 7. Januar schon konkreter. Es hieß darin: „Bürgerschaft wünscht Ausschreibung.« Es wurden in dem Artikel aber auch Namen von Personen genannt: Dr. Wehn, Stadtrat Lossau, Dr. Herbert Hase, Stadtsyndicus Töwe und MdL Menzel aus Eckernförde. Der Magistrat hatte aber schon am 6. Januar beschlossen, die Stelle auszuschreiben und den neuen Bürgermeister von der Ratsversammlung vor den Kommunalwahlen im Frühjahr wählen zu lassen. Der Schriftleiter der Zeitung, Dr. Michel, versuchte Einfluß auf die Wahl zu nehmen. Er teilte am 8. Januar den Magistratsbeschluß und eine Stellungsnahme Dr. Wehns mit, in der es hieß: »Es würde den Interessen der Stadt dienlich sein, wenn mit dem Amt des Stadtoberhaupts ein Mann beauftragt werden könnte, der die organische Entwicklung der Schleswiger Aufbauarbeit miterlebte . . .« Dr. Michel teilte aber auch »Spekulationen« um den früheren Bürgermeister Dr. Helmut Lemke und MdL Menzel mit und, daß er vergeblich versucht habe, die beiden Herren telephonisch zu erreichen. – Der Magistrat hielt den Schleswiger Bürgermeistersessel für sehr begehrenswert. Er bildete einen Ausschuß aus sechs Mitgliedern zur Sichtung der erwarteten 75–100 Bewerbungen.

Bis dahin hatte ich die Situation wie alle Schleswiger mit Interesse verfolgt, ohne mich irgendwie betroffen zu wissen. Erstaunt und verwirrt war ich daher, als mich der ehrenamtliche CDU-Stadtrat Dr. Otto Beske, mit dem ich im Kulturausschuß sehr gut zusammengearbeitet hatte, dringend aufforderte, mich zu bewerben. Nach langem Zögern habe ich als Parteiloser es dann getan, und es sollte mir wie dem »Esel auf dem Glatteis« gehen. Es gingen nicht 75–100 Bewerbungen, sondern nur 34 ein. In die engere Wahl kamen Dr. Herbert Hase (Schleswig), Magistratsrat Dr. Werner Kugler (Fulda), Bürgermeister Max Schmidtborn (Friedrichstadt), Dr. Hans Schmitz (Detmold) und ich. Am 25. März stellten die fünf Kandidaten sich der Ratsversammlung vor.[99a] Meine anfänglichen Chancen erwiesen sich bald als Illusion. Ein »Offener Brief zur Bürgermeisterwahl« von Svend Johannsen an alle Haushaltungen am 23. März (Anhang 2) sowie eine freundliche Behandlung meiner Person durch die Zeitungen veranlaßten mich, am Tag der Wahl meine Bewerbung zurückzuziehen.[100]

Dr. Werner Kugler wurde am 25. März 1955 mit den 18 Stimmen der Deutschen Liste bei Stimmenthaltung der SPD und des SSW gewählt.

Es zeigte sich in den nächsten Jahren, daß es eine gute Wahl war. Der 1910 in Dresden geborene neue Bürgermeister war nach einer Kriegsverletzung Oberregierungsrat in der Kommunalabteilung des Reichsinnenministeriums von 1943–45. Nach der Kapitulation hatte er eine Tischlerlehre als Geselle abgeschlossen und war seit 1949 Rechtsrat der Stadt Fulda. Er war ein hervorragender Verwaltungsjurist mit Kommunalerfahrung, geistreich, schlagfertig und an allen geistigen Dingen interessiert. Er hat sein Amt nicht parteipolitisch ausgeübt, sich die Mehrheiten bei allen Parteien gesucht.

Mai 1955 – Oktober 1959

Die Kommunalwahl am 24. April 1955 bestimmte in den Wochen nach der Bürgermeisterwahl das politische ›Klima‹ in der Stadt. 15630 Bürger gingen zur Wahl. Ob in der Tatsache, daß nur 14934 gültige Stimmzettel abgegeben wurden, ein politischer Grund zu suchen ist, läßt sich nicht feststellen. Das Wahlergebnis: Deutsche Liste 8269, SSW 3305, SPD 3092, KPD 268 Stimmen. Die DL hatte ihre Kandidaten in allen 16 Wahlbezirken direkt durchbekommen. Der SSW erhielt 6 und die SPD 5 Sitze über die Liste. Eine heftige Diskussion entstand über die Zusammensetzung des Magistrats und der Ausschüsse. Die DL nutzte ihren Wahlsieg, um den durch die 3 auf 12 Jahre gewählten Stadträte verfälschten Proporz zu ändern. SPD und SSW versuchten diese Absicht zu verhindern, indem sie beschlossen, als gemeinsame Fraktion aufzutreten. Dr. Wehn erklärte dazu in den SN vom 26. Mai, daß dieser Versuch eine Verfälschung des Wählerwillens sei. Die beiden Parteien hätten ihre Zusammenarbeit vor der Wahl erklären müssen. Der Magistrat wurde um einen Sitz auf 13 erweitert. Die Sitzverteilung: Der Bürgermeister als Vorsitzender (CDU), 6 DL, SSW 3 (davon 1 hauptamtl.), SPD 3 (davon 2 hauptamtl.). Um die gespannte Atmosphäre zu lockern, kam die DL den beiden anderen Fraktionen bei der Besetzung der wichtigsten

Ausschüsse mit 9 Sitzen entgegen: Sie überließ SSW und SPD zusammen 5 statt 3 Sitze.

Die Reise des Bundeskanzlers nach Moskau am 8. September 1955 wurde das politische Hauptthema des Herbstes. Dr. Adenauer erreichte in zähen Verhandlungen für die Aufnahme diplomatischer Beziehungen zur Sowjetunion die Freilassung der letzten Kriegsgefangenen. Am »Tag der Heimat« Ende September war das Stadttheater überfüllt. Propst Erwin Grabow war der Hauptredner. Von der Reise des Bundeskanzlers angeregt, berichtete er über seine Zeit als Kriegsgefangener, in der das Wort »Heimat« für ihn einen neuen Inhalt bekommen habe. Er schloß mit dem Satz: »Es ist daher Sünde gegen den Schöpfer und ein Verbrechen gegen seine Geschöpfe, daß Menschen aus der Heimat vertrieben werden, da Heimat Weg, Gleichnis, Hinweis ist, sie ist Gottes Wille.«[101]) Im Laufe des Oktober trafen laufend Spätheimkehrer aus Rußland in Schleswig ein. Sie wurden nicht wie der Held Ramcke auf dem Bahnhof empfangen. Sie kamen mit ihren Holzkoffern und Wattejacken nur von ihren Angehörigen und Mitgliedern des Heimkehrerverbandes begrüßt auf dem Bahnhof an. Es galt, sie nach der Euphorie der Befreiung behutsam vor Illusionen zu bewahren. Während eines langen Informationsgesprächs in »Ravens Hotel« gaben ihnen Mitglieder des Verbandes der Heimkehrer aufgrund eigener oft bitterer Erfahrungen eine erste Einführung in Rechte und Möglichkeiten.[102]) Meine Begrüßungsansprache schloß ich mit den Worten: »Das Leben in der ›Heimat‹ ist anders als in den Träumen hinter Stacheldraht.«

In der Bundesrepublik entstanden schon eigene Traditionen. So z. B. feierte die CDU am 12. November 1955 auf einem Kreisparteitag ihr zehnjähriges Bestehen. Von den Gründungsmitgliedern waren noch Franz Grell, Willi Desler, August Mankowski und Friedrich Eick aktiv in der Partei tätig.[103])

In vielen Wahlen hatten die Schleswiger die demokratischen Spielregeln ›gelernt‹. 1956 brauchten sie nicht zur Wahlurne gehen. Das »Wirtschaftswunder« hatte ihnen einen behaglichen Alltag gebracht, sie richteten sich ›wohnlich‹ im neuen Staat ein. Beruhigende Zahlen verbreiteten Optimismus. 26000 Heimatvertriebene waren aus dem Kreisgebiet inzwischen umgesiedelt worden, ihr Anteil an der Bevölkerung betrug jetzt ›nur‹ noch 23,7 %. Die Arbeitslosenzahl in der Bundesrepublik war auf 478000 abgesunken, im Arbeitsamtsbezirk Schleswig waren im April noch 4474 gemeldet. Die Arbeit der städtischen Gremien, die mit Entwicklungsaufgaben voll beschäftigt waren, wurde von keinen größeren politischen Spannungen getrübt. Der Aufbau der Bundeswehr brachte neue Akzente in die Stadt. Mitte Juli nahm ein Oberleutnant Bruhn als Standortoffizier mit einigen Soldaten die Arbeit auf. Wenige Tage später übernahm ein Oberst Wolff, der Kommandeur einer »Kampfgruppe«, seine Aufgabe, und in den folgenden Monaten füllten sich die Kasernen auf der Freiheit wieder mit deutschen Soldaten. Die Stadt, die schon 1778 Garnisonstadt geworden war, hatte nach einer Unterbrechung von nur 11 Jahren wieder eine alte Funktion erhalten. Die Stadtväter erhofften sich dadurch eine weitere Belebung des Wirtschaftslebens. Durch die Uniformen im Stadtbild wurde den Bürgern aber bewußt, daß die Bundesrepublik Deutschland jetzt nicht mehr eine stille Enklave im Windschatten der Weltpolitik sein würde. Die wenig kleidsamen Uniformen wurden von ›alten Soldaten‹ mit hämischen Bemerkungen bedacht. Die Vergangenheit lebte bei vielen noch positiv weiter. Das verriet auch der Reporter, der über die erste Rekrutenvereidigung beim Pz.-Fla-Art.-Btl. 3 am 19. November berichtete. Er hatte wohl »Preußens Gloria« erwartet, für ihn war der Vorbeimarsch nicht »zackig«, sondern schleichend auf Gummisohlen.[104]) Die Heimatvertriebenen lebten begreiflicherweise besonders stark in der Erinnerung. Am »Tag der Heimat« am 30. September 1956 war das Stadttheater zu einer Feierstunde bis auf den letzten Platz besetzt. Die »Liederfreunde Ostland« unter der Leitung von Rektor Eitel Greulich sang »... weihevolle Heimatlieder ...«, MdK Walther Brühl sprach die Totenehrung und es wurde danach durch Kurt Dannenberg der mit der preußischen Fahne und dem Reichsadler verdeckte geschnitzte Wegweiser mit dem Keitelkahn an der Memeler Straße enthüllt.[105])

Die Brüchigkeit des Weltfriedens wurde den Schleswigers im Herbst des Jahres noch stärker bewußt als bei der Koreakrise, weil der Krieg Großbritanniens und Frankreichs um den Suezkanal und die Niederschlagung des Aufstands in Ungarn erschütterten und grausam deutlich machten, daß ›der Westen‹ den 1945 geschaffenen Zustand der Teilung Europas nicht ändern konnte. Die Schlagzeilen auf den Titelseiten aller Zeitungen waren eine atemberaubende Dokumentation des Schreckens und der Hilflosigkeit: 25. Oktober »Ungarn! Blutiger Massenaufstand erschüttert KP-Regime«, 29. Oktober »Sowjettruppen ziehen aus Ungarn aus«, 31. Oktober »England und Frankreich wollen heute in Ägypten eingreifen ...«, 1. November »Bombenhagel auf Ägypten ...«, »Ungarn. Volkswut entlädt sich ...«, 2. November »Sowjetpanzer rollen wieder an ...«, »Alliierte ›Zangenaktion‹ gegen Suez«, 6. November »Port Said wurde erobert ... Die Invasion läuft«, »Ungarn, noch Widerstand«, 7. November »England und Frankreich befahlen: Waffenruhe ab 0.59 Uhr«. Viele Menschen suchten auf ihren Radiogeräten alle Frequenzen ab und hörten beklommen die letzten Hilferufe an den Westen von verzweifelten Widerstandsgruppen. Schweden bot den Ungarnflüchtlingen großzügig Asyl. Vom 15. November an passierten wochenlang jeden Abend schwedische »Linjebusser« mit Ungarnflüchtlingen die Stadt Schleswig, wo sie im Hotel »Stadt Hamburg« eine warme Mahlzeit erhielten.[106])

Die FDP kämpfte auch in Schleswig nach der Abspaltung der »Freien Volkspartei« ums Überleben. Thomas Dehler kam als ›Nothelfer‹ und eröffnete schon am 15. September 1956 den Wahlkampf für die Bundestagswahl im Herbst 1957. Dehler war ein Bundestagsabgeordneter der ›ersten Stunde‹. Mit seinen temperamentvollen, impulsiven und daher nicht immer überlegten Reden hatte er oft das »Hohe Haus« in Bonn in Wal-

Das Plakat der CDU mit dem später viel diskutierten »Wahlslogan«.
Stadtarchiv. Repro: T. C.

Keine Experimente!
Konrad Adenauer
CDU

53

lung versetzt. Er konnte hier das Stadttheater bis auf den letzten Platz füllen. Die SN berichteten am 17. September über die Kundgebung: Es habe viele »Dehler Eskapaden« gegeben. Hier in Schleswig aber habe er im Ton ».. . behaglichen Erzählens...« in glänzender Form gesprochen. Die FDP werde frei und ungebunden (von Adenauer? T. C.) in den nächsten Wahlkampf gehen. Er betonte: »Freiheit muß immer sittlich gebunden sein«.

Der Wahlkreis Schleswig/Eckernförde war eine feste ›Domäne‹ der CDU. Sie mußte sich zwischen Dr. Carl Wehn, Schleswig, und Dr. Gerhard Stoltenberg, Eckernförde, als Direktkandidaten entscheiden. Mit der Mehrheit der Eckernförder Mitglieder wurde Dr. Stoltenberg nominiert. Die Wahl fand am 15. September 1957 statt. In der Stadt Schleswig wurden 16 781 gültige Erststimmen und 16 521 gültige Zweitstimmen abgegeben. Das Ergebnis: CDU 7779 und 7240, SPD 3631 und 3589, SSW 2319 und 2311, BHE 1496 und 1630, FDP 1018 und 1092, DRP 255 und 295, DP 283 und 346, BdD 0 und 18 Stimmen. Es läßt sich heute kaum mehr feststellen, zugunsten welcher Parteien die Differenzen bei den Zweitstimmen zu verbuchen waren. Die Verluste der CDU um rd. 600, des BHE um rd. 1000 und der FDP um rd. 200 Stimmen dürften vor allem an der Schrumpfung der Bevölkerung durch die Umsiedlung ihren Grund haben. Der Gewinn der SPD von rd. 1000 Stimmen kam vom SSW, für den diese Bundestagswahl praktisch nur ›Bekenntniswert‹ hatte.

Wenn auch für die Stadt das Geschehen im Kreis nur mittelbar von Bedeutung war, so muß doch die 1957 erfolgte Neuwahl eines Landrates erwähnt werden. Landrat Johannes Hagge erlitt einen schweren Schlaganfall. Da er die Aufforderung des Kreisausschusses, sich von einem Vertrauensarzt auf seine Dienstfähigkeit untersuchen zu lassen, unbeantwortet ließ, wurde er am 1. Juni zwangspensioniert.[107]) Der Kreistag wählte am 12. August nach 3 Wahlgängen den RA Dr. Hans-Heinrich Kühl aus Kappeln zum neuen Landrat.

Die Hoffnungen auf ein vereinigtes Europa hatten durch die Weigerung Frankreichs 1952, der EVG beizutreten, einen Dämpfer erhalten. Dennoch arbeiteten private Organisationen wie z.B. die Europa-Union unbeirrt weiter. Viele Gemeinden versuchten, durch Städtefreundschaften den Europagedanken zu festigen. Er erhielt neuen Auftrieb durch die Gründung der EWG. Am 23. März 1957 unterzeichnete auch die Bundesrepublik Deutschland den Vertrag von Rom. Auch Bürger und Kommunalpolitiker in der Stadt fühlten sich in die Pflicht genommen. Ende September 1956 reisten Dr. Heinz Sander, Dr. Kugler und Dr. Wehn nach Frankreich. Sie sondierten zunächst die Möglichkeit einer Jumelage mit Evreux und dann mit Erfolg in Mantes la Jolie. Am 19. Dezember 1957 empfahl der Magistrat der Ratsversammlung eine Jumelage mit Mantes zu gründen[108]), und die Ratsversammlung beschloß entsprechend in ihrer Sitzung im Januar 1958. Im Lauf des Jahres kam die englische Stadt Hayes and Harlington hinzu. In Schleswig wurde die Organisation vom »Kuratorium für Städtefreundschaft« übernommen. Dr. Wehn wurde der Präsident und Amtsrat Haneld der Geschäftsführer. Beide haben die Aufgaben mit großem persönlichem Einsatz erfolgreich wahrgenommen. Am 12. Juli 1958 begannen die Veranstaltungen der offiziellen Gründung. Delegationen aus Schleswig und Hayes waren nach Mantes gereist. Dort wurde am 12. Juli um 11.00 Uhr im Rathaus die Jumelage feierlich mit einem »Schwur« besiegelt. Sein Anfang lautete: »Wir Ratspräsidenten von Mantes-La-Jolie, Hayes and Harlington und Schleswig sind fest überzeugt, daß wir den erhabensten Interessen unserer Bevölkerung dienen, wenn wir ihr Schicksal miteinander durch Verbindungen verknüpfen, die das gegenseitige Verständnis fördern...[109])« Die Schleswiger Ratsversammlung hatte 1955 schon einen anderen Schritt zur europäischen Verständigung getan, indem sie die »Arbeitsgemeinschaft Europastraße 3« mit gründete.[110]) Ergänzt wurden die geknüpften Beziehungen zu

54

Frankreich durch eine »Französische Woche« mit dem Motto »Unser Nachbar Frankreich«, die ich am 18. Oktober 1958 im Schloß Gottorf eröffnen konnte. Vorträge, eine Ausstellung mit Sachinformationen über Frankreich und eine Ausstellung mit 94 Farblithographien von Fernand Lêger im Schloß fanden ein großes Echo.

Die CDU dominierte absolut im Wahlkampf für die Landtagswahl am 28. September 1958. Der Bundesfinanzminister Franz Etzel sprach zweimal in Schleswig. In der Versammlung im vollbesetzten Saal von »Hohenzollern« am 19. September warnte er in der Zeit des wirtschaftlichen Aufschwungs und der von allen Parteien gemeinsam getragenen Sozialgesetzgebung: »Der Staat ist keine Kuh, die im Himmel gefüttert und auf Erden gemolken wird.«[111]) Es paßte gut in den Wahlkampf, daß Dr. Konrad Adenauer auf einer Fahrt nach Tarp in Schleswig Station machte, um sich durch das Schleswig-Holsteinische Landesmuseum für Vor- und Frühgeschichte führen zu lassen. Der Bundeskanzler im Zentrum des Wahlkreises − es war wohl nicht ganz ›zufällig‹. Es wurden am 28. September 16363 gültige Stimmen abgegeben. Das Ergebnis: CDU 6720, SPD 3979, SSW 2525, GB/BHE 1233, FDP 1169, DRP 478, DP 209, BdD 50. Die CDU war im Vergleich zur Landtagswahl 1954 der große Gewinner, ihre Stimmenzahl war von 4118 um 63,1 % gestiegen. Ihren Stimmengewinn hat sie vor allem vom geschrumpften BHE und der FDP erhalten. Die SPD war von 3449 1954 um 530 Stimmen angewachsen, die sie vor allem vom geschrumpften SSW erhalten hat. Es war ihr nach wie vor nicht gelungen, nennenswerte bürgerliche Stimmen zu erhalten. Sie hatte bei einer weit geringeren Einwohnerzahl bei den Kommunalwahlen 1929, den letzten ›normalen‹ Wahlen vor dem zweiten Weltkrieg, schon 3035 Stimmen erzielt.[112]) Sie hatte im Wahlkampf ohne Erfolg die brisanten Fragen des Jahres angesprochen, wie z.B. den Beschluß des Bundestages gegen ihre Stimmen, evtl. die Bundeswehr mit taktischen Atomwaffen auszurüsten, die Landung amerikanischer Truppen im Libanon und die Aufstellung der 1. Marinefliegerstaffel in Jagel mit 12 Seahawk- sowie 12 Gannetflugzeugen, die die Einbeziehung der Bundesrepublik in die strategischen Planungen der Westmächte örtlich deutlich machten.

Das herausragende lokale Ereignis des Sommers 1959 war die feierliche Bestätigung der Städtefreundschaft, zu der Vertreter aus Mantes und Hayes nach Schleswig kamen. Vom 4. Juli bis zum 8. Juli wurde gefeiert. Höhepunkt war die Wiederholung des »Schwurs« oder richtiger der Verpflichtung unter Teilnahme vieler Tausender Einwohner auf dem Jahnplatz.

Oktober 1959−März 1962

Am 25. Oktober 1959 fanden Kommunalwahlen statt. Die CDU brauchte sich im Wahlkampf nicht besonders anzustrengen. Sie saß auf dem gesicherten ›Polster‹ ihrer Erfolge bei der Bundestagswahl 1957 und der Landtagswahl 1958. Die SPD aber strengte sich besonders an. So z.B. holte sie den Regierenden Bürgermeister von Berlin, Willi Brandt, zu zwei großen Kundgebungen am 27. September nach Schleswig. Einen Erfolg konnte sie dadurch nicht verbuchen. Kommunalwahlen sind nicht unbedingt mit Bundestags- und Landtagswahlen zu vergleichen. Schwierig ist ein Vergleich zur Kommunalwahl von 1955 auch, weil CDU, FDP und BHE nicht mehr gemeinsam als »Deutsche Liste« auftraten. Auch die, wie immer, geringere Wahlbeteiligung als bei Bundestags- und Landtagswahlen macht den Vergleich schwierig. Es wurden 1190 weniger gültige Stimmen gezählt als bei der Landtagswahl 1958. Nur 15173 gültige Stimmen wurden abgegeben. Das Ergebnis: (in Klammern Landtagswahl 1958) CDU 5606 (6720), SPD 3874 (3979), SSW 2398 (2525), GB/BHE 1708 (1233), FDP 1587 (1169). Die Verluste der CDU erklären sich in der geringeren Wahlbeteiligung , den Gewinnen der FDP und des

BG/BHE. Wegen der Auflösung der »Deutschen Liste« entstanden »Überhangmandate«, die eine Erweiterung der Ratsversammlung auf 32 Mitglieder erforderte. Die Sitzverteilung: CDU 14, SPD 8, SSW 4, GB/BHE 3, FDP 3. Die Ratsversammlung am 11. November 1959 wählte wieder Dr. Carl Wehn zum Vorsitzenden.

Die 1959 und in den folgenden Jahren sich anbahnenden Änderungen der weltpolitischen Situation, die heute noch unser Leben bestimmen, sind den Bürgern nicht voll bewußt geworden, da sie sich z. T. in der ›Ferne‹ ereigneten: Die geglückte Revolution Fidel Castros in Kuba 1959, die Räumung Algeriens durch Frankreich, die Gründung der unabhängigen Republik Zypern, die Grenzstreitigkeiten zwischen dem Iran und dem Irak, die Kämpfe zwischen Regierungstruppen und kommunistischen Partisanen in Laos, 1960 die Zündung der ersten französischen Atombombe in der Sahara, die Durchsetzung der Apartheidspolitik in Südafrika, die Entlassung afrikanischer Kolonien in die Selbständigkeit. Die 15. UNO-Vollversammlung nahm 13 afrikanische Staaten auf, insgesamt wurden 17 afrikanische Staaten unabhängig.

Vor diesem weltpolitischen Hintergrund lebten die Bundesbürger mit Ereignissen, die die Situation ihres Staates entscheidend änderten. Viel diskutiert, aber in seiner Bedeutung für die künftige Innenpolitik noch nicht erkannt, war das vom SPD-Parteitag in Bad Godesberg vom 13.–15. November 1959 beschlossene »Godesberger Grundsatzprogramm«, das die Voraussetzung zur Entwicklung der SPD zu einer großen Volkspartei wurde. Das Schicksal Berlins wurde schon im Januar 1959 ein für die Menschen tief erregendes Problem. Der Vorschlag der Sowjetunion für einen Friedensvertrag bei Anerkennung von zwei deutschen Staaten und dem Status Berlins als »freie Stadt« stieß auf entschiedene Ablehnung der Bundesregierung, die einen Friedensvertrag mit ganz Deutschland unter Garantie der Selbstbestimmung der Bevölkerung forderte. Berlin erhielt einen besonderen Symbolwert für das verkümmerte Nationalbewußtsein der Bundesbürger. Es war eine Selbstverständlichkeit für die Schleswiger im Januar, die Anstecknadel mit dem Brandenburger Tor am Revers zu tragen. Über 10000 wurden in der Stadt verkauft.[113]) Willi Brandt wurde einer der prominentesten Politiker, als er in der kritischen Situation in Berlin eine große Koalition bildete und damit auch die Fähigkeit der neuen SPD demonstrierte, undoktrinär nationale Solidarität zu beweisen. Zunächst trat eine Beruhigung ein. Für die CDU-Wähler war es beunruhigend, daß sich erste Risse in dem bisher so gefestigt erscheinenden ›Regierungsgebäude‹ zeigten. Die Einwohner der Stadt lasen in den SN vom 8. April 1959: »Die Sensation für Westdeutschland und die Welt: Adenauer verläßt die aktive Politik. Er will Bundespräsident werden ...« Es kam zu einer peinlichen Komödie. Als »der Alte« festgestellt hatte, daß das Präsidentenamt ihm keine Möglichkeiten bot, aktiv in die Politik eingreifen und damit seinen von ihm nicht geschätzten eventuellen Nachfolger Prof. Ehrhard kontrollieren zu können, blieb er im Amt. Der Bundeslandwirtschaftsminister Fr. W. Lübke erhielt die undankbare Aufgabe, als ›Lückenbüßer‹ das Amt des Bundespräsidenten zu übernehmen. Der populäre »Vater des Wirtschaftswunders«, Prof. Ludwig Erhard war vor der Welt blamiert, blieb aber dennoch, wenn auch murrend, im Amt.

Da 1960 nicht gewählt werden mußte, läßt sich die politische Reaktion der Schleswiger auf das Zeitgeschehen nicht ›messen‹. Die Ratsversammlung versuchte, ein Unrecht von 1933 wieder gutzumachen. In einer feierlichen Sondersitzung wurde dem von den Nazis aus dem Amt entfernten Bürgermeister Dr. Oskar Behrens die Ehrenbürgerurkunde überreicht.[114]) Es wurden dabei nur 3 der bisherigen Ehrenbürger genannt: General von Manteuffel (1867), Reg. Präsident Carl-Hermann von Bitter (1875) und Rochus Freiherr von Liliencron (1900). Der vierte, Adolf Hitler, wurde schamhaft verschwiegen. Die Jumelage wurde weiter gefestigt. Vom 10.–14. Juni fanden in Hayes und Harlington die Feierlichkeiten zur Bekräftigung der Freundschaft statt. 35 Schleswiger nahmen daran teil.

56

Die Spannungen in der deutschen politischen Situation nahmen 1960 beängstigend zu. In der DDR wurde die Landwirtschaft kollektiviert, Wilhelm Pieck starb, und Walter Ulbricht wurde sein Nachfolger und Vorsitzender des neu gebildeten Staatsrats sowie Vorsitzender des konstituierten »Nationalen Verteidigungsrats«. Westdeutsche Besucher durften Ostberlin nur noch mit Passierscheinen betreten, und es setzte die große »Republikflucht« ein; 199188 Menschen flüchteten in den Westen.

Die atomare Aufrüstung nahm ungeheuer zu, das Vernichtungspotential der Kernwaffen betrug schon 10 t TNT pro Kopf der Weltbevölkerung. Chruschtschows Erklärung, daß die Sowjetunion in der Lage sei, angreifende Länder auszulöschen, machte das Szenarium des Todes grauenvoll deutlich. Die Stärkung der Bundeswehr wurde in dieser Situation ein stark diskutiertes Thema. Der Bundesverteidigungsminister (1956–1962) Franz Josef Strauß ging auf eine »good-will-Reise« durch die Bundesrepublik und sprach auf dieser zusammen mit MdB Dr. Stoltenberg am 24. Juni 1960 im überfüllten Saal im »Hohenzollern«. Er erläuterte die Aufgaben der Bundeswehr, schilderte die Ost-West-Spannung und betonte, daß die europäisch-amerikanische Gemeinschaft »... das starke Gegengewicht gegen den Osten ...« sei.[115])

Am 14. März 1961 sprach zum Auftakt der Bundestagswahl der Bundeswirtschaftsminister Prof. Ludwig Erhard für die CDU vor einer großen Versammlung im »Hohenzollern«. Er hatte durch immer neue Anreize zum Konsum die deutsche Wirtschaft in ›Schwung‹ gebracht. Seine Rede hatte einen fast ›tragischen‹ Hintergrund. Sie zeigte eine Angst vor den Folgen seiner Erfolge: Trotz ständig wachsenden Wohlstands sei in der Bevölkerung »... nicht Beruhigung, sondern Mißbehagen und Mißvergnügen ...« entstanden.[116]) Es sah die Gründe dafür in der weltpolitischen Bedrohung, den nicht mehr für den einzelnen Menschen zu begreifenden volkswirtschaftlichen Zusammenhängen, in denen er sich nur noch als Objekt empfinde. In seinem doch recht naiven Glauben an die Vernunft und Einsichtigkeit der Bürger, rief er in der Folgezeit in großen ganzseitigen Zeitungsanzeigen die Bundesbürger zum Maßhalten auf. Davon aber hielten die Bundesbürger nichts.

Sie wurden von der furchtbarsten Tatsache der deutschen Nachkriegsgeschichte erschüttert. Von Monat zu Monat stieg die Zahl der Flüchtlinge aus der DDR. Im Juli waren es mehr als 300000. Am 5. August berichteten die Zeitungen, daß die Sowjetunion in einer Note an die Alliierten sich für einen Friedensvertrag mit ganz Deutschland oder Teilen entschlossen hätte. Am Wochenende zum 7. August flohen in 48 Stunden 3200 Menschen nach Westberlin. Am 12. August lasen die Schleswiger in den SN: »SED will Massenflucht rigoros stoppen.« Am 13. August hörten sie dann im Radio und lasen am 14. in den SN: »An Berlins Sektorengrenze wurde der ›Eiserne Vorhang‹ niedergelassen«. Die Bundesbürger konnten nur ohnmächtige Protestkundgebungen veranstalten. Das Kuratorium »Unteilbares Deutschland« ergriff in Schleswig die Initiative. Am 20. August vormittags sprach der Vorsitzende Dr. Carl Wehn zu einer großen Menschenmenge auf dem Rathausmarkt. Auf dem Rathaus wehte eine schwarz umflorte Bundesfahne. Menschen gehen aber sehr schnell wieder ›zur Tagesordnung‹ über, wenn große tragische Ereignisse ihr persönliches Leben nicht unmittelbar gefährdeten. Am 20. August strömten Tausende »zum Tag der offenen Tür« der Bundeswehr auf der Freiheit, und beim »Sandbahnrennen in Jübek« wurden 10000 Besucher gezählt.

Bei der Bundestagswahl am 17. September 1961 wirkten sich die Ereignisse des Sommers nicht in einer höheren Wahlbeteiligung aus. (In Klammern die Zahlen von der Bundestagswahl 1957.) Die Zahl der abgegebenen Stimmen war zwar höher als 1957, die Einwohnerzahl war aber auch von 33806 1957 auf 34424 1961 angestiegen. (St. H. Haushaltsplan 1966 S. 2a.) Es wurden 17537 (16781) gültige Erststimmen abgegeben. Das Ergebnis: CDU 7259 (7779) und 7258 (7240), SPD 5114 (3631) und 5076 (3589), FDP 2272

(1018) und 2478 (1092), SSW 1749 (2319) und 1751 (2311), GDP 827 (GB/BHE 1476) und 832 (1630), DRP 180 (255) und 193 (255), DFU 136 (−) und 136 (−). Im Wahlkreis wurde Dr. G. Stoltenberg wieder direkt gewählt. Die Verluste der CDU, der der Streit um das Bundespräsidentenamt und die erst 9 Tage nach dem »Mauerbau« erfolgte Reise Dr. Adenauers nach Berlin geschadet hatte, dürften vor allem zugunsten der FDP erfolgt sein, die unter dem Vorsitz des stark nationalliberalen Vorsitzenden Dr. Erich Mende für CDU-Wähler attraktiv geworden war, und die auch frühere DP-Wähler gewonnen hatte. Die SPD hatte durch die Verluste des SSW, die Auflösung des BHE und wohl auch das »Godesberger Grundsatzprogramm« erheblich profitiert.

1962 mußten die Schleswiger schon wieder wählen. Das Bundesverfassungsgericht hatte schon 1961 die Kommunalwahlen von 1959 für ungültig erklärt, da nicht klar erkennbar gemacht worden war, ob Kandidaten einer Partei oder einer Wählervereinigung angehörten und damit das Gleichheitsprinzip verletzt worden sei. Wahltag war der 1. März 1962. Um evtl. einer durch die bevorstehende Wahl möglichen Änderung der Mehrheitsverhältnisse zuvorzukommen, änderte die Ratsversammlung am 29. Januar 1962 die Hauptsatzung. Mit der Mehrheit der bürgerlichen Parteien wurde beschlossen, daß künftig nur noch ein hauptamtlicher Stadtrat gewählt werden dürfe. Der Wahlkampf war matt. Dr. Erich Mende war der prominenteste ›Wahlhelfer‹. Er sprach am 8. März vor einer schwach besuchten FDP-Versammlung. Nur 14 808 Bürger gingen zur Wahl, das waren 67,37 % der Wahlberechtigten. Das Ergebnis: CDU 5825, SPD 4191, SSW 1999, FDP 1922 und GDP 871 Stimmen. Entscheidende Änderungen der Stimmenverhältnisse der Parteien zueinander im Vergleich zur Bundestagswahl im Jahr vorher erfolgten nicht. Der »Trend« zum 3-Parteienstaat bestätigte sich. Es ergab sich folgende Sitzverteilung in der Ratsversammlung: CDU 16, SPD 8, FDP 4, SSW 4, GDP 1. Dr. Wehn blieb Bürgervorsteher, Dr. Miemietz (SPD) und RA Otto von Wahl (CDU) wurden seine Stellvertreter. Im neuen Magistrat waren für die nächsten vier Jahre: Bürgermeister Dr. Kugler, Dr. Beske, Tröndle, von Wahl, Dr. Braun und Maaß für die CDU, Kube und Lüthen für die SPD, Paysen (hauptamtlich) und Hansen für den SSW sowie Jepsen für die FPD.

Die geschilderten 17 Jahre waren für die Schleswiger eine ›Einführung‹ in die Demokratie. Sie mußten 14-mal wählen und sind mit Ausnahme der letzten Kommunalwahl in erstaunlich großer Zahl zu den Wahlurnen gegangen.

III. ABSCHNITT

Verwaltung und Entwicklung der Stadt

Verwaltung der Not

Bis 1948/49, als nach der Währungsreform sich eine Normalisierung des Lebens anbahnte, konnten Stadtvertretung und -verwaltung nur versuchen, die Not so gerecht wie möglich zu verwalten und Grundlagen für die Zukunft zu schaffen.[117])

Der ernannte erste Beirat trat am 12. Juni 1945 zu seiner ersten Sitzung zusammen. Die Männer der ›Ersten Stunde‹ waren der kommissarische Bürgermeister Dr. Hinrichs, RA Weiland, Bankdirektor Bannier, Reg. Rt. Weiß, Kaufmann Hagge, Reichsbahnsekretär Clausen, Schulrat Steppat und Rektor Johannsen. Der 1905 in Tondern geborene und in Segeberg erzogene Dr. rer. pol. Hans Hinrichs trat ein schweres Amt an. Als »Unbelasteter« konnte er sich der Befehlsgewalt der Briten nicht entziehen, die schnell eine funktionierende Verwaltung brauchten, der sie aber wenig Spielraum für eigene Initiative ließen. Der Bürgermeister und die Beiräte konnten zunächst nur in zähen Verhandlungen die personellen Voraussetzungen erreichen. Ihr Amt war undankbar, denn sie waren für die Bevölkerung der ›verlängerte Arm‹ der »Besatzer«. Sie mußten sich mit der schwierigen Frage befassen, daß laut Gesetz Nr. 53 der Militärregierung 43 Beamte und Angestellte der Stadtverwaltung entlassen worden waren. Es wurde beschlossen, die Wiedereinstellung eines Teiles der Entlassenen zu beantragen und inzwischen Hilfskräfte einzustellen, damit die riesige Last der Verwaltungsaufgaben einigermaßen bewältigt werden konnte. Jedes Beiratsmitglied übernahm als Dezernent ein Sachgebiet.

Die Wohnungsnot führte zu dem Beschluß, zunächst die Bewohner der »Dankopfersiedlung« an der Hindenburgstraße (heute Amselstraße) auf ihre »politische Zuverlässigkeit« zu überprüfen und eine solche auf alle Bewohner städtischer Häuser auszudehnen (19. 6. 45). 50 % der Wohnungen »alter Kämpfer« wurden bei dieser Aktion beschlagnahmt. Die Bewohner mußten bei den anderen 50 % einziehen. Diese Regelung wurde nach Hamburger Vorbild durchgeführt. Der für die Aktion zuständigen Kommission wurde vom Beirat Dank ausgesprochen. Häßliche Begleiterscheinungen führten zu dem Beiratsbeschluß am 1. August: »Es sollen grundsätzlich die Tatsachen sprechen; auf Gerüchte und Denunziation (soll) keine Gewicht gelegt werden.«

Ein kurioses aus der Vergangenheit hervorgeholtes Projekt beschäftigte den Beirat am 7. und 29. August. Eine »Nordfriesische Verkehrsgesellschaft« plante einen Kanal von der Schlei zur Hever und nach Eckernförde.[118]) Sie bat die Stadt um einen Beitritt für 500 RM jährlich und Planungsunterlagen. Der Antrag wurde begreiflicherweise abgelehnt. Die Bürger versuchten sich neue Existenzgrundlagen zu schaffen. Am 21. August lagen dem Beirat Anträge auf Genehmigung von 45 Fuhrgeschäften vor. Am 11. September wurde festgestellt, daß bei abnehmendem Angebot ein Überangebot an Textilgeschäften entstanden war. Man erteilte aber dem Kaufmann Grigutsch die Erlaubnis für ein Geschäft zur Aufarbeitung gebrauchter Kleidungsstücke. Briefmarkenhandlungen, Antiquitätenläden, Kunsthandlungen u. andere Geschäfte schossen aus dem Boden. Es blühte auch der inoffizielle Tauschhandel.

Im September 1945 mußten die Schützengräben und Panzersperren beseitigt werden. Im Oktober organisierte die Verwaltung die Abgabe von Glas an die bombengeschädigten Städte: Die Bevölkerung mußte Doppelfenster und Bilderglas abgeben. Die Wohnungsprobleme blieben für lange Zeit die Hauptbelastung der Verwaltung. Im Oktober 1945 waren noch 232 Polen in Privatwohnungen (rd. 60) und öffentlichen Räumen untergebracht. Um sie vor Kälte zu schützen und Wohnraum und Schulklassen freizubekom-

Die Bürgermeister 1945–62

1. *Dr. rer. pol. Hans Hinrichs*
   15. Mai–Nov. 1945
   Foto aus Privatbesitz von Dr. Hinrichs

2. *Hermann Clausen*
   1. Dez. 45–31. Okto. 48
   Foto aus Privatbesitz von
   Herrn Karl-Heinz Clausen

3. *Jakob Böhme*
   1. Dez. 48–30. 4. 50
   Ausschnitt aus einem Amateurgruppen-
   bild. Repro: T. C.

4. *Bruno Lorenzen*
   1. Mai 50–30. 12. 50 (†)
   Foto aus Privatbesitz von
   Frau Anni Lorenzen

5. *Dr. jur. Werner Kugler*
   1. Juni 55–
   Foto aus Privatbesitz v. Frau Ilse Kugler

men, mußten sie zusammengelegt werden. Der Bürgermeister erreichte am 10. Oktober in einem Gespräch mit der Militärregierung ihre notdürftige Unterbringung im Schloß Gottorf. Große Sorge bereitete auch die schwierige Versorgung der Bevölkerung mit Heizmaterial, Elektrizität und Gas. Die Briten hatten sehr scharfe Strafmaßnahmen gegen Wohnungsinhaber verhängt, die mehr Strom entnahmen als zugebilligt war. Der Beirat beschloß am 19. Oktober, die Bevölkerung vor zu harten Strafen zu schützen. Das konnte nur in schwierigen Verhandlungen mit den Briten erreicht werden, da die Versorgung der Bevölkerung bis zur Bildung der schleswig-holsteinischen Regierung von der Militärregierung allein bestimmt wurde. Die Stadtverwaltung hatte lediglich die Aufgabe mit dem von der Kriegszeit her eingespielten ›Apparat‹ die Zuteilungskarten auszugeben und die korrekte Verteilung zu überwachen.

Für die Ernährung wurde die ›Kalorie‹ zum wichtigsten Begriff. Vor dem Krieg nahm der ›Normalverbraucher‹ 2600–2700 Kalorien täglich zu sich, während ein Schwerarbeiter weit über 3000 brauchte. Im Frühjahr 1945 konnten noch etwas über 2000 offiziell zugeteilt werden.[118a]) Nach der Kapitulation zeigen die Zuteilungen für je 4 Wochen erhebliche Schwankungen. Im Mai 1945 betrugen sie 1607, im Juli 1187, vom Oktober 1945–Februar 1946 zwischen 1500 und 1600 Kalorien. Sie sanken dann vom März 1946 bis Juni von 1080 auf 983 ab! Vom Oktober bis März 1947 lagen sie um 1600, und sanken dann von Mai 1947 bis Juli wieder auf 1120–1218. Sie stiegen dann langsam an. In der letzten Zuteilungsperiode im Mai 1949 waren es aber auch erst 1851. Zu den bereits mitgeteilten Lebensmittelzuteilungen sei zur Veranschaulichung eine Tagesration bei rd. 1500 Kalorien im Dezember 1945 angeführt: 328 g Brot, 21,4 g Fleisch, 14 g Fett, 53,5 g Nährmittel, 17,9 g Zucker, 8,9 g Marmelade, 8,9 g Kaffeersatz, 2,2 g Käse, 4,4 g Quark. Zu Weihnachten gab es dann allerdings noch eine Sonderzuteilung von 1 Päckchen Backpulver sowie 100 g Trockenfrüchte und für Kinder 50 g Schokolade sowie 1 Fruchtschnitte.

Zur Not gehörte aber auch der Mangel an allen anderen lebensnotwendigen Dingen. Dazu gehörten Heizmaterial, Gas und Strom ebenso wie Textilien, Möbel und Geschirr. So z. B. waren 1947 nur 360 Glühbirnen und 1 % des Bedarfs an Möbeln in den Handel gekommen. Da neue Textilien fast gar nicht mehr in die Geschäfte kamen, blühten der Tausch und die Hausschneiderei.

Zu viel Ärger führte die Verordnung der Militärregierung vom 31. Oktober 1945. In ihr wurde das Verschwinden der Uniformen aus dem Straßenbild bis zum 30. 11. angeordnet und die Ausgabe von Berechtigungsscheinen zum Umfärben angekündigt. Die Dummen waren die gehorsamen Bürger, die eilfertig der Anordnung folgten. Die ausgegebenen Farben waren nicht wasserfest und verdarben die Unterkleidung. Die Nichtbefolgung wurde daher nicht geahndet. Leicht veränderte Uniformen und die abgetragenen Zivilkleidungsstücke hingen noch einige Jahre schlotternd an den abgemagerten Menschen. Die Militärregierung genehmigte am 22. Juni 1946 nachträglich ab 25. Dezember 1945 die Zulassung von Tauschzentralen. Die Stadt hatte aber schon im Sommer 1945 eine »Tauschzentrale« unter der Leitung des Möbelhändlers Carl Steinhagen zugelassen, die bis zum Februar 1947 50 000 Tauschkunden hatte. Um den bedürftigsten Einwohnern zu helfen, hatte Bürgermeister Clausen das »Schleswiger Hilfswerk« gegründet, das zu Kleiderspenden aufrief und mit Hilfe des DRK an 6000 Personen Kleidungsstücke ausgeben konnte.

Viel konnte die Stadt zur Linderung der Not nicht tun. Sie gab alle städtischen Anlagen für Schrebergärten frei und gab Berechtigungsscheine zur Torfgewinnung im städtischen Moor an der Chaussee nach Flensburg aus. Die Einwohner waren weitgehend auf sich selbst gestellt. Sie beuteten alle Moore in der Umgebung aus. Es waren vor allem Frauen und Kinder, die in harter Arbeit Torf stachen und später die getrockneten Soden auf Handwagen in die Stadt brachten. Im übrigen aber wurde alles Holz, das nicht ›niet- und nagelfest‹ war, ›geklaut‹. Vor allem die zurückgekehrten Soldaten hatten im Krieg zu ›organisieren‹ gelernt . Gartenzäune, Schilder und Bäume ›verschwanden‹ nachts trotz der Sperrstunden. Um die minimalen Brennstoffbestände rationell auszunutzen, wurden in den Wohnzimmern abenteuerliche Eisenöfen aufgestellt, deren Rohre aus vielen Fenstern herausragten.

Auch die Zahl schwerer Diebstähle nahm erschreckend zu. Diebe wurden zunächst von dem im Rathaus tagenden britischen Militärgericht sehr hart und dann vom deutschen Amtsgericht milder abgeurteilt. Das Amtsgerichtsgefängnis war immer überfüllt. Der wie in allen Städten auch in Schleswig blühende Schwarzhandel sorgte laufend für neue Insassen. Der Markt befand sich auf der Lollfußtreppe und in der Michaelisallee. Von dort gab es bei rechtzeitiger Warnung vor Razzien viele Fluchtwege. Auch hier galt vor allem die ›Camelwährung‹. Aber auch Kaffee, Tee und Seife standen hoch im Kurs. Die Besatzungssoldaten bezahlten mit dieser ›Währung‹ vor allem Souvenirs aus der Nazizeit. Notfalls wurden auch Geschäfte in Reichsmark oder mit Lebensmittelmarken getätigt. So z. B. hatten bei einer Razzia im Juli 1947 festgenommene Schwarzhändler 6,– RM für eine Zigarette verlangt.[119]

Der drohende Winter erforderte Notlösungen, um das Erfrieren von Menschen zu verhindern. Am 23. Oktober 1945 beschloß der Beirat, im Flüchtlingslager Wilhelminenschule, in der Guttemplerloge und im »Gasthof Konagel« je einen Wärmeraum einzurichten.

Da die Verwaltung praktisch nichts ohne Genehmigung der britischen Militärregierung tun durfte, brauchte sie bei vielen Verhandlungen und ›Befehlsempfängen‹ einen politisch unbelasteten Dolmetscher. Der Beirat beschloß daher am 27. Juni 1945, Herrn Alfred Haesler einzustellen.

Der schwer kriegsverletzte Major, der lange in einem Nachtjagdgeschwader im Kriegseinsatz gewesen war, erlebte die Kapitulation in Eggebek. Er fand Unterkunft in Bollingstedt. In der Fahrbereitschaft im Kreishaus lernte er Dr. Hinrichs kennen. Vor seiner Einstellung wurden von Stadtrat Svend Johannsen seine Dänischkenntnisse überprüft. Englisch sprach er fließend. Durch sein gewandtes und selbstsicheres Auftreten war er oft ein erfolgreicher ›Puffer‹ zwischen der Stadt und den Dienststellen der Militärregierung. Seine Aufgabe war nicht leicht, da er von manchen britischen Offizieren arrogant behandelt wurde. Er hat der Stadt bis 1949 in dieser Funktion gedient.[120] Der ehrenamtliche Bürgermeister brauchte für die sich häufenden Rechtsfälle einen juristischen Berater. Aus vielen Bewerbern wurde vom Beirat am 16. Oktober 1945 beschlossen, Dr. Kurt Furbach als Stadtsyndicus einzustellen. Er hatte vor dem Krieg die Ziegelei am Bahnhof erworben, um dort einen eigenen Betrieb aufzubauen. Der Krieg hatte die Pläne nicht möglich gemacht. Dr. Furbach war ein politisch absolut unbelasteter Mann. Er war ein vornehmer ›Herr‹ von ausgesprochener etwas altmodischer Höflichkeit.

Da Stadtbaurat Dr. Wachhausen im Krieg gefallen war, wurde am 29. November 1945 beschlossen, den Architekten Walter Beckmann als Hochbautechniker einzustellen. Er wurde später als »Stadtbaumeister« Leiter des Bauamts. Er hat entscheidend an der baulichen Entwicklung der Stadt mitgewirkt. Er hatte den Mut zur Improvisation und zu schnellem Handeln. Mit ungeheurem Fleiß hat er die großen Aufgaben angepackt.

Der Beirat und die Verwaltung erhielten durch die am 16. Januar 46 zu ihrer ersten Sitzung zusammengetretene ernannte Stadtverordnetenversammlung eine breitere Legitimation für ihre Arbeit. Am 7. Februar 1946 wurde beschlossen, eine Mittelschule zu errichten. Frau Magarete Schäffler nahm zusammen mit zwei weiteren Lehrkräften im Herbst in der schon überfüllten Bugenhagenschule die Arbeit auf.

Besondere Sorge bereitete den Gremien die Krankenhaussituation. Der um rd. 50 % angewachsenen Bevölkerung, die durch Hunger und Kälte von vielen Krankheiten befallen war, standen nur wenige Betten im städtischen Krankenhaus an der Lutherstraße, das im April 1945 Universitätsklinik geworden war, sowie in der Universitätsklinik für innere Krankheiten im Landeskrankenhaus zur Verfügung, da beide Abteilungen für das ganze Land offen waren. Im Winter 1945/46 konnte dann die Stadt das geräumte Reservelazarett II im Tiergarten (heute Landesjugendheim) übernehmen. Nach einer notdürftigen Renovierung wurden dort eine gynäkologische Abteilung mit 90 Betten und etwas später eine Kinderabteilung eingerichtet. Zum Chefarzt wurde vom Beirat am 16. Mai 1946 Prof. Dr. Jacobi bestellt. Im Anfang des Jahres 1946 räumte die Universität das Krankenhaus an der Lutherstraße, das die Stadt notdürftig als chirurgisches Krankenhaus einrichtete. Am 3. Mai wurde Dr. Timmermann als Chefarzt eingestellt. Als die Universität dann auch die innere Abteilung vom Landeskrankenhaus nach Kiel verlegte, drohte der Zusammenbruch der Versorgung aller Patienten mit inneren Krankheiten. Die Gesundheitsverwaltung der Provinz sah nach eindringlichen Vorstellungen des Bürgermeisters ein, daß ein unerträglicher Zustand entstehen würde. Sie beließ daher eine Station für innere Krankheiten unter ihrer Verwaltung im Landeskrankenhaus. In diesen räumlich weit auseinanderliegenden Krankenhausabteilungen fehlte es an den notwendigsten Dingen zur Versorgung der Kranken. Der Beirat beschloß daher am 14. März 1946 in einem Aufruf an die Bevölkerung, Eßgeschirr, Bestecke, Verbandsmaterial und Thermometer zur Verfügung zu stellen.

Die britische Militärregierung verlangte die Einführung der demokratischen Gemeindeordnung nach britischem Vorbild. Dazu gehörte neben dem Bürgermeister ein Chef der Verwaltung, in Großbritannien town-clark und in ihrem Besetzungsgebiet Stadtdirektor genannt. Die Stadt hatte die Stelle ausgeschrieben und einen Dr. Thumsdorf für das Amt gewählt. Da dieser wegen eines anderen Angebots dann die Wahl nicht annahm, wurde am 5. Juli 1946 Dr. Furbach zum kommissarischen Stadtdirektor ernannt. Um die

Verwaltungsarbeit zu straffen, hatte der Beirat am 6. Juni 1946 beschlossen, die vakante Stelle des Stadtbürodirektors (Leiter des Hauptamts) mit Stadtinspektor Karl Segelke zu besetzen.

Selbständig konnten zunächst weder die Gremien noch die Verwaltung arbeiten. Alle Maßnahmen mußten von der Militärregierung genehmigt werden, und der Bürgermeister mußte laufend zur Berichterstattung bzw. zum ›Befehlsempfang‹ ins Regierungsgebäude. Auch der britische Sicherheitsdienst stellte Forderungen an die Stadt. Er verlangte jeden 10. und 25. eines Monats einen »Stimmungsbericht«, für den der Bürgermeister z. B. am 7. März 1946 von den Beiräten Material erbat.

Die Normalisierung des deutschen Schulwesens wurde durch die Zweckentfremdung von Schulräumen sehr erschwert. Die Lollfußer Mädchenschule hatte die Zahn- und Kieferstation der Universität aufnehmen müssen, und die Gallbergschule sollte die Universitätshautklinik aufnehmen. Am 10. und 18. Oktober 1946 beschloß der Beirat mit Erfolg, die Räumung zu beantragen. Erst jetzt konnten wieder Schulanfänger eingeschult werden. Es war der später viel diskutierte ›benachteiligte‹ Jahrgang.

1947 und 48 begannen die Gremien sich trotz der großen Not mit Zukunftsplanungen zu befassen. Im Januar 1947 wurde Stadtwerkdirektor Peter nach Kiel geschickt, um die Möglichkeit einer Ferngasversorgung von Kiel aus zu prüfen, da das alte Gaswerk die Versorgung der Bevölkerung kaum noch bewältigen konnte. Am 18. September 1947 beschloß der Beirat, die Arbeiten für den Bau des Wasserwerks II (Brockdorff-Rantzaustraße) auszuschreiben. Am 8. Juli 1948 konnte dann erst beschlossen werden, das Wasserwerk zu bauen, einen Tiefbrunnen für das alte Wasserwerk bohren zu lassen, eine Transformatorenstation am Schleihallenplatz zu bauen und eine Gasmitteldruckleitung in Auftrag zu geben. Auch die Wiederherstellung des Stadtbildes wurde begonnen. Am 15. Juli 1948 beschloß der Beirat die Schrebergärten in der Anlage vor dem Regierungsgebäude zum 31. Oktober zu kündigen.

Nach der Kommunalwahl im Herbst 1948 wurde ein Hauptausschuß (bisher Beirat) gebildet. Unter der Leitung von Bürgermeister Jakob Böhme gehörten ihm die Stadträte Hagge, Grell, Dr. Hase, Schwoch, Dehnhardt, Kube, Weiß, Clausen und Lassen an.

Der Kampf um Institutionen 1945–48

Vor der Schilderung der Arbeit in der Aufbauzeit nach der Währungsreform muß über die mit Intensität betriebenen Anstrengungen zur Erhaltung der bestehenden Institutionen und Gewinnung neuer berichtet werden.

Regierungssitz

Schon im November beunruhigten den Beirat Gerüchte über die Verlegung der Provinzialregierung nach Kiel. Er beschloß am 13. September eine Eingabe an die Militärregierung und die Stadt Flensburg für eine Unterstützung zu gewinnen. Es begann ein langer zäher Kampf der Stadt, der aber kaum Erfolg haben konnte, da die Militärregierung die deutsche Verwaltung in unmittelbarer Nähe haben wollte und weil die im Krieg schwer zerstörte Stadt Kiel natürlich auch um zentrale Funktionen kämpfte. Ihre Vertreter nutzten ihre ständigen unmittelbaren Kontakte mit den zentralen britischen Dienststellen. Nach außen war eine Entscheidung zunächst aber nicht zu erkennen. Das »Amt für Volkswirtschaft« wurde auf Anordnung der Militärregierung vom 12. Februar 1946 nach und nach aus Schleswig verlegt.[121]) Schleswig wurde dafür »Schwerpunkt« des

»Amtes für Ernährung ...«, zu dem auch Fischerei, Forsten, Wasserwirtschaft, Veterinärwesen und Landwirtschaft gehörten. Nur die zu dem Amt gehörenden Landesernährungs- und Landeskulturabteilungen verblieben in Kiel.[122] Es wurde erst später den Schleswigern klar, daß diese Verlegung des »Schwerpunktes« nur erfolgt war, weil es in Kiel an Räumen fehlte. Dr. Müthling erfuhr in einem Gespräch mit dem Vertreter der Militärregierung am 28. Mai 1946, daß der Oberpräsident und Brigadier Henderson »... wiederholt über Verlagerung der gesamten Landesverwaltung von Schleswig nach Kiel verhandelt ...« hätten, und »... Es bestünde bei der Militärregierung volles Verständnis für die außerordentliche Dringlichkeit dieser Verlagerung. Man sei sich auf deutscher wie auf englischer Seite klar darüber ...« Man erwog, die Kieler Spar- und Leihkasse für die deutschen Dienststellen einzurichten.[123] Im Juni sickerten diese Absichten in die Öffentlichkeit durch. Die ersten Gerüchte bezogen sich nur auf die Verlegung des Oberpräsidiums. Am 14. Juni 1946 berichtete der Bürgermeister dem Hauptausschuß darüber, und es wurde eine Resolution beschlossen. Diese wurde aber nicht abgesandt, da in der nächsten Zeit beunruhigende Gerüchte über die Verlegung der gesamten Landesverwaltung nach Kiel umliefen. In einer langen Debatte erörterte die Stadtverordnetenversammlung am 8. August 1946 die Situation.[124] Der kommunistische Stadtrat Büchmann beantragte eine »Entschließung«, der einstimmig zugestimmt wurde. In dieser hieß es u. a.: »Die Stadtverordnetenversammlung der Stadt Schleswig weiß, daß sie nichts zu bestimmen hat, aber sie darf und wünscht zu bekennen, daß die durch Radio und Zeitung ihr allein bekanntgewordene Absicht der Verlegung der Landesverwaltung Schleswig-Holstein nach Kiel eine tiefgehende Erregung in Stadt und Land ausgelöst hat ...« Es bestünden keine Gründe dafür »... unter Nichtachtung aller demokratischen Grundsätze«. Ganz besonders wichtig erscheint aber der Hinweis der völligen »Nichtachtung grenzpolitischer Gründe ...« Die Stadtverordneten Bannier, Luthe, Hagge und Büchmann wurden beauftragt, die Entschließung den Parteien zu übermitteln. Die Erregung der Schleswiger konnte keine Wirkung haben, denn die Entscheidung war schon gefallen. Schon am 31. Mai hatte Colonel Needham von Müthling bis zum 5. Juni 1946 einen »abschließenden« Bericht über Raumbedarf, Materialmengen, Verlagerungskosten, Trennungsentschädigungen und Wohnungsbedarf verlangt.[125] Am 22. Juni 1946 teilten Col. Needham und Col. Ainger Dr. Müthling mit, daß die Marineakademie in Kiel von der Royal Navy freigegeben sei und Kostenanschläge für die Renovierung einzuholen seien.[126] Zielstrebig plante die Militärregierung die Verlegung nach Kiel. Vor der Fertigstellung der Marineakademie stellte sie zunächst den Block 5 der Kasernen in Kiel-Wik zur Verfügung, allerdings unter der Voraussetzung, daß genügend Glas für die Fenster beschafft werden könne. Müthling erfuhr es am 9. August. Er machte auf die Erregung in Schleswig aufmerksam: »Ich hatte in der Besprechung die Gelegenheit, auf den in Schleswig zur Zeit auftretenden Widerstand gegen die Behördenverlegung hinzuweisen. Mr. Parry verwies demgegenüber auf die Entscheidung der Militärregierung, daß Kiel die Hauptstadt sei und, daß der Regional Bevollmächtigte das ganze Oberpräsidium nach Kiel zu verlagern wünsche«.[127] Am 16. August 1946 wurde Müthling von Col. Ainger auf die »Schleswiger Protestvorgänge« angesprochen. Der Landesdirektor hat darauf »... nochmals auf die besonderen Schwierigkeiten ... (hingewiesen), ... in die die Stadt Schleswig durch die Verlagerung kommen wird.« Müthling hat dabei auch auf die Frage der »Minderheiten« hingewiesen. Ainger konnte auf die Argumente nur erwidern, daß die Bevölkerung Schleswigs darüber orientiert werden müsse, daß die »Wiederherstellung der Aktionsfähigkeit« zu gewährleisten sei. Diese sei in Kiel billiger und wirtschaftlicher, »... denn Kiel läge zentraler«. Einen Regierungsbezirk gäbe es nicht mehr, sondern nur noch ein Oberpräsidium.[128] Diese Bermerkung war ein Hinweis auf die Bildung einer Landesregierung ohne Zwischeninstanzen. Ainger deutete aber an, daß Kompensationen für

Schleswig erörtert würden wie z. B. die Landesbrandkasse, die Landesversicherungsanstalt und das Oberlandesgericht.

Die ›Schlacht‹ der Schleswiger um den Regierungssitz war endgültig verloren. Die Landesverwaltung konnte aber nicht umhin, mit Vertretern der Stadt ein Gespräch über ihre schwierige Situation zu führen. Oberpräsident Theodor Stelzer und Dr. Müthling kamen am 7. September 1946 nach Schleswig. Bürgermeister Clausen begrüßte die Gäste mit der Hoffnung, »... daß Sie uns recht Angenehmes und Schönes mitzuteilen haben.« Das war ein frommer Wunsch. Die Stimmung war gereizt, da Johannes Hagge in einer Stellungnahme am 15. August 1946 zur Entscheidung über den Regierungssitz ›grobes Geschütz‹ aufgefahren hatte. Er hatte mit dem Hinweis auf die Mordanklagen im Nürnberger Prozeß zur Verlegung der Landesverwaltung nach Kiel gesagt: »... in der Art und Form ...« sei sie »... auch ein Mord der Demokratie ...« Wenn die Verlegung so vor sich gehe, »... verpflichtet dieses alle wahren Demokraten nicht nur zu protestieren, sondern auch alle Ämter zur Verfügung zu stellen, um nicht Mörder der Demokratie zu werden«. Er hatte ferner behauptet: » Grenzpolitisch ist das Vorhaben Wahnsinn ... Die Verwaltung hat Schleswig schon für Dänemark abgeschrieben. Sie verläßt Schleswig wie Ratten das sinkende Schiff.«

Stelzer eröffnete das Gespräch ruhig. Er erklärte, daß er der Militärregierung Schleswig als Sitz der Regierung vorgeschlagen habe, daß die Engländer aber sich für Kiel entschieden hätten. Für Schleswig seien Verhandlungen über einen Ersatz eingeleitet. Das Oberlandesgericht, die Herstellung des Schlosses Gottorf für kulturelle Zwecke und evtl. der Provinziallandtag würden erwogen. Clausen entgegnete gereizt, daß Gegensätze zwischen Kiel und Schleswig wieder aufgebrochen seien: »Schleswig hat immer den kürzeren gezogen ... Dann wird Schleswig ein Fischerdorf.« Als die Regierungsvertreter die Endgültigkeit der Regierungsverlegung betonten, da auch der Landtag nicht anders entscheiden werde, wurde die Debatte immer hitziger. Hagge und Luthe warfen der Militärregierung Diktatur und Verletzung der demokratischen Rechte vor. Der Oberpräsident warf den Schleswigern unsachliche und gefährliche Behauptungen vor: »Ich muß mir diese Ausführungen verbitten und sie auf das Schärfste zurückweisen.«[129]

Universität

Nach diesem Abschlußgeplänkel über die Regierungsverlegung wurde die Frage der Verlegung der Universität nach Schleswig erörtert. Schon am 14. Februar 1946 hatte Bürgermeister Clausen in einem langen Schreiben an den Oberpräsidenten die Vorzüge als Universitätsstadt geschildert.[130] Die ›Munition‹ dafür hatte ihm Prof. Dr. Otto Scheel geliefert. Er hatte bis zum Kriegsende den Lehrstuhl für skandinavische, schleswig-holsteinische und Kirchengeschichte innegehabt und wohnte seit der Zerbombung seines Hauses in Kiel im von Günderoth'schen Hof in den Büroräumen des Städtischen Museums. In langen Gesprächen hatte er Clausen die historische Entwicklung der Universität geschildert, die nach dem Aufbau der großen Werften und der Entwicklung zum Hauptstützpunkt der Reichsmarine für Kiel nur noch eine sekundäre Bedeutung gehabt habe. Clausen begann sein Schreiben mit dem Vorschlag, Reichsvermögen in Schleswig in das Eigentum der Stadt zu überführen. Er fuhr fort: Der Seefliegerhorst sei zur »... Verwendung als Universität m. E. vorzuziehen ...« Am 5. März hatte Clausen erneut an den Oberpräsidenten geschrieben. Es sei zu hoffen, daß der Seefliegerhorst demnächst frei werde. Die Universität wäre nicht nach Kiel zurückverlegt worden, wenn der Seefliegerhorst mit seinen 16 Kasernenblocks, 15 Baracken und anderen Gebäuden frei gewesen wäre. Eine landwirtschaftliche Fakultät und eine Hochschule für Musik ließen sich in

Schleswig an die Universität angliedern. In Kiel seien die Wohnverhältnisse für die Studenten »unerträglich«. Die Schleswiger hatten weitergebohrt. Bürgermeister Clausen und Stadtoberinspektor Claußen suchten Dr. Müthling am 25. März 1946 auf und schlugen ihm vor, als ersten Schritt die Universitätskliniken in den Seefliegerhorst zu verlegen. Die Kieler waren zum Gegenangriff übergegangen. Sie wandten sich an den Provinziallandtag, der, auf die Frage nicht vorbereitet, keinen Beschluß faßte. Das Flensburger Tageblatt unterstützte die Schleswiger Bemühungen. Es entstand ein Zeitungskrieg zwischen diesem und der Kieler Volkszeitung. Studenten wurden von beiden Seiten vorgeschickt. Am 16. Mai 1946 veröffentlichte das Flensburger Tageblatt eine Stellungnahme des Kulturamts der Stadt Schleswig. »Vor den Interessen der Städte Kiel und Schleswig kommen diejenigen der Landesuniversität ...« Nach dieser so objektiv klingenden Einleitung wurde aber ›die Katze aus dem Sack‹ gelassen, denn es wurde u. a. behauptet, daß die Universität »... seit langer Zeit keine tragende Säule des Kieler Wirtschaftslebens mehr...« sei, Herzog Christian Albrecht (der Gründer der Universität) würde heute »... nicht schwanken ...« Auch die Professoren Dr. Wolfgang Mohr und Dr. Gustaf Schwantes waren für Schleswig ›ins Feld‹ geschickt worden. Am 26. Juli hatte Clausen auch den Rektor der Universität, Prof. Burck, aufgesucht, der sich vom Bürgermeister immerhin die Pläne vom Seefliegerhorst erbat.

In dem Gespräch mit dem Oberpräsidenten wurde den Schleswigern klargemacht, daß ihr Kampf um die Universität ebenfalls hoffnungslos war. Stelzer teilte ihnen mit, daß die Militärregierung keine Erlaubnis zur Besichtigung des Kasernengeländes erteilt habe. Prof. von Mangold, der Vertreter der Universität bei dem Gespräch, führte gegen Schleswig auch die Notwendigkeit von großen Umbauten der Kasernenanlagen an. Johannes Hagge erwiderte erbost: »Sollten wir nur hören, daß die Entscheidung der Militärregierung nicht zu ändern ist?« Herr Dieckmann, der Vertreter der Stadt Kiel, betonte die schweren Sorgen der Stadt Kiel und erklärte, daß die Universität dort bleiben müsse. Bürgermeister Clausen blieb beharrlich: Die Stadt gebe sich nicht zufrieden, denn nur die Universität könne Ersatz für die Landesverwaltung sein. Stelzer beendete das Gespräch sehr verärgert: »Wir haben Auskünfte gegeben ... Ich darf nur feststellen, daß diesem guten Willen von uns sehr unsachlich entgegengetreten ist. Die Form, wie die Schleswiger ihre Gesichtspunkte vertreten, waren z. T. unsachlicher Art.«

Bei dem vehement geführten Kampf hatten die Schleswiger ›die Rechnung ohne den Wirt gemacht‹. Die Militärregierung dachte nicht an die Räumung der Kasernen. Sie blieben noch lange, zunächst für die britischen und dann für die norwegischen Soldaten, beschlagnahmt. Es war auch illusorisch zu glauben, daß Kiel seine jahrhundertealte Tradition als Universitätsstadt aufgeben würde.

Die Aktivitäten Hermann Clausens und seiner Stadträte waren erstaunlich. Die Bemühungen um die Regierung und die Universität mußten ergebnislos bleiben. Weder die Militärregierung noch die Landesverwaltung konnten die stark zerstörte und von großer Not beherrschte Stadt Kiel übergehen. Rückblickend muß angesichts der zu einem riesigen ›Apparat‹ gewachsenen Landesregierung und der gewaltigen Studentenzahlen festgestellt werden, daß die Stadt Schleswig die beiden Institutionen nicht verkraftet hätte, ohne deformiert zu werden.

Landesmuseen

Ein großer Gewinn für die Stadt aber wurde, daß die Bemühungen um die künftigen Landesmuseen Erfolg hatten. Schon am 12. Juli 1945 hatte Hermann Clausen bei einem Gespräch von Vertretern der dänischen Minderheit mit Oberstleutnant Thomas von der

Militärregierung über die erhoffte verwaltungsmäßige Trennung Schleswigs und Holsteins den Wunsch vorgetragen, Schleswig zum Ort der Museen zu machen.[131]) Thomas verlangte dazu einen Antrag der Stadt Schleswig an Gouverneur Henderson. Bürgermeister Dr. Hinrichs reichte diesen umgehend ein. Er begründete ihn mit der schwierigen Raumsituation in Kiel sowie der Eignung des großen Schlosses Gottorf, das mit der Geschichte des Landes immer eng verquickt war und in der kulturgeschichtlich entscheidenden Landschaft Schleswig-Holsteins liege. Hermann Clausen schmiedete das Eisen weiter. In dem schon erwähnten Schreiben an den Oberpräsidenten vom 14. Februar 1946 empfahl er Gottorf als Rahmen für die Museen und das Staatsarchiv. Er ging so weit, in Aussicht zu stellen, zwar ohne einen Kaufpreis aber mit der Verpflichtung »... zur ordnungsmäßigen Unterhaltung und Bewirtschaftung« das Schloß in Eigentum der Stadt zu übernehmen.[132])

Die Gebäude der beiden Kieler Museen, des Museums für Vorgeschichte — ein Universitätsinstitut — und des kulturgeschichtlichen Thaulowmuseums, waren zerbombt worden. Die Bestände beider Museen waren rechtzeitig, z. T. unter abenteuerlichen Umständen, ausgelagert worden. Søren Telling hat sich bei der Sicherung der Bestände des Vorgeschichtsmuseums besonders hervorgetan. Telling war eine eigenartige Gestalt. Er kam, obwohl er dänischer Staatsbürger war, 1939 nach Schleswig-Holstein. Er gewann das Vertrauen der Vorgeschichtler. Nach dem Krieg war er, z. T. selbsternannt, z. T. im Auftrag des Schleswig-Holsteinischen Museums für Vor- und Frühgeschichte, ›Hüter des Danewerks‹. In dauerndem Streit mit den Bauern hat er für den Schutz der Anlage viel getan. Er war eine Landsknechtsnatur und ging keinem Streit aus dem Wege, ja er suchte ihn oft. Seine Verdienste um die Rettung der Bestände des Vorgeschichtsmuseums und des Danewerks sind aber unbestritten.[133])

Clausens Aktivität galt zunächst dem Museum für Vorgeschichte. Ohne dessen Leiter, Dr. Kersten, konnte er nicht zum Erfolg kommen. Nach anfänglicher Skepsis setzte dieser sich mit großer Energie für den Plan ein, denn ihm mußte daran gelegen sein, die zerstreuten Bestände wieder pfleglich unter Dach und Fach zu bringen. Zunächst aber standen in Schleswig keine Räume zur Verfügung.

Die Stadt Kiel wehrte sich heftig gegen die Schleswiger Museumspläne. Die Militärregierung entschied sich für Schleswig; die Landesverwaltung hatte sie nach den Entscheidungen über die Regierung und die Universität davon überzeugt, daß die Stadt ›Kompensation‹ brauchte. Am 14. August 1946 teilte Brigadier Henderson dem Oberpräsidenten mit, daß das Schloß Gottorf zum 1. Dezember des Jahres »... zur Unterbringung von Kulturschätzen ..« freigegeben werde. Bis dahin sollten ein Plan für die Überführung der Museumsbestände vorgelegt und die Vorbereitungen für die Übernahme des Gebäudes getroffen werden. Die Landesregierung beschloß daraufhin, am 7. September 1946 im Schloß Gottorf eine Kabinettssitzung abzuhalten[134]). Die Militärregierung erteilte die Genehmigung zum Betreten des Schlosses, das noch Unterkunft für »displaced persons« war. Ihr Sprecher und ein Vertreter der Unrra empfing das Kabinett an der Wache. Das Schloß befand sich in einem trostlosen Zustand. Die in ihm untergebrachten Polen empfingen die Regierungsmitglieder sehr unfreundlich. Den Regierungsmitgliedern wurde klar, daß in dem Gebäude erst nach nicht unerheblichen Renovierungsarbeiten Museumsbestände eingelagert werden konnten. Dadurch drohte der Plan zu scheitern. Die Museumsleitung und die Militärregierung drängten die Stadt, Raum für eine ordnungsgemäße Lagerung zu schaffen, da das wertvolle Material gesichert werden müsse. Falls die Stadt nicht dafür sorgen könne, würde es in den holsteinischen Raum verbracht werden. Nach Hermann Clausens Bericht[135]) hatten Vertreter der Stadt während seiner Abwesenheit kühn erklärt, daß 1000 Quadratmeter Raum zur Verfügung stünden. Tatsächlich aber war nur eine 100 Quadratmeter große Wohnung im alten Bischofshof frei.

Als Clausen von der Reise zurückkam, stand er vor einer heiklen Situation. Hauptpastor Meyer half ihm, er erlaubte die Einlagerung eines Teils der Kisten im Dom. Dr. Kersten war entsetzt, als er einen Tag später von einer Reise zurückkam, denn der ungeheizte Dom war völlig ungeeignet. Zu ändern war aber nichts mehr, denn die Lastzüge mit 600 Kisten rollten schon an. Ein Teil der Bestände ist dann auch vorübergehend im von Günderoth'schen Hof untergebracht worden.

Durch diesen ›Husarenstreich‹ waren Tatsachen geschaffen, die kaum rückgängig zu machen waren. 1947 entschied die Regierung, auch die Sammlungen des früheren Thaulowmuseums als Schleswig-Holsteinisches Landesmuseum in das Schloß Gottorf verbringen zu lassen. 1948 bezog es 1½ Stockwerke des Schlosses[136]).

Gerichte

Als weitere ›Kompensation‹ erhielt die Stadt das Landesverwaltungsgericht, das im Regierungsgebäude am 11. Juli 1946 in Anwesenheit des Brigadiers Henderson um 10.45 Uhr feierlich eröffnet wurde. Dr. Otto-Hellmuth Wegner war der erste Präsident.

Schwieriger wurde die Verlegung des Oberlandesgerichts nach Schleswig. Die Stadt Kiel wehrte sich heftig dagegen, und auch die meisten Richter wollten nicht nach Schleswig. Am 13. September 1946 erfuhr Dr. Müthling bei seinem Gespräch mit dem Vertreter der Militärregierung, daß der Präsident des Oberlandesgerichts »... eine umfangreiche Beschwerde gegen den Plan der Verlegung ... von Kiel nach Schleswig eingereicht ...« habe[137]) Am 15. April 1947 wurde Müthling zusammen mit höheren Beamten der deutschen Verwaltungsstellen zu einem Gespräch mit Vertretern der Militärregierung beordert[138]). Die Landesregierung wollte dem Wunsch des Präsidenten des OLG, Dr. Kuhrt, nachgeben und schlug als Ersatz für Schleswig das Oberfinanzpräsidium vor. Die britischen Vertreter erklärten zu diesem Vorschlag, daß die britische »Aufsichtsbehörde« die Verlegung dieser Behörde nach Schleswig abgelehnt habe, die Frage daher nicht weiter verfolgt werden solle: »Die besseren Gründe sprächen vielmehr für die Verlegung des Oberlandesgerichts von Kiel nach Schleswig«. Um das OLG für Kiel zu retten, wurde in der Landesregierung auch die Verlegung der Landesbrandkasse und des Landeskirchenamts nach Schleswig erwogen. Diese Überlegungen wurden aber nicht weiter verfolgt, da diese Institutionen doch als nicht genügender Ersatz für das OLG erkannt wurden[139]). Da das Justizministerium sich gegen die Verlegung des OLG mit der Behauptung, daß es unbedingt die Universitätsbibliothek brauche, wehrte, erklärte Präsident Dr. Klaas vom Zentraljustizamt für die britische Zone in Hamburg, daß die »Abwehrgründe des Oberlandesgerichts« nicht von Bedeutung seien[140]). Der Kampf um das OLG war aber immer noch nicht zugunsten Schleswigs entschieden. Das Ausscheiden Hendersons als Gouverneur wurde von den Gegnern zu einem Vorstoß bei seinem Nachfolger ausgenutzt. Am 1. April 1948 fand bei diesem eine Besprechung statt, an der außer Müthling der OLG-Präsident, der Justizminister, der Generalstaatsanwalt und der Präsident der Anwaltskammer zugegen waren. Müthling führte gegen die ablehnenden Teilnehmer an, daß der Amtsvorgänger des Gouverneurs die »Beschwerden endgültig und eindeutig abgelehnt« ... habe. Eine Entscheidung wurde aber nicht getroffen. Der Präsident der Anwaltskammer, Dr. Nielsen, und sein Vizepräsident, Dr. Lange, reichten am 14. Mai 1948 eine Denkschrift gegen die Verlegung vor, die nach Müthlings Meinung ».. eine Tendenzschrift ärgster Art ...« war[141]). Die Entscheidung war aber schon gefallen. Im Amtsblatt für Schleswig-Holstein 1948 Nr. 15 stand kurz und bündig: »Das Oberlandesgericht nimmt am 19. April 1948 seine Tätigkeit im neuen Oberlandesgerichtsgebäude, dem früheren Regierungsgebäude in Schleswig, Gottorfstraße, auf. Dr. Katz Landesminister«[142]).

Mit dem Oberlandesgericht zog zwangsläufig auch die »Staatsanwaltschaft bei dem Schleswig-Holsteinischen Oberlandesgericht« in das Regierungsgebäude ein. Dr. Heitzer wurde der 1. Generalstaatsanwalt. Auch die durch Gesetz vom 1. Dezember 1947 beschlossene Landesrechnungskammer Schleswig-Holstein begann ihre Arbeit im Regierungsgebäude am 21. Mai 1948. Direktor wurde Dr. Clasen. Nach der Errichtung einer eigenen Sozialgerichtsbarkeit 1953 kam auch das Landessozialgericht nach Schleswig. Präsident wurde Dr. Buresch. Schleswig war Gerichtsstadt geworden. Im Vergleich zur Personalbesetzung der früheren Provinzialregierung war eine echte ›Kompensation‹ erfolgt. Auch ohne den zähen Kampf der Schleswiger wären sicher die beiden großen Gebäude Schloß Gottorf und »Regierung« öffentlichen Zwecken zugeführt worden. Die für das heutige Schleswig so entscheidenden Institutionen, die Landesmuseen und das Landesarchiv sowie Obergerichte im alten Regierungsgebäude, wären einige Jahre später nach den Fortschritten des Wiederaufbaus Kiels wohl kaum nach Schleswig gekommen.

Straßen- und Wohnungsbau, öffentliche Bauten und Bemühungen um Betriebe

Zum Verständnis der Entwicklung der Stadt nach 1945 sind einige statistische Angaben nötig.

Das Stadtgebiet blieb mit 2429,58 ha in den 17 Berichtsjahren unverändert. Entscheidend für den Wohnungsbau war, daß die Stadt über erheblichen eigenen Grundbesitz verfügte, der es möglich machte, viele Grundstücke in Erbbaupacht zu vergeben.

1933 betrug die Einwohnerzahl 20687. 1939 war sie auf 26015 angestiegen. Der Zuwachs hatte seinen Grund vor allem in der Aufrüstung, die viele Offiziere, Unteroffiziere und Wehrmachtbeamte in die Stadt gezogen hatte. Die Einwohnerzahl für 1945 ist nicht sicher zu ermitteln. Die vielen ›Flüchtlinge‹ in den Durchgangslagern waren nicht als Einwohner registriert worden. Die ›fortgeschriebene‹ Einwohnerzahl betrug am 30. Oktober 1946 37039, davon waren 16 817 »Evakuierte und Flüchtlinge«[143]). Die höchste Zahl wurde am 1. März 1948 mit 38820 registriert. Die erste Volkszählung nach dem Krieg fand am 13. September 1950 statt. Es wurden 36632 Einwohner gezählt. Die Zahl sank, mit Schwankungen, kontinuierlich bis zur zweiten Zählung am 6. Juni 1961 auf 33767 ab (Anhang 3).

Voraussetzung für die Entwicklung der Stadt war die wirtschaftliche Situation der Bürger. Schleswig war, da die Stadt keine größeren Industriebetriebe hatte, im Vergleich zu den Wirtschaftszentren des Landes eine ›arme‹ Stadt. 1950, in dem Jahr, in dem der ›Aufschwung‹ begann, war der Gesamtumsatz je Einwohner im Jahr im alten Kreis Schleswig 2700,– DM, während er in Flensburg 4600,– und in Kiel 4600,– DM betrug[144]). Statistische Zahlen sind allerdings nur relative Größen, da sie über die Verteilung auf die Bevölkerungsgruppen nichts aussagen. Sie sind aber dennoch ein ›Barometer‹ für die Gesamtsituation. Für 1956 weist die »Gesamtstatistik von SH« für die Stadt Schleswig 3730 Einwohner aus, die von »Industrie und Handwerk« lebten[145]). Höchstens ⅓ von diesen wurden von »Industrie« im weitesten Sinn ernährt. Die Zahl der Handwerksbetriebe im Kreis nahm übrigens laufend ab. 1949 wurden 2116 und 1959 nur noch 1522 gezählt[146]).

Die Finanzkraft der Bevölkerung war 1950 noch sehr gering. Das Gesamtsteueraufkommen der Einwohner betrug nur 1538000,– DM und stieg bis 1956 mit 2255000,– DM nur zögernd an[147]). Im Arbeitsamtsbezirk Schleswig waren 1950 18335 Arbeitslose registriert, 1957 waren es noch 2952. Die Mehrheit der Bevölkerung fand ihr Auskommen im Dienstleistungsgewerbe einschließlich des Handels. Da Löhne und Gehälter sehr langsam anstiegen, wuchs auch das Steueraufkommen entsprechend langsam. Die Löhne und Gehälter in der gewerblichen Wirtschaft in Schleswig-Holstein 1951, die allerdings nur für Einkünfte bis 2000,– DM berechnet waren, zeigen die noch geringe Kaufkraft[148]). Die Durchschnittsbruttolöhne je Arbeitsstunde betrugen danach für männliche Facharbeiter 1,60, für ungelernte Arbeiter 1,47 und für Hilfsarbeiter 1,34 DM. Die Benachteiligung der Frauen wird drastisch deutlich. Es erhielten weibliche Facharbeiterinnen –,96 bis 1,12, ungelernte Arbeiterinnen –,94 bis 1,06 und Hilfsarbeiterinnen –,86 bis 1,09 DM. Kaufmännische Angestellte erarbeiteten ein monatliches Durchschnittsgehalt von 300,– und technische Angestellte von 431,– DM.

Bis 1962 stiegen die Löhne und Gehälter im Durchschnitt um 80 %, die Preise für die Lebenshaltung um 20 %. Den heutigen »Warenkorb« gab es 1950 noch nicht. Einige Preise deuten aber die Kaufkraft an. Die Schleswiger Nachrichten gaben am 19. 9. 1953 für 1950 folgende Preise bekannt: 1 kg Butter 6,22; 1 kg Weizenmehl –,55; 1 kg Rindfleisch 3,70; 1 kg Schweinefleisch 3,44; 1 kg Margarine 2,25 und ein Ei –,22 bis –,26 DM.

Die Einwohner mit niedrigem Einkommen konnten den großen Nachholfbedarf an Hausrat und Kleidung nicht aus den laufenden Einkünften bezahlen. Sie waren auf Ratenzahlungen und Kredite angewiesen. Eine Hilfe war für viele die vom Einzelhandel 1949 gegründete, von Heinz Holthöver geleitete »Warenkreditgesellschaft«.

Hier kann keine eingehende Analyse der Wirtschaftssituation gegeben werden. Die Bilanzsummen von drei Geldinstituten müssen als Gradmesser genügen. Die Kreissparkasse, die Stadtsparkasse und die Volksbank gaben zusammengezählt am 31. 12. 1949 die Bilanzsumme (abgerundet) von 9,26 Mio DM an, 1962 war sie auf 89,19 Mio DM angewachsen[149]).

Die Zahlungen aufgrund des Lastenausgleichsgesetzes betrugen vom 1. September 1952 bis zum 31. Dezember 1962 im alten Kreisgebiet insgesamt 71 856 565,10 DM[150]).

Nach der Währungsreform erhielt die Stadt eine »Erstausstattung« von 513 395,– DM, die aus den Isteinnahmen von ⅙ des zweiten Halbjahres 1947 errechnet worden war. Für 1949 wurde eine Gesamtausgabe von 5 483 750,– DM veranschlagt. Für 1962 betrug der Voranschlag 10 624 086,– DM[151]). Die Gesamtschulden betrugen am 31. Dezember 1961 6 991 708,61 DM. Der außerordentliche Haushalt, in dem sich die Investitionstätigkeit der Stadt, für die Darlehen aufgenommen werden mußten, ablesen läßt, wies für 1948 und 49 nur die geringen Summen von 163 214,– und 134 241,– DM aus. Da es noch kaum Darlehens- und Zuschußmöglichkeiten gab, konnten nur Reparaturmaßnahmen in geringem Umfang durchgeführt werden. 1950 stieg der Ansatz auf 1 268 718,– DM an und bewegte sich bis 1957 – mit Ausnahme des Jahres 1954, für das 2 144 144,– DM veranschlagt wurden – zwischen ein und zwei Millionen DM. Zwischen 1958 und 61 lagen die Summen zwischen 2,5 und 3 Millionen DM und stiegen 1962 auf 5 470 304,– DM an. Der Ausbau des IX. Abschnitts der Kanalisation mit 2 100 000,– DM war der Hauptgrund für den starken Anstieg (Anhang 4).

Die von der Kommunalaufsicht des Innenmisteriums festgesetzte »Verschuldungsgrenze«, d. h. der Kapitaldienst für Darlehen der Kommunen, darf nur einen festgesetzten Prozentsatz des ordentlichen Haushalts ausmachen. Der veranschlagte und genehmigte Schuldendienst für das Jahr 1962 betrug 902 387,– DM, das waren rd. 8,5 % des ordentlichen Haushalts. Der Anstieg des außerordentlichen Haushalts 1962 und in den folgenden Jahren war möglich, weil es gelang, Zuschüsse für wichtige Vorhaben von Bund und Land zu erhalten und Mittel aus dem ordentlichen Haushalt bereitzustellen.

Eine Analyse der Haushaltsentwicklung der Stadt in den 17 Jahren ergibt bei den meisten der 10 Haushaltsgruppen eine den anderen Städten des Landes relativ im wesentlichen entsprechende Entwicklung. Sie war aber nicht wie bei anderen Städten gleicher Größe wie z. B. Itzehoe und Rendsburg aus eigener Finanzkraft möglich, da Schleswig wenig Industrie hatte, und die Gewerbesteuer die wichtigste eigene Einnahmequelle war. Schleswig war von Zuschüssen abhängig und diese bedeuteten Einschränkungen der Selbstbestimmung bei manchen Vorhaben, wie der Gestaltung der Schulbauten. Erstaunlich ist, daß die Stadt, ihrer kulturellen Tradition bewußt, im Vergleich zu anderen Städten den relativ höchsten Beitrag für den Kulturetat aufbrachte. Von 0,8 % 1948 über 6,1 % 1954 stieg der Anteil am Gesamthaushalt 1962 – ohne Schulen – auf 8,9 % an.

Für die Finanzkraft der Stadt war auch die Alterspyramide der Bevölkerung von Bedeutung. Wie in den anderen schleswig-holsteinischen Städten, die nicht vom Bombenkrieg betroffen wurden, blieben durch die Umsiedlung viele nicht mehr arbeitsfähige Heimatvertriebene in Schleswig zurück. Da die Stadt als ausgesprochene Dienstleistungsgemeinde schon einen besonders hohen Prozentanteil an Rentnern und Pensionären hatte, war sie besonders ›alt‹.

Die Währungsreform beseitigte noch nicht die Not. Das Sozialamt der Stadt hatte noch lange – und heute wieder – eine bedrückende Fülle von Elend zu lindern. Auch im Wohnungsamt, das in einer Baracke an der Plessenstraße untergebracht wurde – heute steht

Die »Jedermannshäuser« am Drosselweg und die

dort das »Ärztehaus« – , konzentrierte sich die Not in unvorstellbarer Dichte. Die Beamten und Angestellten waren dem Unmut auch der einheimischen Bevölkerung ausgesetzt. Diese hatte eng zusammenrücken müssen. Ihr stand je nach Familiengröße bis zu zwei Zimmer zur Verfügung. Dabei war der Begriff »Zimmer« eine sehr relative Größe. Die Küche mußten sie gemeinsam mit den aufgenommenen Heimatvertriebenen teilen. Es entstanden viele Reibereien in den erzwungenen Wohngemeinschaften. Die Bediensteten des Wohnungsamts waren oft der Verzweiflung nahe, da sie täglich der Prellbock der angestauten Aggressionen waren.

Die schon 1947 sich zaghaft rührenden Bauabsichten von privaten Bauherren und von Wohnungsbaugesellschaften nahmen 1948 konkrete Formen an. Die städtischen Gremien und die Verwaltung mußten aber zunächst Grundstücksfragen klären sowie den Bau von Straßen, Versorgungs- und Entsorgungsleitungen planen und beginnen.

Die sehr kurze Finanzdecke erlaubte nur einen schrittweisen Ausbau eines Straßennetzes mit schmalen wassergebundenen Straßen. Schon am 3. April 1948 konnte das Flensburger Tageblatt berichten, daß die Stadtverordnetenversammlung für »... erhoff-

Gewobablocks an der Königsberger Straße 1958. Fotos: T. C. Städt. Museum.

73

te Bautätigkeit ...« folgende Erschließungsstraßen beschlossen habe: »Am Taterkrug«, »Heisterstraße«, »An der Rennkoppel«, »Dannewerkredder« und »Am Flattenberg«. Die »Heisterstraße« (heute Heisterweg) wurde aber erst später in Angriff genommen, da vorher die Amselstraße verlängert werden mußte. Am 6. Oktober 1949 beschloß der Hauptausschuß die Vergabe folgender Straßen: Schwalbenweg (heute Königsberger Straße), endgültig Heisterweg, Lerchenstraße, Amselstraße (Verlängerung des alten Teils, der von Hindenburgstraße in Amselstraße umbenannt worden war) nach Norden, »Am Stadtfeld« und »Melkstedtdiek«. Die Straßennamen sind bezeichnend. Wie nach dem ersten Weltkrieg hatte man keine militärischen »Heroen«, denen man Straßen widmen konnte. Man wählte neutrale und später dann erst die Namen »verlorener« Städte im Osten.

Die Tiefbauarbeiten mußten schnell ausgeführt werden, da die Wohnungsbaugesellschaften »Arbeiterbauverein«, »Beamten-Wohnungsverein«, »Wobau«, »Wiederaufbau« und vor allem die am 22. Januar 1949 gegründete und am 20. April 1949 ins Vereinsregister beim Amtsgericht Schleswig als »Gemeinschaft mit beschränkter Haftung« eingetragene »Gewoba« (»Gemeinnützige Wohnungsbaugesellschaft Nord EG«) konkrete Planungen hatten[152]).

Die Stadt plante zunächst die Straßennetze in den neuen Stadtteilen Schleswig Nord und Süd. Am 15. Juni 1949 schon hatte sie der Gewoba 6,25 ha am Margarethenwall als Erbpachtgelände zu je 0,04 DM je Quadratmeter zur Verfügung gestellt, und die Baukommission des Kreistages hatte einen Zuschuß für 50 Doppelhäuser genehmigt. Die Aufschließung des Geländes wurde aus Mitteln der »produktiven Arbeitslosenversicherung« finanziert. Schon am 5. Nov. 1949 konnte das Richtfest für die ersten Wohnungen gefeiert werden. 600,– DM durften Eisbein, Korn und Bier kosten. Am 31. Dez. 1950 waren 160 Wohnungen am Margarethenwall bezogen und abgerechnet, im Bau waren dort weitere 32 Wohnungen und 68 am Schwalbenweg. Ein Bericht über die von allen Wohnungsbaugesellschaften und privaten Bauherren entfachte Bautätigkeit würde ein Buch für sich füllen. Die Bilanzsummen der Gesellschaften und der Banken und Sparkassen zeigen deutlich, daß das Baugewerbe entscheidend für den wirtschaftlichen Aufschwung in der Stadt war. So z. B. stiegen die Bilanzsummen der Gewoba von 800000,– DM 1949 auf 27000000,– DM 1962.

Die Stadt förderte auch direkt den Wohnungsbau. Der Hauptausschuß beschloß am 23. Februar 1950 den Bau eines 10-Familienhauses am Schwalbenweg und vergab am 29. Juni den Bau der 15 sehr einfachen »Jedermannshäuser« am Drosselweg. Beide Bauvorhaben wurden noch im gleichen Jahr fertiggestellt[153]). Die Häuser standen noch sehr verloren am langen Schwalbenweg in der Naturlandschaft, in der allerdings Ende 1950 der Bau der ersten dann sehr schnell hochgezogenen Blocks der Gewoba entstanden.

Die neuen Stadtteile Nord und Süd füllten sich in den nächsten Jahren rasant. Es war vorauszusehen, daß das Viertel Süd, das Straßennamen aus der Frühgeschichte Schleswigs erhielt (Dannewerkredder, Waldemarsweg, Thyraweg, Haithabuweg, Erikstraße, Gormweg, Haraldseck, Markgrafenweg), in absehbarer Zeit die Stadtgrenze erreichen würde. Die Stadt mußte daher das Viertel Nord nach Norden und Osten erweitern. Städtebaulich waren die neuen Stadtviertel ein Problem. Anregungen, einen Städteplaner zur Entwicklung eines Gesamtkonzepts heranzuziehen, scheiterten nicht nur an den Kosten sondern auch, weil die Wohnungsnot keine Verzögerung erlaubte. Es fehlten zunächst auch noch größere öffentliche Gebäude, die den wie Pfannkuchen flach in die Landschaft auslaufenden Stadtteilen architektonisch zusammenfassende Akzente geben konnten.

Am Rand des Nordviertels entstanden aber bald drei größere öffentliche Gebäude. Das erste war das Wetteramt. Die Voraussetzung für den Bau in Schleswig war die Bereitstellung eines hochgelegenen Geländes. Am 17. August 1950 beschloß der Magistrat, evtl. die »Ziegenkoppel«, etwa 5—6000 Quadratmeter, auf dem Moränenhügel bereitzustellen. Nach längeren Verhandlungen mit den Meteorologen wurde am 20. September 1950 endgültig entsprechend beschlossen. Der Bauentwurf wurde am 29. Mai 1952 aber erst genehmigt und der mit 260000,— DM veranschlagte Bau bald danach begonnen. Das hochgelegene mit einem Turm versehene Gebäude erhielt im Volksmund den Namen »Wetterkirche«. Ein amüsantes Geplänkel gab es um den Namen der Zufahrtstraße. Die Wetterkundler wollten sie nach einem namhaften Kollegen benannt haben. Bürgermeister Lorenzen schlug den Namen Regenpfeiferweg vor, da der Neubau im »Vogelviertel« lag. Trotz leichter Verstimmungen blieb es bei diesem lustigen Namen. — Ein anderes Gebäude wurde die dänische Hjort-Lorenzenschule am Schwalbenweg, für deren Bau der Magistrat am 2. Februar 1950 »grünes Licht« gab. Am 20. Dez. 1952 wurden Gemeindesaal und Pastorat der Domgemeinde Nord eingeweiht, 1959 kam die Pauluskirche mit dem Turm hinzu.

Da der zunächst für die Stadterweiterung im Norden vorgesehene Baugrund verplant war, die wiedererstehende Garnison Soldatenwohnungen brauchte und die Zahl der privaten Bauinteressenten wuchs, wurde beschlossen, im Osten der Stadt einen neuen Stadtteil, St. Jürgen, zu planen. Der Aufschluß des Geländes begann 1958. Es wurde zunächst ein Straßennetz für 600 Wohnungen angelegt[154]. Der Magistrat beschloß am 24. März 1958 eine Darlehensaufnahme für die »Erschließung des Baugebietes Ost, St. Jürgen — I. Bauabschnitt . . .« Anregungen, für dieses neue Baugebiet eine zentrale Gesamtplanung mit einem Marktplatz auszuschreiben, wurden leider nicht verwirklicht.

In den Jahren 1950—62 wurden 3280 »Wohneinheiten« gebaut. Davon waren nur 733 frei finanziert. Die Bedeutung der »öffentlichen Hand« als Impulsgeber für die Beseitigung der Wohnungsnot und die Belebung der Wirtschaft wird an dieser Zahl deutlich.[155]

Die städtischen Gremien hatten viele Probleme zu lösen, und sie haben dementsprechend auch viele unrealistische Pläne verfolgt, um die Wirtschaftskraft der Stadt zu stärken. Prof. D. Otto Scheel hatte zusammen mit Prof. Dr. Riecke und Reg. Dir. a. D. Dr. Pauly eine Denkschrift über die Verlegung der Landesbibliothek von Kiel nach Schleswig verfaßt. Der Hauptausschuß hat sie auch an die Landesregierung weitergeleitet, er beschloß aber am 5. Febr. 1948, in dieser Angelegenheit keine weiteren Schritte zu unternehmen, da die Stadt keine Räume anbieten könne.

Bürgermeister Böhme hatte das Spielkasino in Lüneburg besichtigt und empfahl dem Hauptausschuß am 31. Mai 1949, die Errichtung eines Kasinos in Schleswig zu betreiben. Das Gremium stellte die Entscheidung bis zum 7. Juni zurück. Der Plan wurde dann aber doch nicht weiter erörtert.

Am 2. März 1950 wurde zum ersten Mal der Bau einer Umgehungsstraße im Hauptausschuß erörtert. Das Straßenbauamt Rendsburg hatte zu einer Vorbesprechung über eine Trasse eingeladen, die westlich der Stadt verlaufen sollte. Die Stadträte sprachen sich gegen eine solche außerhalb der Stadt aus.

Auch die Gasversorgung kam wieder auf die Tagesordnung, da das alte Gaswerk die Versorgung der Bevölkerung nicht mehr gewährleisten konnte. Es war zwischen Ferngas von Kiel oder Ausbau des alten Werkes zu entscheiden. Der Direktor der Stadtwerke, Peter, war gegen den Ausbau. Die Abstimmung im Magistrat am 12. Juni 1950 ergab ein Patt, da der Bürgermeister und Peter sich der Stimme enthielten. Die Entscheidung war damit auf längere Zeit vertagt.

Der Stadtverkehr war mit den klapprigen alten Autobussen der Vorkriegsjahre nicht aufrecht zu erhalten. Der Magistrat beschloß am 3. August 1950 die Anschaffung von drei neuen Fahrzeugen zu je 35 340,— DM. Am 31. August beschloß die Ratsversammlung, den »Rosengarten« an der Moltkestraße für den Neubau des Arbeitsamtes freizugeben.

Der Kampf um die Zuckerfabrik begann auch schon 1950. Der Magistrat erfuhr vom Bürgermeister am 21. Dez., daß die Landesregierung sich angeblich für Kiel als Standort entschieden habe. Es wurde beschlossen, »weiter« für Schleswig als Standort zu arbeiten. Am 11. Januar 1951 erfuhren die Stadträte, daß die Landesregierung sich doch noch nicht entschieden habe, sich also eine Fortsetzung der Bemühungen lohne. Sie beschlossen daher, den Dipl.-Ing. Cobarg, der schon länger gegen eine Aufwandsentschädigung gutachterlich für Schleswig gearbeitet hatte, weiterhin, jetzt allerdings ohne eine Entschädigung, zu beanspruchen.

Es waren 1950 viele Zukunftsprojekte in Angriff genommen worden. Ihre Verwirklichung erforderte große Anstrengungen. Bürgermeister Lorenzen fuhr wiederholt zu Fachministerien in Bonn − der Dienstweg über die Landesregierung war noch nicht streng festgelegt −, und er und die drei Dezernenten waren viel in den Amtsstuben der Landesregierung.

Eine dringende Aufgabe war der Bau einer deutschen Mittelschule. Sie hatte inzwischen 352 Schüler, es konnte in der überfüllten Bugenhagenschule kein geordneter Unterricht bei einem weiteren Anwachsen der Schülerzahl mehr gewährleistet werden. Der Magistrat beschloß daher am 24. Aug. 1950 für einen Neubau an der Spielkoppel einen Bauplatz auszuweisen und gleichzeitig dort auch einen Platz für den Neubau einer Landwirtschaftsschule vorzusehen. Da die Regierung mit Finanzierungszusagen zögerte, wurde 1951 ohne finanzielle Sicherung mit dem Bau des 1. Abschnitts begonnen; er konnte am 15. Okt. 1952 eingeweiht werden. Auch die Landwirtschaftsschule, deren Direktor Dr. Jonas war, konnte 1952 am 5. Nov. eingeweiht werden. Viele Anträge und Verhandlungen mußte Bürgermeister Lorenzen stellen und führen, um die Finanzierung des 1. Bauabschnitts nachträglich und der beiden folgenden Abschnitte vorher zu finanzieren. Der 2. Abschnitt konnte am 24. Februar 1954 eingeweiht werden, und der dritte Abschnitt (an der Michaelisallee) wurde 1955 fertig. Dreimal hatte Stadtbaumeister Beckmann der schwierigen Finanzierung wegen den Bau umplanen müssen. Mit 990 000,− DM wurde es der billigste Schulbau dieser Größe in Schleswig-Holstein.

Die 1950 begonnene Erörterung des Baus einer Umgehungsstraße wurde eine Kleinstadtkomödie. Wie schon erwähnt, hatte die Stadt eine Trasse westlich der Stadtgrenzen abgelehnt. In aller Stille hatten Prof. D. Scheel, Prof. Dr. Riecke und Reg. Dir. i. R. Dr. Pauly in Scheels Arbeitszimmer im v. Günderoth'schen Hof eine Denkschrift gegen die Westumgehung verfaßt und ohne Wissen der städtischen Gremien am 3. 12. 1951 nach Bonn geschickt. Sie befürchteten eine Zerstörung vor- und frühgeschichtlicher Denkmäler. Es wollten viele Bürger mitreden. Die Eltern der Schüler der Bugenhagenschule forderten eine Umgehung des Friedrichsbergs, damit die Kinder nicht auf dem Schulweg gefährdet würden. Sie nahmen damit Stellung gegen Landrat Hagge, der die ganze westliche Seite der Friedrichstraße abreißen lassen wollte, um eine breite Durchfahrt durch die Stadt zu schaffen. Er meinte damit den Einzelhandel zu stärken. Es war die Zeit, in der viele Dänen sich südlich der Grenze mit Südfrüchten, Mandeln u. a. eindeckten. Manche Bürger fragten den Landrat spöttisch, wie groß der Umsatz aus dem Bananenverkauf an dänische Touristen wohl werden könne. Das Bundesverkehrsministerium entschied sich noch nicht mit der ihm angesichts der Finanzlage willkommenen Entschuldigung, daß es nicht entscheiden könne, solange die Schleswiger sich nicht einig wären. Am 4. Febr. 1954 befaßte sich der Magistrat aufgrund der Denkschrift der Professoren und einer Stellungnahme des Stadtbauamtes mit dem Problem, und Anfang März beschloß daraufhin die Ratsversammlung eine »Entschließung« mit folgendem Vorschlag: Eine Trasse um den Friedrichsberg herum an der Schlei entlang mit Einmündung in die Gottorfstraße beim Regierungsgebäude und Weiterleitung des Verkehrs auf der alten Straße über den Gottorfdamm und die Flensburger Straße nach Norden als erster Abschnitt und evtl. als zweiten Abschnitt später Weiterführung von der Gottorfstraße westlich um den Burgsee herum mit Einmündung in die B 76 bei Ruhekrug. Der zweite Teil dieser Entschließung mißfiel verständlicherweise dem Forstmeister Gerhard, weil der Tiergarten durch eine breite Schneise zerteilt worden wäre.

Mit Rücksicht auf die Interessen der Friedrichsberger wurde dann aber für den Bau des zweiten Abschnitts eine Variante vorgeschlagen: Keine Überführung über die Gottorfstraße sondern eine ebenerdige Weiterführung mit einem großen Kreisel, der eine direkte Einleitung des Verkehrs in die Friedrichstraße ermöglichen sollte. Bürgermeister Lorenzen erläuterte Ende Juni 1954 die Schleswiger Vorstellungen in Bonn im Bundesverkehrsministerium. Dort fiel zunächst noch keine Entscheidung. Man ließ den Plan durch eigene Untersuchungen und Planungen langsam reifen. Man entschied sich schließlich für die heutige Trasse und für den Bau des ersten Abschnitts mit der Brücke über die Gottorfstraße mit der jetzigen Abfahrt vor dem Schloß und den zweiten Abschnitt westlich um den Burgsee und durch die schmalste Stelle des westlichen Teils des Tiergartens und einer neuen Trasse der B 76 bis nördlich von Idstedt. Mitte Dez. 1957 wurde mit dem Bau des ersten Abschnitts begonnen. 1959 wurden für die »Umgehungstraßenverdrängten«

Die Realschule (Mittelschule) an der Michaelisallee.   Foto: T. C. Städt. Museum.

16 Wohnungen zwischen der Friedrichstraße und dem Kapaunenberg gebaut. Der Bau der Straße verlief nicht ohne Komplikationen. Am sumpfigen Ufer der Schlei mußten große Ausspülungen und Auffüllungen vorgenommen werden, und Anfang Febr. stürzte nachts die gerade betonierte Überführungsbrücke über die B 76 bei Busdorf ein. Die ölbeheizte Verschalung war in Brand geraten. Menschen kamen glücklicherweise nicht zu Schaden. Am 21. Sept. 1961 bestand die Überführungsbrücke über die Gottorfstraße mit zehn Bundeswehrpanzern die Belastungsprobe. Am 24. Okt. 1961 konnte Bürgermeister Dr. Kugler am Gottorfer Knoten das obligatorische Eröffnungsband durchschneiden. Die Arbeiten am zweiten Bauabschnitt waren schon begonnen. Der Bau der Straße war der entscheidendste Eingriff in die Stadtlandschaft. Rückblickend muß festgestellt werden, daß die Verzögerungen gut waren. Die gewählte Trasse war noch die schonendste Lösung. Ohne den Bau wäre bei dem rapiden Anwachsen der Kraftfahrzeuge eine unvorstellbare Verkehrssituation entstanden.

Die finanzschwache Stadt mußte sich um die Ansiedlung von Industiebetrieben bemühen, um Arbeitsplätze zu schaffen und das Gewerbesteueraufkommen zu verbessern. Die in Baracken an der Königsstraße untergebrachte ESWIG, die Ultraschallgeräte her-

Die Umgehungsstraße, Schleswig Mitte, 1962.   *Foto: T.C. Städt. Museum.*

78

stellte, die Haarhutfabrik im Kreuzstall auf der Schloßinsel und einige andere kleinere Betriebe konnten sich nur wenige Jahre in der Stadt halten. Der erste auf solider Grundlage gegründete Betrieb war die »Kartoffelverwertungs A. G.«. Am 11. Aug. 1949 nahm der Hauptausschuß davon Kenntnis, daß die Herren Klinker, Ülsby und Stoltenburg die Stadt informiert hatten, daß sie von der Landesheilanstalt 5 ha an der Straße nach Kappeln für eine Spritfabrik erwerben möchten, das Krankenhaus dafür aber ein Austauschgelände auf der Westseite der Straße haben wolle, das sich im Eigentum der Stadt befand. Am 25. August erklärte der Hauptausschuß sich zur Abtretung dieses Geländes bereit. Schnell und unbürokratisch wurde die Grundstücksfrage geklärt, und die Schleswiger Nachrichten konnten schon am 12. Mai 1950 berichten, daß mit dem Bau der Fabrik begonnen worden sei. Am 15. Aug. 1950 fand der »Probelauf« statt.

Der »Kampf« um die Zuckerfabrik verschärfte sich 1951. Um sachliche Argumente für die Vertretung der Interessen der Stadt zu erhalten, beschloß der Magistrat, den Dipl. Ing. Begehr gegen eine Aufwandsentschädigung zu beschäftigen. Begehr war ein Fachmann. Er hatte in Brasilien und »Mitteldeutschland« Erfahrungen in der Zuckerindustrie sammeln können. Schleswigs Hauptgegner waren Bauern und Gutsbesitzer in Osthol-

Die »Spritfabrik« 1958.   *Foto: T.C. Städt. Museum.*

79

stein, die einen Standort in Kiel an der Schwentine wünschten, um möglichst kurze An-
fahrtswege zu haben. Begehr erarbeitete für den Bau einer Zuckerfabrik in Schleswig einen Kostenvoranschlag in Höhe von 4226750,− DM[156]).

Nach seinen Sondierungen des in Kiel vorgesehenen Geländes kam er zu dem Ergebnis, daß der Bau in Schleswig kostengünstiger sein würde. Die Gegner Schleswigs blieben
nicht untätig, sie wurden im Bundesverkehrsministerium vorstellig. Nach Aussagen des
Bundestagsabgeordneten und Landrats Johannes Hagge hatten sie dort nur eine Bundes-
bahnfrachtkostenberechnung für die Strecke Kiel−Rendsburg−Schleswig vorgelegt, die
kürzere Strecke Kiel−Eckernförde−Süderbrarup−Schleswig aber nicht erwähnt. Landrat Hagge und Bürgermeister Lorenzen reisten daraufhin nach Bonn, wo sie im Bundes-
wirtschaftsministerium, im Ministerium für gesamtdeutsche Fragen und bei etlichen
Bundestagsabgeordneten für Schleswig warben. Der Bürgermeister informierte den Magistrat am 11. Juli 1951 über die Reise. In den Bonner Gesprächen haben die beiden Ab-
gesandten die schlechte Wirtschaftssituation im Grenzland besonders betont. MdL Jürgen Klinker »... kämpfte wie ein Löwe für Schleswig als Standort«, berichteten die
Schleswiger Nachrichten am 16. Sept. 1951. Sie berichteten am 19. Nov. 1951, daß er zur

Die Zuckerfabrik 1958.   *Foto: T. C. Städt. Museum.*

Zeichnung von Aktien für die Schleswiger Fabrik auffordere und gegen Kiel auch angeführt habe: »... die grenzpolitische Frage muß den Vorrang haben.« Die Schleswiger
»trommelten« intensiv weiter. Als Ministerpräsident Fr. Wilhelm Lübke am 25. Febr.
1952 der Stadt einen offiziellen Besuch abstattete, machte Bürgermeister Lorenzen die
Zuckerfabrik zu einem Hauptthema. Seine Zähigkeit wurde vom Gast laut Bericht der
Schleswiger Nachrichten vom 27. Febr. 1952 mit der Abschlußbemerkung gewürdigt:
»Die Stadt habe in ihrem Bürgermeister sich den besten Anwalt für ihre Anliegen gewählt.« Die Stadt arbeitete voraus. Der Magistrat beauftragte das Stadtbauamt mit der
Planung und Kostenberechnung für die Straße zu dem vorgesehenen Gelände östlich der
Kasernen auf der Freiheit. Durch Landrat Hagge erfuhr der Magistrat am 21. Aug. 1952,
daß das Bundeskabinett nicht vor Sept. die Entscheidung treffen werde. Ein neuer Gegner einer Zuckerfabrik in Schleswig-Holstein wurde die niedersächsische Zuckerindustrie. Sie behauptete, daß Schleswig-Holstein als Anbaugebiet für Zuckerrüben ungeeignet sei: Der Zuckergehalt der Rüben würde hier zu niedrig und eine Fabrik daher auf
Dauer nicht »lebensfähig« sein[157]. Die Entscheidung fiel schließlich für Schleswig. Die
Bauarbeiten begannen zügig. Am 1. Mai 1953 zog die Verwaltung der »Schleswig-Hol-
steinischen-Zucker A. G.« in die Flugzeughalle auf der Freiheit ein. Schon am 1. Nov.
des Jahres begann die erste »Kampagne«.

Viele Jahre wurde die Lösung der Krankenhaussituation die schwierigste Aufgabe der
Gremien und der Verwaltung. Die Stadt war Trägerin des Krankenhauses und der Berufsschule am Domziegelhof, zweier Einrichtungen, die sie auch für die Kreisbevölke-
rung »vorhielt«. Beide waren räumlich völlig unzureichend. Es war vorauszusehen, daß
künftig für beide große Investitionen nötig werden würden. Die Stadt strebte daher eine
Übergabe der Berufsschule an den Kreis an. Zunächst aber galt es, die Raumsituation
des Krankenhauses vorübergehend zu verbessern. Die Stadt überließ dem Kreis die Nutzung des früheren Reservelazaretts II im Tiergarten und erhielt dafür die großen alten
Gebäude zwischen der Flensburger Straße und dem Hesterberg. Die innere Abteilung,
die Gynäkologie unter Prof. Dr. Jacobi und die Osteologie unter Prof. Dr. Küntscher erhielten dort wesentlich mehr, allerdings betrieblich ungünstigen, Raum. Jacobi und
Küntscher waren zwei Kapazitäten, die auf Dauer in Schleswig nicht zu halten waren. Jacobi ging schon am 1. Aug. 1951 nach Essen. Er nahm übrigens die knappen Radiumbe-
stände mit und erklärte sich erst nach langen Bemühungen der Stadt im Mai 1952 zur
Rückgabe bereit.[158] Küntscher war durch seine Knochennagelungen eine internationale
Kapazität geworden. Der Magistrat war sich darüber klar, daß er nicht in Schleswig zu
halten war, zumal, da man ihn nicht zum Chefarzt des Gesamtkrankenhauses wählen
wollte, weil er ganz auf Osteologie spezialisiert und vor allem auf Forschungsaufgaben
ausgerichtet war.[159] Der Magistrat entschied sich für Dr. Timmermann als Chefarzt.
Küntscher blieb dennoch bis April 1957 in Schleswig, er wurde dann Direktor des Hafen-
krankenhauses in Hamburg.

Das Krankenhaus war für die Stadt noch kein sie finanziell stark belastender Betrieb.
Der Tagespflegesatz von 7,– DM wurde im Dez. 1951 auf 7,40 DM und 7 % »Teuerungs-
zuschlag« erhöht. Dieser Betrag war allerdings nicht wie heute der Durchschnittsbetrag
für alle Leistungen. Die Ausstattung an Geräten und Räumen war noch sehr primitiv.

1954 kam es nach langen Verhandlungen zwischen Stadt und Kreis zu einer Einigung
über die Berufsschule; sie wurde vom Kreis übernommen, der nach dem Entwurf von
Kreisbaumeister Ruge an der Flensburger Straße die neue Kreisberufsschule baute, die
am 29. Sept. 1959 eingeweiht wurde. Die Stadt blieb zunächst Träger des Krankenhauses, an dessen Unterschuß der Kreis sich auf drei Jahre mit 50 % langsam absinkend be-
teiligen sollte. Es zeigte sich aber bald, daß auch diese Lösung für die Stadt nicht lange finanziell tragbar sein konnte. Die beiden weit auseinanderliegenden Altbaukomplexe,

die ständige Weiterentwicklung des Instrumentariums sowie die steigenden Lohntarife machten die Planung eines rationellen zentralen Krankenhausbaus erforderlich. Der Magistrat beschloß daher am 31. März 1955, den Architekten Sieglitz mit dem Vorentwurf für ein »Bettenhaus« mit 410 Betten auf dem Grundstück des alten Krankenhauses mit Anbindung an dieses zu beauftragen. In der Stadt und im Kreis hätte man den Neubau eines Krankenhauses am Stadtrand in einem verkehrsruhigen Gebiet mit genügendem Platz für Parkplätze und einem Krankenhauspark vorgezogen, das wurde aber nicht möglich, da Zuschüsse des Landes nur unter der Voraussetzung in Aussicht gestellt wurden, daß das alte Krankenhausgebäude zum Funktionshaus umgebaut würde. Man glaubte dadurch Mittel einsparen zu können. Der Neubau erforderte eine lange Planungszeit. Die schnelle Verwirklichung wurde 1958 dringend, da das Land die Rückgabe der Gebäude am Hesterberg forderte. Der Kostenvoranschlag betrug 7 350 000,– DM. Trotz in Aussicht gestellter hoher Zuschüsse des Landes hätte die Stadt einen untragbaren Eigenanteil aufbringen müssen. In langen Verhandlungen wurde der Entwurf für einen Krankenhaus-Zweckverband zwischen dem Kreis und der Stadt Schleswig erarbeitet. Der Magistrat stimmte diesem am 11. Sept. 1958 zu, damit der Bau 1960 angefangen werden konnte. Der Zweckverband übernahm am 1. April 1959 das Krankenhaus. Zweckverbände entwickeln eine eigene ›Entscheidungsautomatik‹, da ihr aus Vertretern der Vertragspartner zusammengesetztes Beschlußgremium – in diesem Falle des Kreises und der Stadt –, oft schnelle Beschlüsse fassen muß, die die parlamentarischen Gremien in Zugzwang bringen.

Sieglitz legte seine Planungen und endgültigen Kostenberechnungen im Sept. 1959 vor. Sein Richtpreis je Bett betrug 18 000–18 500 DM. Er gab eine Bauzeit von 2 Jahren an. Die Ratsversammlung stimmte Ende Sept. 1959 einstimmig seiner Vorlage zu, und der Beschluß des Kreistages erfolgte Anfang Januar 1960. Von der Gesamtsumme von 7 350 000 DM hatten Stadt und Kreis je 3 675 000 DM zu tragen, zu denen die Stadt vom Land einen Zuschuß von 1 800 000 DM und der Kreis 1 650 000 DM erhielten. Während das »Bettenhaus« hochwuchs, stellte es sich heraus, daß das alte Krankenhaus als Funktionshaus nicht rationell auszubauen war. Es wurde daher am 13. Oktober 1961 von der Ratsversammlung der Bau eines neuen Funktionshauses mit veranschlagten 3,5 Millionen DM auf der Stelle des alten Krankenhauses beschlossen. Das »Bettenhaus« war inzwischen schon als Rohbau so weit hochgewachsen, daß im Nov. das Richtfest stattfinden konnte.

Die Gasversorgung blieb bis 1953 ein immer wieder die Gremien beschäftigendes Problem. Das alte 1857 erbaute Gaswerk auf der Halbinsel des ehemaligen »Alten Gartens«, das nur notdürftig wiederholt ergänzt worden war, konnte die Stadt nicht mehr ausreichend versorgen. Alle Parteien waren sich darüber einig, daß eine grundsätzliche Änderung erforderlich war. Die Alternative, Erneuerung des alten Werkes oder Ferngasversorgung von Kiel, erregte die Gemüter. Die Gegner der Ferngasversorgung in der Ratsversammlung erhielten heftige Schützenhilfe von Landrat Hagge. Am 5. Januar 1953 fand in der Ratsversammlung die entscheidende große »Gasdebatte« statt. Grundlage waren detaillierte Kostenberechnungen: Der Umbau des alten Gaswerkes würde danach zu einem Kubikmeterpreis von 16,5 Dpfg., Ferngas dagegen nur zu einem Preis von 13–14 Dpfg. führen. Mit einer Gegenstimme wurde beschlossen, mit der Stadt Kiel einen Vertrag über die Lieferung von Gas abzuschließen. Der Bau der Leitung von Kiel erfolgte zügig, und Bürgermeister Lorenzen konnte schon am 10. Dez. 1953 das Ventil der Ferngasleitung öffnen.

Besondere Erwähnung verdient auch der Umbau des Stadttheaters. Der alte von dem Gastwirt Nissen 1892 eröffnete Saalbau am Lollfuß war 1937 nur »kosmetisch« verbessert worden. Da er auch für Tanzveranstaltungen gebraucht wurde, war das alte Gestühl auf

*Das alte Gaswerk
von der Umgehungs-
straße aus.
Foto: T. C.*

*Bürgermeister
Lorenzen
öffnet das Ventil
für die
Ferngasleitung.
Links
Bürgervorsteher
Dr. Carl Wehn.
Repro: T. C.,
Städt. Museum*

knarrenden Podesten befestigt worden, die auf drei Stufen von vielen Plätzen aus eine schlechte Sicht auf die Bühne gewährten. Die Akustik war schlecht, und die veraltete Bühnentechnik wirkte sich nachteilig auf alle Inszenierungen aus. Es war ein lange gehegter Wunschtraum von Bürgermeister Lorenzen und Franz Grell, dem Theater einen besseren Rahmen zu schaffen. Im Frühjahr 1953 erteilte Lorenzen Stadtbaumeister Beckmann den Auftrag, die Vorentwürfe für eine »generelle« und eine »kleine Lösung« zu erarbeiten. Am 11. Dez. 1953 unterbreitete Beckmann dem Kulturausschuß die Vorentwürfe für die beiden Varianten.[160]) Der Ausschuß empfahl die grundsätzliche Lösung und beauftragte Beckmann für diesen genauere Kostenvoranschläge zu erarbeiten. Am 20. Dez. 1954 legte er einen Plan dafür vor. Ihm wurde grundsätzlich zugestimmt mit der Auflage, daß die Bausumme 350 000 DM nicht überschreiten dürfe.[161]) Es war die letzte große Freude Lorenzens kurz vor seinem Tod, daß Magistrat und Ratsversammlung der großen Lösung zustimmten. 347 000 DM sollte nach Beckmanns Berechnung der Umbau kosten. Ihm wurden feste Termine gesetzt: Baubeginn am 29. April nach der letzten Vorstellung der Spielzeit, Fertigstellung am 15. September 1955 zur ersten Premiere der neuen Spielzeit. Es wurde für Beckmann und mich eine aufregende Zeit, in der wir nur wenig Schlaf bekamen. Der Plan war noch nicht ausgereift. Wir fuhren daher im April 1955 zu den »Darmstädter Gesprächen«, die mit einer Ausstellung von Modellen neuer Theaterbauten verbunden war, um Anregungen zu bekommen. Wir standen vor Millionenprojekten. Beckmann fand aber die Bestätigung der Richtigkeit seines Entwurfs. Dieser sah einen eiförmigen Saal mit bis zu 6 m stufenlos ansteigender Bodenwanne für das Gestühl, eine im Dachgestühl aufgehängte Decke und einen umlaufenden Wandelgang vor. Am Tag nach der letzten Premiere begann die »Entkernung« des Gebäudes, und nach wenigen Tagen war der alte Saal nur noch ein großes dunkles Loch vom Kellerboden bis zum Dachgebälk. Probebohrungen unter dem Kellerboden erbrachten eine böse Überraschung. Es stellte sich heraus, daß die Wände des Hauses und einfache Stützen vom Kellerboden aus die große Bodenwanne nicht tragen konnten. Vor dem Baubeginn mußten daher viele Betonpfeiler tief in den moorigen Untergrund gegossen werden. Der Baubeginn verzögerte sich dadurch um 3 Wochen. Dann wurde in zwei Schichten gearbeitet. Der Wettlauf mit der Zeit kann hier nicht weiter erzählt werden. Das alte Gebäude brachte immer wieder neue Überraschungen, die Umplanungen und neue Kalkulationen erforderten. Die fiktive Bausumme von 347 000 DM konnte nicht gehalten werden. Die Endabrechnung betrug 387 235 DM. Davon wurden 297 000 DM durch ein Darlehen der Stadtsparkasse finanziert.

Während die letzten Maler und Monteure durch den Hinterausgang das Haus verließen, kamen am 23. Sept. 1955 die Besucher der Eröffnungspremiere mit Shakespeares »Wie es Euch gefällt« in der Fassung von Prof. Hans Rothe durch den Vordereingang hinein. Das Ensemble hatte im Saal des Hotels »Skandia« geprobt und hatte keine Probe im neuen Haus machen können. Bei der Premiere »saß« kein Beleuchtungseffekt richtig und in der Intendantenloge hörte man deutlich die Souffleuse. Die Schleswiger Nachrichten konnten dennoch am 24. Sept. berichten, daß das Publikum mit stürmischem Beifall dankte.

Kulturelle Institutionen und Bestrebungen der Stadt

Das Stadtarchiv gehört sowohl zu den kulturellen Institutionen als auch zur allgemeinen Verwaltung der Stadt. Es bewahrt historische Zeugnisse der Geschichte der Stadt und macht sie Wissenschaftlern für ihre Arbeit zugänglich, es muß aber auch die riesige Fülle der laufend produzierten Akten der Verwaltung sichten und registrieren sowie sie

z. B. zur Klärung von Grundstücks- und Personalfragen bereitstellen. Das Archiv blieb während der Berichtszeit ein ›Stiefkind‹ der Stadt, für das wenig getan wurde. Der treue Stadtobersekretär Ernst Christian Petersen hat es nach seiner Pensionierung unter primitivsten Umständen im Haus Langestraße 37 betreut.[161a]

Von der englischen Lesehalle zur »Deutschen Brücke«.[162] Die drei westlichen Besatzungsmächte haben bald nach der Kapitulation bei vielen Gelegenheiten die Notwendigkeit einer »reeducation« der Deutschen betont.[163] In der britischen Besatzungszone fand diese Absicht in den schon erwähnten »Richtlinien der Militärregierung ...« ihren Ausdruck. In diesen wurde Lucius D. Clay zitiert Seite 79, der schon bald nach der Kapitulation erklärt habe, daß es gelte »... das Denken des deutschen Volkes umzuwandeln«.

Dem Aufbau demokratischer Organe sollte die Erwachsenenbildung die geistige Grundlage schaffen. Das geschah auf zwei Geleisen. Das eine war die »Erwachsenenbildungsarbeit« durch die deutschen Behörden unter britischer Aufsicht, das andere war rein britisch: Die Briten gründeten von ihnen selbst verwaltete »Lesehallen«, die später in »English Centers« umbenannt wurden.

Am 31. August 1946 wurde im Haus Stadtweg 17, in den Verkaufsräumen des Schuhhauses Küster, die britische Lesehalle eröffnet. Küster mußte sich mit dem kleinen daneben liegenden ehemaligen Zigarrenladen begnügen. Der Tischlermeister Ernst Beck hatte für 1600 RM das Inventar gefertigt. Zur Eröffnung waren Vertreter aller Parteien eingeladen. Den Besuchern standen englische Zeitungen und eine laufend erweiterte englische Bibliothek zur Verfügung. Die Stadt mußte deutsche Zeitungen beisteuern. In den Wintermonaten war die Lesehalle stark besucht. Im Januar 1948 wurden 9755 Besucher gezählt. Zeitungen, Bücher und englische Filme waren sicher nicht der Hauptgrund, denn schließlich konnten nur wenige Schleswiger genügend Englisch; die gut geheizten Räume, die es in kaum einer Wohnung gab, waren sicherlich entscheidend.

1948 erhielt die Lesehalle den Namen »Die Brücke. British Information Center«, und die Aufgabe wurde nicht mehr als »reeducation« bezeichnet. Die Bevölkerung sollte jetzt nur noch »... mit den englischen Verhältnissen und Lebensgewohnheiten vertraut ...« gemacht werden. Die weltpolitische Lage hatte sich geändert.

Küster drängte die Stadtverwaltung, andere Räume für die »Brücke« ausfindig zu machen, da er sein Geschäft in dem kleinen Raum nicht entwickeln konnte. Auf Anregung von Stadtsyndicus Dr. Furbach[164] entschied sich der Finanzausschuß der britischen Militärverwaltung in Kiel am 29. 12. 1948 dafür, die Räume der Schleswig-Holsteinischen und Westbank, Stadtweg 26, anzumieten. Der Umzug erfolgte im August 1949. Die später arg verunstaltete Fassade stand damals noch in ihrer Jugendstilpracht.

Die »Brücke«, wie das Institut von den Einwohnern nur genannt wurde, war eine Filiale des »British Center« in Flensburg, dessen jeweilige Leiter das deutsche Personal in Schleswig, Herrn Schmidtkonz und die Damen Buske und Lehmann, streng beaufsichtigten. Da die Briten die ursprüngliche Konzeption der »Umerziehung« in »Information« geändert hatten – im Hintergrund war aber immer noch die alte Absicht vorhanden –, fanden auch viele deutsche kulturelle Veranstaltungen in den neuen Räumen statt. So z. B. konnten die in Schleswig lebenden Maler Schwarz-Markwart und Dr. W. Hansen ihre Bilder ausstellen, Kammermusikkreise spielen, und das aus Schauspielern und Schauspielerinnen des aufgelösten Renaissancetheaters gebildete »Zimmertheater« brachte neueste Theaterliteratur wie z. B. Sartres »Geschlossene Gesellschaft«. Selbstverständlich aber war weiterhin die Information über Großbritannien der Schwerpunkt der Arbeit. Viele Filme und Vorträge über britische Verwaltung, Kultur und Geschichte gehörten ständig zum Programm.

Nach der ersten Revision des Besatzungsstatuts am 6. März 1951 und der Beendigung des Kriegszustandes am 9. Juli 1951 lösten die Briten einige der »English Centers« auf. Schon im Februar des Jahres stellte der britische Residenzoffizier, Oberst Daniell, Bürgermeister Lorenzen in Aussicht, daß die gesamte Einrichtung der »Brücke« der Stadt übereignet werden könne. Mir wurde der Auftrag erteilt, Vorschläge für die Nutzung der Räume zu machen, und mit der Bank Verhandlungen über die Anmietung der Räume oder Ankauf des ganzen Hauses zu führen. Die Nutzung war leicht zu planen. Die Aufgabe sollte, wie der Bürgermeister am 22. März Mr. Daniell schrieb, »Sammelstelle der hiesigen Kulturarbeit« sein. Der Lesesaal sollte tagsüber weiterhin der Bevölkerung zur Verfügung stehen und den Fahrschülern als Warteraum dienen. Abends dann sollten alle Räume der Volkshochschule und allen deutschen kulturellen Vereinen zur Verfügung stehen.

Eine schnelle Aufbringung der Mittel für den Betrieb, die Anmietung oder den Ankauf des Gebäudes war bei der schwierigen Finanzsituation der Stadt nicht möglich. Die monatlichen Kosten bei einer Anmietung der Räume waren von mir mit 947 DM berechnet worden. Anträge auf einen Zuschuß des Kulturministeriums waren gestellt, aber nicht positiv beantwortet worden. Die Mittel für den Ankauf des Hauses, etwa 270 000 DM, waren von der Stadt nicht aufzubringen.

Am 25. Juli 1951 forderte Mr. Daniell eine schnelle Entscheidung der Stadt. Ohne Sicherung der Finanzierung beschloß der Magistrat am 9. August, Daniell die Bereitschaft zur Übernahme zu erklären und in den Mietvertrag mit der Bank einzutreten. Die Ratsversammlung beschloß am 14.Sept. die Garantie für die ungeklärte Finanzierung zu übernehmen. Der Beschluß erfolgte einstimmig. Svend Johannsen erklärte für die SSW-Fraktion, daß, da die dänische Bevölkerung für ihre Kulturarbeit »Slesvighus« habe, es nur recht und billig sei, daß auch ein Kulturzentrum für die deutsche Bevölkerung geschaffen werde.

Am 1. Oktober 1951 erfolgte in einer bescheidenen Feierstunde die Übergabe der Räume und des Inventars durch Oberst Daniell. Am 11. Oktober beschloß der Magistrat, diesem »Zentrum der deutschen Kulturarbeit« den Namen »Deutsche Brücke« zu geben. Sie sollte Möglichkeiten zum Brückenschlag zwischen Menschen geben. Sie hat diese Funktion bis zum Umzug ins Marthahaus 1962 erfüllt. Es herrschte von morgens bis in die späten Abendstunden reges Leben in allen Räumen. Da es für bildende Künstler wenig Ausstellungsmöglichkeiten gab, haben wir im Lesesaal laufend Kunstausstellungen improvisiert.

Die Vorsitzenden aller deutschen Kulturarbeit betreibenden Vereine und Institutionen trafen sich dreimal im Jahr als »Arbeitsgemeinschaft Deutsche Brücke« um ihre Programme abzustimmen, gemeinsame Veranstaltungen zu planen und den »Kulturkalender« aufzustellen. Ein Unterausschuß des Städtischen Kulturausschusses vertrat die Belange der neuen Einrichtung in der Ratsversammlung.

Am 19. Februar 1953 teilte der Leiter der noch bestehenden englischen Brücke in Flensburg mit, daß die Bibliothek und das Inventar der Stadt geschenkt würden. Zwei Angestellte der Flensburger »Brücke« haben dann zwei Tage hindurch alle Bücher mit einem Schenkungsstempel versehen. Zwei Tage später haben wir dann die vielen zerlesenen Bücher an einen Altpapierhändler gegeben und wertvollere Sachbücher an die Schleswiger Schulen verschenkt. Das Inventar hatten die Briten der Stadt aber gar nicht schenken können. Es ging in den Besitz der Bundesvermögensverwaltung über, die es der Stadt dann nach Verhandlungen als Dauerleihgabe überließ. 1964 wurde es als verbraucht abgeschrieben.

Die Volkshochschule. Am 4. Dezember 1945 teilte der Oberpräsident den Landräten und Oberbürgermeistern mit, daß die Militärregierung angeordnet habe, die »Erwachsenenbildungsarbeit . . . sobald als möglich . .« wiederaufzunehmen. Dazu sollten »Ausschüsse für Erwachsenenbildungsarbeit« gebildet werden.[165] In dem Erlaß hieß es: »Aufgabe dieser Ausschüsse ist die Organisation und Leitung der gesamten Erwachsenenbildung«. Alle Kosten sollten die Kreise übernehmen. Die Militärregierung nahm offiziell ». . . davon Abstand, besondere Richtlinien für die deutsche Erwachsenenbildung herauszugeben«. Das klang liberaler als es in der Praxis war, denn die Militärregierung behielt sich die Genehmigung der für die Ausschüsse benannten Personen sowie die Kontrolle der Arbeit und deren Fortgang vor.

Es dauerte einige Zeit, ehe der Kreis der Forderung nachkam. Es war der unermüdliche Franz Grell, der im Kreis aktiv wurde. Er konnte am 11. Dez. 1946 mitteilen, daß die »Kommission für Kultur- und Bildungswesen« die Bildung eines Volkshochschulvereins beschlossen habe. Alle politischen Parteien, die Kirchen, die Gewerkschaften, der Freie Kulturbund und die Stadt Schleswig sollten im Vorstand vertreten sein. Erster Vorsitzender des Vereins wurde Stadtrat Christian Firjahn und Leiter der Kreisvolkshochschule der Stud. Rt. Dr. Hermann Schmidt. Erst im Sommer 1947 konnte das erste Trimester durchgeführt werden.

Eine Konzeption für die Erwachsenenbildung gab es zunächst noch nicht. Erst am 6. April 1948 wurden vom Landesminister Kuklinski vom »Ministerium für Volksbildung« in einem Erlaß die Aufgaben umrissen: ». . . dem erwachsenen, im Beruf stehenden Menschen zu helfen, sein eigenes Wesen zu erkennen, sich zu einer bewußt lebenden Persönlichkeit zu entfalten, und seine Stellung und Verpflichtung der Gesellschaft und dem Staate gegenüber zu erkennen . . .« Nur bei Erfüllung dieser Aufgaben wurden Zuschüsse in Aussicht gestellt. Umschulungskurse, Sprachkurse usw. sollten nicht angeboten werden. Diese ›hehren‹ Grundsätze ließen sich in den Volkshochschulen kaum durchsetzen.

Der Lehrplan der Volkshochschule für das Sommertrimester 1948 zeigte schon, daß die politischen Bildungsabsichten wenig Erfolg hatten. Physik, Tier- und Pflanzenzüchtung, das russische Geistesleben im 19. und 20. Jahrhundert, schleswig-holsteinische Geschichte, von Marianne und Henry Friedag in ihrer Buchhandlung 14-tägig durchgeführte Abende »Für Bücherfreunde und Leseratten« fanden einigen Anklang. Dr. Schmidt stellte in einem Bericht vom 1. Mai 1948 fest, daß es schwer sei, die Menschen an ». . offenes Gespräch . .« zu gewöhnen und daß politische Themata keine Hörer fanden.

Am 17. Sept. 1949 wurde für die Stadt ein eigener Volkshochschulverein gegründet. Die Geschäftsstelle wurde im Haus Lutherstraße 12 untergebracht. Erster Vorsitzender und Geschäftsführer wurde Herr Schaarschmidt, zweiter Vorsitzender Johs. Steiner, Schriftführer W. Bauersachse, Kassierer K. H. Zühlsdorff. Dazu wurde ein Kuratorium aus vielen Personen des öffentlichen Lebens gebildet.[166] Der Verein mußte mit ganz geringen Zuschüssen arbeiten. Schaarschmidt, der ein befähigter Musikpädagoge war, hatte wenig Sinn für Geschäftsführung. Herr Schlender, der von Zühlsdorff das Amt des Kassierers übernommen hatte, legte das Amt am 17. 12. 1951 nieder, da er trotz wiederholter Bitten keine Unterlagen erhalten hatte. Es kam danach zu vielen Schwierigkeiten in der Organisation. Da die Stadt den Hauptzuschuß bezahlte, wurde ich beauftragt, finanziell und organisatorisch eine bessere Grundlage zu schaffen. Das geschah gegen den Widerstand Schaarschmidts, der jede Einmischung der Stadt zu verhindern suchte. Es gelang, mit Zuschüssen des Landes und der Stadt einen Jahreshaushalt von 14500 DM zu sichern.

1953 kam es wiederholt zu Auseinandersetzungen. Der Friedrichsberger Bürgerverein, die S-H-Landeszeitung, der Leiter der Laienspielgruppe und die ÖTV griffen die Arbeit Schaarschmidts scharf an. Dieser hatte zur Abwehr einen neuen Vorstand mit Oberlandesgerichtsrat Wittich als erstem Vorsitzenden gebildet.

Bürgermeister Lorenzen drängte aber darauf, die Volkshochschule neu zu organisieren. Auf Druck der Stadt beschloß der Verein eine neue Satzung, die am 11. Jan. 1954 beschlossen wurde. In dieser wurde der Vorstand um einen Vertreter des städtischen Kulturausschusses, den jeweiligen Kulturreferenten und 3 Vertreter der Dozenten und Hörer erweitert. Problematisch war die Bestimmung, daß über den vom Leiter erarbeiteten Lehrplan der Vorstand entscheiden sollte. Das war ein harter Eingriff in die Kompetenz des Leiters, der sich heftig wehrte. Der Vorstand trennte sich von ihm.

Die Leitung übernahm gegen ein geringes Entgelt Dr. Wolfgang Laur, der als Heimatvertriebener die von dem im Krieg gefallenen Dr. Broder Grant begonnene Orts- und Flurnamenforschung aufgenommen hatte. Da er durch seine wissenschaftliche Arbeit stark beansprucht war, übernahm Stadtrat Karl Tretow die Geschäftsführung und Frl. Edit Sill das Rechnungswesen.

In der Zeit Dr. Laurs entwickelte sich die Volkshochschule stetig. Es zeigte sich aber, daß die Forderungen des Kultusministeriums und des Volkshochschulverbandes, politische Bildung zum Schwerpunkt zu machen, trotz vieler Anstrengungen nicht realistisch waren. Die Parteien, Zeitschriften, Zeitungen, Radio und zunehmend das Fernsehen gaben den Bürgern eine Fülle von Informationsmöglichkeiten, die sie, immer bequemer werdend, ohne den Weg zur Volkshochschule nutzen konnten. Mehr und mehr lockerte sich die starre politische Auffassung der Aufgabe. Die Erweiterung der Allgemeinbildung, der Sprachkenntnisse sowie die Anregungen zu sinnvoller Freizeitgestaltung wurden anerkannte Arbeitsgebiete. Als Dr. Laur am 30. April 1962 die Leitung aufgeben mußte, da er als wissenschaftlicher Mitarbeiter am Landesarchiv angestellt wurde, war die Volkshochschule ein fester, nicht mehr wegzudenkender Faktor des kulturellen Lebens in der Stadt geworden. Die Besucherzahlen waren stark angestiegen, obwohl damals gemeinsame Veranstaltungen mit anderen Vereinen nicht mitgezählt wurden.

Nach dem Ausscheiden Schaarschmidts war Stadtrat Dr. Otto Beske erster Vorsitzender geworden. Als er wegen vieler anderer Verpflichtungen das Amt abgeben mußte, wurde RA Otto von Wahl sein Nachfolger. Bürgermeister Dr. Kugler war für eine Kommunalisierung und ließ durch mich Auskünfte aus Städten mit kommunalen Volkshochschulen einholen. Diese waren zwiespältig. Es blieb bei der Vereinsform, da diese eine größere Beweglichkeit zu gewähren schien.

Da Stadtrat Karl Tretow gestorben und allen Verantwortlichen klar war, daß eine künftige hauptamtliche Leitung angestrebt werden mußte, war die Entscheidung für einen Nachfolger Dr. Laurs schwer, zumal zunächst keine Mittel für eine voll bezahlte Stelle zur Verfügung standen. Der Vorsitzende schlug einen qualifizierten Bewerber aus Hamburg vor, der aber in Hamburg wohnen bleiben wollte, weil er dort viele freiberufliche Möglichkeiten hatte. Er wollte die Leitung von Hamburg aus mit Zwischenfahrten nach Schleswig ausüben. Da Dr. Karl Heinz Hoyer, der in Berlin an verschiedenen Volkshochschulen als Dozent tätig war, wiederholt mit Volkshochschulgruppen in Schleswig gewesen war, wo er mir den Wunsch, nach Schleswig-Holstein zu ziehen, geäußert hatte, fragte ich bei ihm an. Am 9. Dez. 1961 teilte er mir begeistert seine Zustimmung mit[167]. Er begann seine Arbeit am 1. Mai 1962, und bis zur Sicherung eines Vollgehalts durch die Volkshochschule ergänzte die Stadt sein Gehalt mit der Verpflichtung, im Städtischen Museum und im Fremdenverkehr mitzuarbeiten. Als 1962 nach Auflösung des Marthahauses das Amt für Kulturelles und Wirtschaftsförderung und die Volkshochschule in das Haus Königstraße 30 umzogen, begann nicht nur personell, sondern auch räumlich ein neuer Abschnitt zur Weiterentwicklung der Volkshochschule.

Die Stadtbücherei[168]). Die Arbeit der Stadtbücherei war durch den Krieg nicht unterbrochen worden. Unter großen Schwierigkeiten und mit viel Engagement haben die Leiterin, Frl. Marianne Schnöpf, und ihre Mitarbeiterinnen und Mitarbeiter in den ersten

Jahren nach dem Krieg die Arbeit fortgesetzt. Der zerlesene Buchbestand mußte laufend geflickt und gesäubert werden, da es zunächst gar keine neuen Bücher gab und dann, als die Buchproduktion begann, kaum Mittel für Neuanschaffungen vorhanden waren. Nach der Währungsreform blieben die Mittel auch sehr beschränkt. Die Stadt stellte z. B. für das Rechnungsjahr 1950 nur 3500 DM für Neuanschaffungen zur Verfügung.

In der Sitzung des Schul- und Kulturausschusses am 24. April 1951 wurde den Mitgliedern klar, daß eine grundsätzliche Neuordnung erforderlich war. Bei einem Jahreshaushalt von 32000 DM standen nur 3500 DM für Neuanschaffung von Büchern zur Verfügung. Die Wichtigkeit der Bücherei machten folgende Zahlen deutlich: Die Bücherei hatte im vergangenen Jahr 1900 Stammleser, rd. 37 700 Bücher aus dem zum größten Teil überalterten Bestand waren ausgeliehen worden. Bei dem starken Umlauf der Bücher mancher Sachgruppen war vorauszusehen, daß bald weit mehr Bücher ausgesondert werden mußten als neu angeschafft werden konnten. Den Zustand verglich ich mit einem Laden, in dem das Verkaufspersonal vor fast leeren Regalen stehe. Die Büchereifrage wurde ein Dauerthema der Gremien und vieler Verhandlungen mit Dr. Schriewer, dem Leiter der Büchereizentrale in Flensburg. Die Verhandlungen waren oft von scharfen Kontroversen geprägt. Schriewer verlangte, daß bei einer Neuregelung die Schleswiger Bücherei nach den Richtlinien der Zentrale arbeiten müsse, er war auch gegen die Büchereileiterin Frl. Schnöpf, weil sie nicht die übliche Bibliothekarinnenausbildung hatte. Hinzu kam, daß die Volksbüchereien einen grundsätzlichen Wandel durchmachten. Das neue Programm sah die Abwendung von den Thekenbüchereien zu Freihandbüchereien vor, bei denen die Benutzer sich selbständig in den Regalen die Bücher aussuchen und sich nur auf Wunsch beraten lassen konnten. Eine besondere Neuerung war der »Bibliotheksschlüssel«. Er legte das Verhältnis von Buchanschaffungen, Personalkosten und Sachausgaben fest. Bei Tariferhöhungen und Verteuerung der Sachkosten sollte der Buchanschaffungstitel entsprechend erhöht werden, um eine ›Ausmagerung‹ des Buchbestandes zu verhindern. Da außerdem für die Neuordnung das Zukunftsziel ein Buch je Einwohner gesetzt war, mußte für Schleswig ein Neubau geplant werden, weil die Räume im Haus Stadtweg 72 viel zu klein waren.

Es wurden mehrere Baugrundstücke erwogen. Mehrere vorgeschlagene Grundstücke wurden von Dr. Schriewer mit überzeugenden Argumenten abgelehnt, da sie nicht am Stadtweg lagen[169]). Er hatte einen Generalplan für die Entwicklung des Büchereiwesens im Landesteil Schleswig entwickelt, der Zentralbüchereien in den Kreisstädten und Hauptbüchereien in den kleineren Städten vorsah. Er konnte optimistisch sein, da Ministerpräsident Lübke am 2. Oktober 1952 in der »Welt« erklärt hatte: »Die Deutsche Bevölkerung im Grenzraum fühlt sich bedrängt und entrechtet ...«, der Bund habe aber »... Mittel für den Aufbau neuer Büchereien im deutsch-dänischen Grenzraum zugesichert ...«. Es flossen danach auch mehr Bundesmittel für die Büchereien im Landesteil. Schriewer konnte seinen Plan beginnen. Es entstand die Bücherei in Husum, die auf seine Empfehlung von einer Kommission des Schleswiger Kulturausschusses am 20. Juni 1953 besichtigt wurde. Der Eindruck war überzeugend. Schriewer hatte für die Finanzierung der laufenden Kosten der Büchereien ein effektives Finanzierungsmodell entwickelt. Es sah Zweckverbände zwischen der jeweiligen Stadt, dem Kreis und der Büchereizentrale vor. Der Standort sollte voraus 15 % der Kosten übernehmen und 85 % sollten mit je einem Drittel von den drei Mitgliedern getragen werden. Einige Mitglieder der Ratsversammlung hatten gegen eine solche Regelung Bedenken, da sie aufgrund des Büchereischlüssels eine Automatik der Kostenerhöhung enthielt, auf die die Gremien trotz der vorgesehenen Bildung von Büchereiausschüssen letztlich keinen Einfluß hatten.

In einer Besprechung am 15. Oktober 1953 zwischen Vertretern der Landesregierung, Landrat Hagge und der Stadt zeigten sich alle an der Zweckverbandslösung interessiert.

Am 8. Februar 1954 erklärte dann aber der Landrat, daß der Kreis die Mittel nicht aufbringen könne. Es gelang uns, um die Dinge voranzutreiben, am 1. Juni 1955 – übrigens dem ersten Diensttag Bürgermeister Dr. Kuglers –, in der Stadtbücherei einen großen Bahnhof zu arrangieren. Es kam eine Kommission mit Ministerpräsident von Hassel, Kultusminister Dr. Lemke, mehreren hohen Ministerialbeamten und Vertretern der Büchereizentrale. Wir informierten sie eingehend über die Situation der Bücherei und alle waren von der Notwendigkeit einer »... grundsätzlichen Neuordnung« überzeugt.

Es dauerte dennoch Jahre bis zu einer Lösung des Problems. Die Frage des Bauplatzes und die Finanzierung eines Neubaus sowie die Beteiligung des Kreises waren noch nicht zu lösen. Dennoch konnten durch Improvisation Fräulein Schnöpfs mit höheren Zuschüssen der Stadt und des Kreises der Buchbestand und die Jugendbücherei mit eigenem Ausleiheraum vergrößert werden. Schriewer hat den Schleswiger Plan allerdings nicht mit allzugroßer Energie vorangetrieben. Er war über eine harte Korrespondenz mit dem Bürgermeister verärgert, in der kategorisch von der Stadt verlangt wurde, bei einer Neuordnung die verdienstvolle Büchereileiterin Frl. Schnöpf auch zur Leiterin der neuen Bücherei zu machen.

Personelle Veränderungen beschleunigten die Verwirklichung. 1957 wurde RA Dr. Hans-Heinrich Kühl Nachfolger Johannes Hagges als Landrat. Wenn Kühl auch oft betonte, daß ihn persönlich »Kultur« nicht sonderlich interessiere, so hielt er dennoch die Unterstützung kultureller Bestrebungen für notwendig. Im Kreistag hatte auch Dr. Peter Ingwersen sich immer wieder für einen Beitritt des Kreises zu einem Zweckverband eingesetzt. Nach der Kommunalwahl von 1959 konnten Dr. Otto Beske und ich als Kreistagsabgeordnete uns direkt dafür einsetzen. Der Kulturausschuß der Stadt empfahl dem Magistrat am 28. Januar 1959 die Gründung des Zweckverbandes »Zentralbücherei Schleswig, Mittelrücken». Um Dr. Schriewer entgegenzukommen, beschloß die Stadt, für die am 31. März 1959 in den Ruhestand verabschiedete Frl. Schnöpf auf Vorschlag Schriewers die Dipl. Bibliothekarin Frau Eva Schulz als Nachfolgerin einzustellen. Es kam aber noch nicht zur Gründung des Zweckverbandes, weil ein Mangel an Diplombibliothekarinnen herrschte, und die finanziellen Voraussetzungen noch nicht ganz geklärt waren. Der zunächst noch kommissarische Nachfolger Dr. Schriewers als Leiter der Büchereizentrale, Dr. Weimar, engagierte sich intensiv für die Lösung des Schleswiger Planes. Er löste die Personalprobleme und die Finanzierung der laufenden Kosten und arbeitete ein Raumprogramm für die Zukunft aus. Die Schleswiger Ratsversammlung beschloß daraufhin am 31. März 1960, dem Zweckverband beizutreten.

Da der städtische Haushaltsplan für das Rumpfhaushaltsjahr 1960 schon verabschiedet war – am 1. Januar 1961 wurde das Kalenderjahr auch zum Haushaltsjahr –, konnte der Zweckverband erst am 1. Januar 1961 in Kraft treten.

Die »Zentralbücherei Schleswig, Mittelrücken« mußte noch viele Jahre im alten Gebäude weiterarbeiten. Um mehr Raum zu gewinnen, wurden die Hoe'sche und die Paulsensche Bibliothek auf den Dachboden des mittleren Trakts der Mittelschule sehr provisorisch und für das Publikum nicht mehr zugänglich verlagert. Der Haushaltsplan für das Jahr 1961 war mit 90 000 DM veranschlagt, von denen nach dem Zweckverbandsschlüssel die Stadt 39 000, der Kreis und die Büchereizentrale je 25 500 DM aufbringen mußten. Die Voraussetzungen für die Entwicklung zu der heutigen großen modernen Volksbücherei waren geschaffen.

Das Städtische Museum[170]). Das Städtische Museum im von Günderoth'schen Hof – damals noch Haithabumuseum genannt –, war gegen Ende des Krieges geschlossen worden. In die Erdgeschoßräume waren die Kisten mit den geretteten Büchern des Historischen Seminars der Universität eingelagert worden. Die Museumsbestände waren Hals über Kopf notdürftig magaziniert worden. Im Zwischengeschoß links hatte der in Kiel ausgebombte Prof. D. Otto Scheel und rechts eine heimatvertriebene Familie Unterkunft gefunden. Im Obergeschoß wohnte immer noch der pensionierte Offizier Dr. Diederichsen mit seiner großen Familie. Die Existenz eines städtischen Museums mit seiner langen Tradition schien beendet.

Der zähe und treue Stadtobersekretär i. R. Ernst Christian Petersen, der auch das Stadtarchiv und die Idstedt-Gedächtnishalle betreute, ließ sich aber nicht entmutigen. Als die Universität wieder nach Kiel zurückverlegt worden war, erreichte er, daß der Hauptausschuß auf die Empfehlung des Kulturausschusses vom 4. Dez. 1947 beschloß, in den beiden Erdgeschoßräumen eine kleine stadtgeschichtliche Sammlung einzurichten. Petersen hat daraufhin zusammen mit Rektor Osewald aus noch vorhandenen Beständen mit ganz geringen finanziellen Mitteln eine solche aufgebaut. Da aber die ersten Abteilungen der Landesmuseen 1950 eröffnet werden sollten, beschloß die Stadt, kein eigenes Museum weiter zu unterhalten. Der Kulturausschuß empfahl daher dem Personalausschuß am 13. Juni 1950, mir – ich war am 24. April aus russischer Gefangenschaft zurückgekommen –, als Museumsleiter zum 31. Dez. 1950 zu kündigen, was auch geschah. Da ich »vorläufig« als Kulturreferent weiterbeschäftigt wurde mit den Aufgaben, am Aufbau des Stadttheaters und vielen anderen kulturellen Vorhaben mitzuwirken, war an intensive Museumsarbeit für mich sowieso nicht zu denken. Am 17. Oktober 1950 schlug ich daher dem Kulturausschuß vor, das Museum aufzulösen und dem Landesmuseum Bestände als Dauerleihgabe anzubieten oder für die Zukunft einen Ausbau zu einem rein stadtgeschichtlichen Museum zu planen, um Überschneidungen mit dem Landesmuseum zu vermeiden. Man entschied sich dann für eine dritte Lösung: Übergabe der Museumsbestände als Dauerleihgabe an das Landesmuseum mit der Bedingung, daß der Stadt ein Museumsraum gewidmet würde. Auf diese Bedingung konnte Dr. Schlee nicht eingehen, da sie nicht in seine Raumplanung paßte und er eine Stadt Schleswig-Holsteins nicht besonders berücksichtigen konnte. Der Magistrat beschloß daher am 20. März 1952, das kleine Museum bestehen zu lassen. Bankdirektor Asmus Peter Weiland richtete im rechten Erdgeschoßraum mit einer als Leihgabe zur Verfügung gestellten Vogelsammlung eine didaktisch gut aufbereitete vogelkundliche Abteilung ein. Er war ein hervorragender Vogelkundler, der die Sammlung mit vielen guten eigenen Aufnahmen ergänzen konnte. Im linken Erdgeschoß richtete ich mit den noch vorhandenen besten Beständen eine kleine stadtgeschichtliche Abteilung ein.

Unsere Bemühungen hatten kaum Erfolg; das kleine Museum wurde nicht »angenommen«. Bürgermeister Dr. Kugler beauftragte mich daher 1957, einen Plan für die Auflösung und die Verwendung der Museumssammlung vorzulegen. Ehe es dazu kam, hatte aber Prof. Dr. Kersten, der Direktor des Landesmuseums für Vor- und Frühgeschichte, dem Bürgermeister geraten, zur Dokumentation der Geschichte der alten Stadt den Ausbau des Städtischen Museums vorzunehmen. Mir wurde der Auftrag erteilt, einen entsprechenden Plan zu entwerfen. Drei schwierige Voraussetzungen waren zunächst zu schaffen: Räumung des Hauses – eine Aufgabe, die Stadtverwaltungsdirektor K. H. Dockhorn schließlich mit Takt und Geschick löste –, die Restaurierung des verkommenen Gebäudes und eine starke Aufstockung der arg zusammengeschmolzenen Museumsbestände.

Am 17. Sept. 1959 beschloß der Magistrat den Beginn der Restaurierungsarbeiten, die nur schrittweise durch viele Jahre wegen der hohen Investitionen und der erst nach und nach erfolgenden Räumung der Wohnungen erfolgen konnten. Die Arbeiten wurden fast dramatisch, da es sich zeigte, daß die Deckenbalken in den Erdgeschoßräumen und in der Eingangshalle an den Enden vermodert waren. Bis 1962 waren die Arbeiten an der Fassade, im Hof und den Erdgeschoßräumen durchgeführt. Da einige Mitglieder der

Ratsversammlung das Vorhaben mit Skepsis betrachteten, was bei dem trostlosen Zustand der Hofanlage nicht verwunderlich war, war »das Pferd von Hinten aufgezäumt« worden. Ehe der Innenausbau begann, war die Fassade mit dem roten Anstrich, den Dr. Ellger vom Landesdenkmalamt als ältesten festgestellt hatte, und den weißen Fensterrahmen versehen, der runde Rasen mit der Umfahrt angelegt und den Seitengebäuden ein neuer weißer Anstrich gegeben worden. Die im Lande einmalige Hofanlage sah jetzt festlich aus, und auch die letzterer Zweifler waren jetzt von dem Wert des Geweses überzeugt. In den beiden Erdgeschoßräumen habe ich 1961/62 einen ersten Probeaufbau mit vorhandenen Beständen versucht. Eine rege Sammeltätigkeit machte es möglich, im Zuge der Renovierungsarbeiten Raum um Raum zu füllen. Etwa ⅔ der heutigen Bestände kamen durch Ankäufe, Tausch, Stiftungen und Dauerleihgaben zusammen.

Die Idstedtgedächtnishalle[171]). Die Idstedtgedächtnishalle wurde 1945 von der Militärverwaltung geschlossen und beschlagnahmt. Alle Waffen wurden von den Briten auf den Boden des Regierungsgebäudes gebracht. Im Herbst 1948 wurden das Gebäude und die Museumsbestände, die sehr gelitten hatten, wieder freigegeben. Am 7. Dezember 1948 empfahl der Kulturausschuß dem Hauptausschuß, die Halle wieder als Museum einzurichten, und der Hauptausschuß beschloß am 25. Mai 1949 ». . . die Idstedthalle soll sofort eröffnet . . .« werden. Der Beschluß war nur möglich, weil der unermüdliche Ernst Christian Petersen schon mit der Arbeit begonnen hatte. Mit geringen Mitteln und viel Mühe hatte er das Material zusammengetragen, gereinigt und chronologisch arrangiert. Dabei hatte es einen kuriosen Zwischenfall gegeben. Als Petersen die Waffen vom Regierungsgebäude auf einem Lastwagen nach Idstedt brachte, wurde der Transport von einer britischen Militärstreife angehalten und Kubel, der Wärter des Museums, wegen unerlaubten Waffenbesitzes festgenommen. Es gelang ihm erst nach langem Palaver und Begutachtung aller Waffen, die Briten davon zu überzeugen, daß es sich um ungefährliche historische Stücke handelte. Am 13. Juni 1949 wurde das Museum mit vielen Gästen und herzlichem Dank an Petersen wiedereröffnet. Das kleine Museum wurde rege besucht. Es lag bis zum Ausbau der neuen Trasse der B 76 an der Hauptverkehrsader von und nach Skandinavien. Die hervorragende Gastronomie des Museumswärters Andreas Kubel und seiner Frau in der kleinen Gaststätte zog auch viele Besucher an.

Die Umgebung der Halle war in einem unwürdigen Zustand. Mit einem Zuschuß des Landes konnte für 6000 DM ein neues Toilettenhaus mit Geräteraum an der Festwiese gebaut und das verfallene alte neben dem Denkmal abgebrochen werden. Aber auch die von Herrn Petersen provisorisch arrangierte Sammlung mußte überholt werden. 1955/56 im Winter haben daher alle Mitarbeiter des Amtes für Kulturelles ohne finanzielle Mittel in Eigenarbeit die Sammlung ›überholt‹. Es konnte aber auch wieder nur ein Provisorium werden. Die eingehende Beschäftigung mit dem Material machte deutlich klar, daß fast alle Exponate im Laufe der Zeit stark gelitten hatten und mit erheblichem Aufwand von Fachrestauratoren behandelt werden müßten. Auch die Sicherung des einsam liegenden Museums bereitete Sorge. Grundsätzliche Reparaturen an Dach und Fach waren ebenfalls erforderlich. Die Stadt konnte die Mittel dafür aber nicht aufbringen. Sie hatte relativ von allen schleswig-holsteinischen Städten die größten Zuschüsse für kulturelle Einrichtungen zu tragen. Über den technischen Problemen stand aber eine grundsätzliche Frage: War es nach dem zweiten Weltkrieg noch zu verantworten, ein kriegsgeschichtliches und im Geist des Nationalismus des 19. Jahrhunderts geprägtes Museum so zu belassen? Sollte man es nicht lieber auflösen oder, da die Löschung eines geschichtlichen Denkmals problematisch war, nicht grundsätzlich neu gestalten? Eine Anekdote macht die Problematik deutlich. Als ich 1954 mit dem Eutiner Dichterkreis von Oeversee kommend auf Wunsch der Teilnehmer die Halle zeigte, kam der Präsident Graf Finkenstein, erregt zu mir und machte mir harte Vorwürfe, weil ich mich nicht für die Schließung des Museums eingesetzt habe; wenige Minuten später dankte mir Hans Friedrich Blunck, der in der Nazizeit von 1933−35 Präsident der Reichsschrifttumskammer gewesen war, herzlich dafür, daß das Museum noch erhalten war. Zu einer grundsätzlichen Lösung kam es vorläufig nicht. Auf Vorschlag des Liegenschaftsamtes beschloß der Magistrat am 13. Juli 1961, dem Kreis die Halle mit dem Grundstück zu übereignen, und die Ratsversammlung beschloß entsprechend. Im Vertrag mit dem Kreis wurde bestimmt, daß bei einer Auflösung des Museums die Bestände an die Stadt zurückgegeben werden sollten. Der Kreis hat dann wesentliche Verbesserungen an den Gebäuden durchgeführt. Zu einer wenigstens technisch wesentlichen Verbesserung der Situation kam es erst, als es Staatssekretär i. R. Dr. Werner Schmidt 1978 gelang, eine Stiftung zu gründen, die die Trägerschaft übernahm.

Zu erwähnen ist noch, daß nach dem Krieg wieder jährlich am 25. Juli, dem Tag der Schlacht von Idstedt 1850, vom Idstedtausschuß eine Feier veranstaltet wird. Zunächst waren bei diesen Veranstaltungen noch recht schrille »blau-weiß-rote« Töne zu hören. Nach dem Abebben der nationalpolitischen Erregung wurde die Stimmung versöhnlich. Der Hauptlehrer und spätere Rektor der Idstedter Schule, Christian Henningsen, hat als Geschäftsführer des Idstedtausschusses die »großen« Feiern mit Jugendsportwettkämpfen und heiteren Akzenten zu fröhlichen Volksfesten gemacht.

Das Nordmark-Landestheater[172]). Das Nordmark-Landestheater war 1944 geschlossen worden. Nach der Kapitulation war an eine Wiedereröffnung nicht zu denken. Schon 1945 hatten sich in der Stadt und in Orten der Umgebung aus hierher verschlagenen Schauspielern Spielgruppen gebildet, die unter primitivsten Umständen agierten. Aus diesen Gruppen entstand unter dem Theaterdirektor Kay Nicolai in der Stadt ein großes Privattheater, das unter dem Namen »Renaissancetheater« Oper, Operette und Schauspiel im Repertoire hatte. Vom Herbst 1946 an spielte es im Saal des »Großen Baumhofs« und im Stadttheater an Tagen, die die Engländer freigaben. Trotz aller Bitten Nicolais gab die Stadt dem Theater keinen Zuschuß, verlangte sogar für jede Benutzung des Stadttheaters 250 RM Saalmiete und eine Gebühr für die Benutzung des Fundus.

Anfang 1947 wurde das Theatergebäude von den Briten freigegeben. Nach kleinen Renovierungsarbeiten an dem heruntergekommenen Gebäude schloß die Stadt mit Nicolai einen Pachtvertrag ab. Am 10. September 1947 berichtete er dem Kulturausschuß optimistisch, daß er mit einem Personal von insgesamt 112 Personen einen dichten Spielplan mit Opern, Operetten und Schauspielen für die kommende Spielzeit aufgestellt habe und einen Umsatz von 700 000 RM erhoffe. Obwohl das Land einen monatlichen Zuschuß von 4000 RM in Aussicht gestellt hatte, lehnte der Ausschuß weiterhin einen Zuschuß der Stadt ab. Franz Grell vor allem war dagegen, da er dem Unternehmen kein künstlerisches Niveau zutraute und er die Gründung eines Stadttheaters anstrebte. Als Vorsitzender des »Freien Kulturbundes« verpflichtete er sich aber immerhin, keine Aufführungen anderer Theatergruppen in Schleswig zu organisieren.

Der Optimusmus Nicolais schwand bald. Obwohl alle Vorstellungen gut besucht waren − mit dem mehr und mehr entwerteten Geld konnten die Einwohner außer Theater und Kino kaum etwas kaufen, und sie zweigten gern ein oder zwei Briketts als Bestandteil des Eintrittspreises ab −, geriet Nicolai schon im Dezember in finanzielle Schwierigkeiten. Als mit der DM im Juni 1948 das Ensemble vor fast leerem Zuschauerraum spielen mußte, wurde Nicolais Situation katastrophal. Er konnte nur hin und wieder Gagen auszahlen, und die Steuer- und Pachtschulden waren auf 4900 DM aufgelaufen. Dennoch wollte er weiterspielen. Als aber Verhandlungen mit Rendsburg und Flensburg über eine Zusammenarbeit scheiterten und auch die Bemühungen der Stadt, einen monatlichen

Zuschuß des Landes in Höhe von 8000 DM für ein »neues Theaterunternehmen« mit Nicolai zu bekommen, scheiterten, meldete Nicolai am 11. März 1949 um 12.00 Uhr den Konkurs des »Renaissancetheaters« an. Es wurde ein langes Abwicklungsverfahren, bei dem die Mitglieder des Ensembles leer ausgingen. Der Versuch von 88 Mitgliedern, als Kollektiv weiterzuspielen, scheiterte.

Die Landesregierung schlug vor, Schleswig von Flensburg bespielen zu lassen. Der Kulturausschuß der Stadt lehnte diesen Vorschlag am 27. Juni 1949 mit der Begründung ab, daß Schleswig aufgrund seiner langen Theatertradition ein eigenes Theater behalten müsse.

Zäh versuchten Franz Grell und der Stadtkämmerer Thies Bubbers, den Plan zu verwirklichen. Sie stellten einen Haushaltsplan mit 160 000 DM auf und schrieben die Intendantenstelle aus. MdL Landrat Hagge hatte ihnen Hoffnung auf einen Landeszuschuß gemacht. Am 8. Sept. 1949 stellten sich im Ständesaal 3 Bewerber vor[173]). Ziegler aus Flensburg wurde gewählt, und er gab dem Kulturausschuß seinen Spielplan und die geplanten Engagements bekannt. Da das Land aber keinen Zuschuß bewilligte, erhielt Ziegler nur einen Vertrag mit 250 DM monatlich als Geschäftsführer und keine Genehmigung für Engagements. Er sollte Gastspiele nach Schleswig holen und ihm wurde erlaubt, mit Schauspielern des ehem. »Renaissancetheaters« das Weihnachtsmärchen »Der kleine Muck« selber zu inszenieren. Er konnte das Stück nur elfmal spielen, es wurde finanziell ein Mißerfolg. Da keine Zuschüsse vom Land zu erlangen waren, erlosch mit dem 30. April 1950 auch dieser Theaterversuch.

Ganz ohne Theater blieb Schleswig im Sommer 1950 nicht. Einige der vielen in der Stadt gebliebenen Schauspieler formierten sich, wie schon berichtet, lose zum »Zimmertheater«.

Die Bemühungen um die Wiedereröffnung des Nordmark-Landestheaters wurden aber weiter fortgesetzt. Da die Landesregierung nur »ein Provinztheater« subventionie-

Dr. Gnekow, Bürgermeister Lorenzen und der Verfasser bei einer Vorbesprechung der 1. Spielzeit. *Foto: Krauskopf*

ren wollte und eine Zusammenarbeit der in Rendsburg gegründeten »Landesbühne Schleswig-Holstein GmbH» und Schleswigs verlangte, begannen zähe Verhandlungen. Sie scheiterten an der Forderung der Schleswiger, gleichberechtigte Partner zu sein.

In Westerland auf Sylt hatte sich das »Nordfriesische Landestheater« 1949 unter der Leitung von Dr. Horst Gnekow als Privattheater einen guten Ruf erworben. Es war aber auch in finanzielle Schwierigkeiten geraten und hatte im Frühjahr 1950 aufgeben müssen. Franz Grells Plan war es, aus Schleswiger und Westerländer Schauspielern in Schleswig ein neues Theater zu gründen.

Entscheidend für die Lösung der Theaterfrage waren zwei Personen. Im Frühjahr war Bruno Lorenzen Bürgermeister geworden, und Franz Grell war Vorsitzender des Schul- und Kulturausschusses. Beide waren, wie schon geschildert wurde, schon in ihrer Jugendzeit ›Theaternarren‹ gewesen. Sie machten die Theaterfrage zum Hauptverhandlungspunkt der Sitzung des Schul- und Kulturausschusses am 13. Juni 1950. Der Ausschuß empfahl dem Magistrat, falls die Landesregierung ein aus Schleswiger und Westerländer Schauspielern gebildetes Schleswiger Theater nicht subventionieren wolle, . . . »ein bescheidenes eigenes Theater« zu betreiben. Der Magistrat mochte in seiner Sitzung am 20. Juli noch nicht über die Empfehlung des Kulturausschusses entscheiden. Ohne Rükkendeckung durch Magistrat und Ratsversammlung beschloß der Kulturausschuß am 29. August, da Bürgermeister Lorenzen die Verantwortung übernahm, sofort zu beginnen. In der Sitzung waren Dr. Horst Gnekow, der zum Intendanten berufen wurde, und ich, der ich als Vertreter der Stadtverwaltung mitarbeiten sollte, anwesend. Da keine Zusage über einen Zuschuß von Bund und Land über einen erforderlichen Zuschuß von 60000 DM bis zum Ende der Spielzeit gegeben worden war, wurde beschlossen, mit dem Ensemble nur Verträge bis zum 31. Dez. 1950 abzuschließen. Es war ein in der Verwaltungsgeschichte wohl einmaliger ›Husarenritt‹. Dr. Gnekow wurde ermächtigt, aufgrund der von ihm vorgelegten Liste sofort das Ensemble zu engagieren. Das geschah bereits am nächsten Tag[174]).

Vom 29. August bis zum 24. September, dem Tag der Eröffnungspremiere mit Shakespeares »Der Sturm«, wurde mit ungeheurem Schwung aus dem Nichts ein Theater aufgebaut. Während das Ensemble bis tief in die Nächte drei Inszenierungen erarbeitete — um den ganzen Landesteil zu versorgen mußte ein genügend großes Anfangsrepertoire vorhanden sein —, wirkten wir anderen fieberhaft am Aufbau der Organisation. Stadtkämmerer Bubbers half bei der Entwicklung der Abrechnungsformulare der Eintrittskarten und der Buchführung, denn das Theater mußte nach streng kameralistischen Vorschriften verwaltet werden. Mit der Werbeleiterin Frau Hoffmann wurden Werbeschriften und Plakate entworfen und zum Druck vergeben. H.H. Hassenstein erarbeitete die ersten Programmhefte. Außerdem waren wir täglich im Spielgebiet unterwegs, um Theaterbesucherringe aufzubauen, für die wir Vertrauensleute in den Spielorten gewinnen mußten. Daneben waren schwierige Verhandlungen mit der »Landesbühne Schleswig-Holstein» in Rendsburg zu führen, die, vom Land suventioniert, das ›Privileg‹ hatte, den Landesteil Schleswig zu bespielen. Sie hatte es vor allem mit Operettenaufführungen ausgeübt. Es kam zu einer Übereinkunft, die uns verpflichtete, in jeder Spielzeit 44 Operettenaufführungen abzunehmen.

Nach turbulenten Wochen fand am 24. Sept. die Eröffnungspremiere statt. Es war eine dank der großen Spielfreude des Ensembles lebendige Aufführung, die großen Beifall fand. Gnekow, der ein talentierter Vollbluttheatermensch war, hatte einen Hang zur Drastik. Er ließ Karl Striebeck den Caliban sehr excessiv spielen. Er brachte mir eine moralische Rüge von Bischof D. Wester ein. Es sei vorwegnehmend erwähnt, daß das Theater immer wieder politische und moralische Entrüstung provozierte. Am im Stadtklatsch aufgebauschten Lebenswandel des Intendanten fand moralische Entrüstung immer wie-

Ellen Sagell und Klaus Kammer in J. P. Sartres »Schmutzige Hände« am 29. 9. 1950.
Foto: E. Knoth.

der willkommene Nahrung. Aber auch die Stücke und die Aufführungen gaben manchen Besuchern Gelegenheit, ›moralische Fassade‹ zu zeigen. Sie kamen dennoch immer wieder. Komisch wurde es, wenn manche Besucher begeistert sich am Szenenapplaus beteiligten und dann in der Pause und nach der Vorstellung sich entrüsteten. Theater hat in einer kleinen Stadt auch diese ›soziale‹ Funktion.

Trotz der großartigen Leistungen des Theaters und der Mitte Oktober schon gewonnenen 5000 festen Abonnenten im Spielgebiet war die Existenz nicht gesichert. Die Ratsversammlung hatte den ›Husarenritt‹ Bruno Lorenzens am 4. September mit großer Mehrheit gebilligt und dem Haushaltsentwurf von 94000 DM bis zum 31. Dez. 1950 zugestimmt. Trotz intensiver Bemühungen Lorenzens in Kiel und Bonn um einen Zuschuß erhielt er im Nov. im Gesamtdeutschen Ministerium nur eine vage Aussicht auf einen Bundeszuschuß von 40000 DM. Am 14. Dez. teilte die Landesregierung der Stadt mit, daß »... die Gewährung einer Beihilfe als sicher angenommen werden kann.« Magistrat und Kulturausschuß beschlossen daraufhin in einer gemeinsamen Sitzung am 21. Dezember die Spielzeit bis zum 31. März 1951 zu verlängern. Es war ein mutiger Beschluß. Es war eine große Erleichterung für uns alle, als am 29. Dez. das Telegramm aus Bonn mit der verbindlichen Zusage des Bundeszuschusses eintraf. 198832 DM betrug der Haushalt des Theaters in dieser ersten Spielzeit. 56 % davon spielte das Theater ein. Jeder heutige Theaterleiter wird diese Zahl ungläubig lesen, da heute die Theater meist nur 10–13 %

ihrer Haushalte aus eigenen Einnahmen bestreiten können. Es war damals nur möglich, weil die Ensemblemitglieder unvorstellbare Opfer auf sich nahmen.

Sie spielten für minimale Gagen, erhielten Diäten, die meist nur für zwei Tassen Kaffee reichten, oft mußten sie 20mal ›auf Abstecher‹ in kleine Dörfer mit winzigen ›Nudelbrettern‹ in Dorfgasthöfen mit ungeheizten primitiven Garderobenräumen, sie kamen oft spät in der Nacht nach Schleswig zurück und standen vormittags wieder zu Proben auf der Bühne, sie wohnten in kümmerlichen möblierten Zimmern und mußten in fast allen Stücken spielen. Die Leistungen der Technik und der Verwaltung waren auch nicht geringer. In den sechs Monaten dieser ersten Spielzeit wurden 17 eigene Inszenierungen herausgebracht! In den rd. 190 Tagen der Spielzeit wurde einschließlich der Schülervorstellungen und des Weihnachtsmärchens rd. 220mal gespielt!

Gesichert war die Existenz des Theaters noch lange nicht. Hier sollte nur der einmalige Vorgang des Neuanfangs eingehender geschildert werden, weil er ein vorbildliches Zusammenwirken aller Parteien in der Ratsversammlung ohne parteipolitische ›Profilneurosen‹ war, um die Tradition des ältesten Theaters des Landes zu wahren und eine Funktion der einstigen Landeshauptstadt zu erhalten. Viele Anträge, Reisen nach Bonn, Fahrten nach Kiel und Verhandlungen mit den Landräten der Kreise Schleswig, Flensburg, Südtondern, Husum und Eiderstedt sowie mit der Landesbühne Schleswig-Holstein waren nötig, um das Theater um viele ›Klippen‹ zu steuern. 1951 konnte die Spielzeit um den Monat April verlängert werden. Als es, durch die besondere Aktivität Gerd Skowronneks, der seinem Bruder als Verwaltungsleiter folgte, gelang, im Sommer die Kurorte zu bespielen, konnten die Ensemblemitglieder ganzjährige Verträge erhalten. Die Landesregierung erkannte großzügig die Leistungen des Theaters an, indem sie 1961 65 % des Zuschußbedarfs übernahm. 1962 stand das Theater festgefügt da.

Auf die beiden dominierenden Intendanten der Berichtszeit, Dr. Horst Gnekow und Karl Vibach, sowie die Leistungen des Ensembles kann hier nur kurz eingegangen werden.

Der 1916 in Wandsbek geborene Horst Gnekow hatte 1940 das zweite juristische Staatsexamen bestanden und war mit magna cum laude zum Dr. jur. promoviert worden. Das Thema seiner Dissertation war bezeichnend: »Das Recht des Regisseurs«. Er hat es später immer mit Erfolg verteidigt. Da er von 1933−35 die Schauspielschule des Schauspielhauses in Hamburg besucht hatte, blieb das Theater seine Leidenschaft. Er studierte neben Jura Literatur-, Kunst- und Theaterwissenschaft. Nach Tätigkeiten als Dramaturg und dann Chefdramaturg in Essen, Bochum und Kiel hatte er 1949 die Westerländer Bühne gegründet. Er war körperlich und geistig ein ‹Riese›, ein Egozentriker und Egoist, maßlos in vielen Lebensbereichen und dennoch charmant naiv. Trotz vieler Wutausbrüche konnte man ihm letztlich nie böse sein. Mit eigenem Geld und dem des Theaters konnte er nicht umgehen, und das bedeutete für mich immer wieder ein rigoroses Eingreifen. Er hatte aber eine ›Berufsethik‹: Er übernahm mit wenigen Ausnahmen als Regissur nur schwierige Stücke; er wagte das Risiko des Scheiterns. Bei allen Theaterdiskussionen war er der geistig dominierende Teilnehmer.

Das Nordmark-Landestheater erwarb sich in seiner Zeit einen besonderen Ruf in der bundesdeutschen Presse. Er hatte eine große Begabung, junge Talente zu entdecken und zu fördern. Viele von diesen haben an großen Bühnen Karriere gemacht. Darunter waren z. B. Klaus Kammer, Hanne Wieder, Maria-Magdalena Thiesing, Theo Holzmann, Gerdesmann u. viele andere. Aber auch von den älteren Ensemblemitgliedern haben etliche den ›Sprung‹ geschaft; Fiete Krugel-Hartig, Ellen Sagell und Karl Striebeck müssen besonders erwähnt werden. Treu und immer theaterbegeistert blieben Bruno Gerhard und Oswald Hild in Schleswig. Nicht vergessen werden dürfen der geistig bedeutende Dramaturg Dr. Köhler, der zum Bühnenverlag Bloch Erben in Berlin ging, und der begabte Bühnenbildner Rudolf Soyka, der an das Theater in Flensburg verpflichtet wurde. Bis 1956 hat der Oberspielleiter Karl Striebeck wesentlich am Erfolg des Theaters mitgewirkt. Er brachte viele gute Inszenierungen auf die ›Bretter‹ und spielte außerdem entscheidende Rollen in großen Stücken. Er wurde 1956 als Intendant an das »Theater am Turm« in Frankfurt am M. berufen.

Was haben Gnekow und sein Ensemble nicht alles gewagt. Sie spielten in den kleinsten Orten des Landesteils − Süderlügum, Klanxbüll, Bredstedt, Karby, Friedrichstadt, Garding, St. Peter-Ording, Kappeln − Dürrenmatts »Besuch der alten Dame«, Max Frischs »Don Juan oder die Liebe zur Geometrie«, Wilders »Tod des Handlungsreisenden« und viele andere Stücke der ›modernen‹ Theaterliteratur. Gnekow war mit Prof. Hans Rothe befreundet und erhielt von ihm das Uraufführungsrecht seiner Neufassungen der Shakespearedramen. Er nahm Angriffe der Shakespearegesellschaft gelassen hin, da die Rothefassungen äußerst bühnenwirksam waren. Prof. Rothe wurde übrigens Ehrenmitglied des Theaters. Neben Shakespeare und den Schriftstellern der Gegenwart nahmen die »Naturalisten« in Gnekows Spielplänen einen breiten Raum ein. Gerhart Hauptmanns Werke − er hatte als junger Mensch dem Dichter persönlich begegnen dürfen −, waren ihm ein besonderes Anliegen. Ibsen, B. Shaw, Georg Kaiser usw. waren in allen Spielplänen vertreten. Stücke von Franz Theodor Ćsokor, mit dem ihn persönliche Freundschaft verband, waren wiederholt in seinem Repertoire. Selbstverständlich fehlten in den Spielplänen auch heitere Stücke nicht. Kurt Götz war mit seinen Lustspielen immer wieder vertreten. Eine »Sensation« war die Aufführung der »Dreigroschenoper« mit Harald Paulsen als Macheath, der diese Rolle schon in Berlin 1928 unter der Regie von Erwin Piscator gespielt hatte. Die anderen Werke Bertolt Brechts kamen ebenfalls in erregenden Aufführungen auf die Bühne.

In den 10 Jahren der ›Gnekow-Aera‹ wurden 162 Inszenierungen herausgebracht, von denen der Intendant 86 übernahm. Die Schwerpunkte waren eindeutig: 16mal Shakespeare und 9mal Gerhart Hauptmann! Insgesamt wurden den Schleswigern 104 Autoren vorgestellt.

Gnekow verließ Schleswig nach der Spielzeit 1959/60; er wurde nach Luzern als Theaterdirektor berufen. Er hatte viele erbitterte Gegner in Schleswig. Als er die Stadt verlassen hatte, schwärmten die meisten dieser von seiner Zeit[175]).

Die Wahl eines Nachfolgers wurde schwierig, da sich sehr qualifizierte Regisseure beworben hatten. Nach langen, ernsthaften Erörterungen im Kulturausschuß schwankte die Entscheidung zwischen Heinz Rippert und Karl Vibach, dem Assistenten Gustaf Gründgens'. Die entscheidende Ratsversammlung mußte zu interfraktionellen Gesprächen unterbrochen werden. Die Entscheidung fiel dann für Vibach. Dr. Kugler plädierte besonders für ihn, da er sich nach einem längeren Gespräch mit Gustaf Gründgens über seine Qualitäten informiert hatte. Mir war er durch mehrere Gastinszenierungen und lange Gespräche gut bekannt. Es war eine glückliche Wahl. Der neue Intendant war ebenfalls ein vom Theater besessener Mensch. Er war kontrollierter, legte großes Gewicht auf größtmögliche Perfektion und war ein guter Organisator. Daher ranken sich um ihn nicht die vielen Anekdoten, zu denen Gnekow Anlaß gab. Seine Kritiker warfen ihm vor, daß er nur eine Begabung für ›leichtes‹ Theater habe. Zweifellos hatte er eine ganz besondere Fähigkeit für die Inszenierung heiteren Theaters und vor allem des Musicals. Für manche Bürger, die noch ganz in der Vorstellung des ›Bildungstheaters‹ lebten, war es schwer, Vibachs These vom »komödiantischen Theater« zu begreifen. Dabei war sie eigentlich leicht zu verstehen: Wenn heitere Stücke gut geschrieben, inszeniert und gespielt werden, dann stehen sie gleichberechtigt neben den Klassikern und ›ernsten‹ Stücken im Spielplan. Auch diese müssen ›komödiantisch‹ gespielt werden. Vibach hat seine Auffassung vom Theater in der Reihe »3 × komödiantisches Theater« deutlich

Von l. n. r.: Karl Vibach, Hans Michael Rehberg und Prof. Hans Rothe vor der Premiere des »Hamlet« in der Übersetzung von Rothe und mit Rehberg als Hamlet am 17. Sept. 1960.   Foto: V. Nagel

gemacht. Es waren Theaterabende, an denen er drei kurze Stücke zusammenbrachte. Als Beispiel sei die Premiere am 11. März 1962 angeführt. Sie brachte folgende Stücke: »Das Kälberbrüten« von Hans Sachs, »Der Bär« von Anton Tschechow und »Warten auf Godot« von Samuel Beckett. In der Komödie von Dieter Waldmann »Von Bergamo bis morgen früh« zeigte er, welche Perfektion er mit dem Schleswiger Ensemble erreichen konnte. Das atemberaubende Tempo mit nahtlosen Bewegungsabläufen und spielerischer Eleganz der Mitwirkenden ließen die Spannung keinen Augenblick abschlaffen. Der fröhlichste Akzent seiner beiden Schleswiger Jahre war der Western »Prairie-Saloon«. Die Vorlage des Arztes Heinz Wunderlich hatte Vibach für die Bühne bearbeitet. Lothar Olias komponierte die Musik, die Liedertexte schrieb Kurt Schwabach. Die im Rollstuhl schießend über die Bühne rollende Fiete Krugel-Hartig als Mrs. Pennywater und Marianne Schubart als die Chansonette Lilly rissen das Publikum zu Lachstürmen hin.

Die Kritiker Vibachs übersahen − geflissentlich? −, daß das ›ernste‹ Theater in seiner Zeit auch voll zur Geltung kam. Er eröffnete seine erste Spielzeit mit einer eigenen Inszenierung des »Hamlet«, zu der KMD Uwe Röhl die Liedmelodien komponierte − Röhl hat wiederholt Kompositionen für das Theater erarbeitet. Goethes »Urfaust« inszenierte er selbst. Shakespeare, Kleist, Ibsen, Molière und viele andere Stücke der Weltliteratur waren in seinen Spielplänen. Auch das ›moderne‹ Theater kam nicht zu kurz. Die »Nashörner« von Ionesco, »Das Ende vom Lied« von Willis Hall, »Fast ein Poet« von Eugene O'Neill und »Draußen vor der Tür« von Wolfgang Borchert mit Heinz Reincke als Beckmann seien besonders erwähnt.

Karl Vibach hat auch viel selber inszeniert. Er folgte aber konsequent seiner Devise,

daß das Schleswiger Theater »Ein Trainingscamp junger Begabungen« sein solle. Wolf Dieter Pahlke, Wolfgang Heßler und Ulrich Hüls aus dem Ensemble sowie Gästen wurden Regieaufgaben übertragen.

Von den 45 Inszenierungen seiner 3 Spielzeiten hat er aber trotz der ihm zugestandenen auswärtigen Inszenierungen 23 selber übernommen. Ein besonderes Experiment war die Uraufführung des »Spiels« »Adieu Ballerina« von Klaus Werner. Das an sich nicht sehr belangvolle Stück, wurde unter der Leitung von Vibach während der Proben von einer »Arbeitsgemeinschaft« aus Mitgliedern aller Berufsgruppen des Theaters gestaltet.

Vibach setzte die von Gnekow begonnenen Theateraustauschgastspiele mit dem Stralsunder Theater fort. Auch aus seinem Ensemble haben Mitglieder entscheidende Positionen an großen Bühnen bekommen. Hans Michael Rehberg muß unter diesen besonders erwähnt werden. In der Spielzeit 1960/61 erreichte das Theater trotz der stark steigenden Zahl der Fernsehgeräte mit rd. 110000 Besuchern ein ›Rekordergebnis‹. Das Haushaltsvolumen betrug rd. 455000 DM, zu denen die Stadt nur rd. 110000 DM beitragen mußte.

Nur ungern lösten die städtischen Gremien den Vertrag mit ihm, als er im Dezember 1962 als Schauspieldirektor nach Stuttgart berufen wurde. Sein Nachfolger wurde jetzt Heinz Rippert, der hier nicht mehr gewürdigt werden kann. Es sei nur erwähnt, daß er der Begründer der Schloßhofspiele wurde.

Der Kampf um das Freilichtmuseum

Bürgermeister Dr. Kugler hat wie seine Vorgänger sich intensiv darum bemüht, zentrale Institutionen in Schleswig zu halten und neue für die Stadt zu gewinnen. Selbstverständlich muß ein Bürgermeister sich aus wirtschaftlichen Gründen darum bemühen. Bei seinem zähen Kampf um das Freilichtmuseum war aber vor allem sein großes Interesse für kulturelle Aufgaben eine entscheidende Triebfeder.

Schon 1955 hatte er es für notwendig erklärt, das Schleswig-Holsteinische Landesmuseum um ein Freilichtmuseum organisch zu erweitern. Er konnte sich dabei darauf berufen, daß 1949 bereits beim Aufbau des Landesmuseums dessen Direktor Dr. Ernst Schlee an eine künftige Abrundung durch ein Freilichtmuseum gedacht hatte. Schlee hatte als ersten ›Baustein‹ eine Bockmühle erworben.

Erst als das Freilichtmuseum in Kopenhagen 1956 den Haubarg »Rote Lau« nach Dänemark überführt hatte, erhielt der Plan zur Errichtung eines schleswig-holsteinischen Freilichtmuseums ›Aufwind‹. Es entstand im Sommer 1956 eine erregte Pressediskussion, die aus der damals noch sehr irritierten nationalpolitischen Situation genährt wurde. Ein deutsches Kulturdenkmal nach Dänemark! Der Schleswig-Holsteinische Heimatbund und Einwohner Eiderstedts forderten ein schleswig-holsteinisches Freilichtmuseum, um weitere Abwanderungen bäuerlichen Kulturgutes zu verhindern. Beim »Roten Lau« war es nicht zu verhindern gewesen, da es keine Institution im Lande gab, die den Haubarg hätte retten können. Da der stattliche Hof gefährdet war, konnten Rettung und hervorragender Wiederaufbau in Kopenhagen von deutschen Museumsfachleuten letztlich nur begrüßt werden. Die entstandene Erregung hatte das positive Ergebnis, daß der SHHB die Initiative zur Gründung eines Freilichtmuseums in Schleswig-Holstein ergriff. Zunächst mußte aber geklärt werden, wo ein geeignetes Gelände zur Verfügung stand. Kiel, Rendsburg und Schleswig bewarben sich mit Flächen, die sich allerdings noch nicht in ihrem Eigentum befanden. Das von Kiel in Aussicht genommene Areal befand sich außerhalb der Stadt in der Gemeinde Molfsee. Bürgermeister Dr. Kugler gab am 28. Juli 1956 den Schleswiger Nachrichten ein Interview, in dem er erklärte, daß Schleswig sich bewerbe, da das Freilichtmuseum zum Landesmuseum in Schloß Gottorf gehöre. Er war empört, als mehrere Zeitungen im Oktober 1956 berichteten, daß Prof. Dr. Alfred Kamphausen, der Landesmuseumspfleger, nur Kiel und Rendsburg als Standorte genannt habe. Kugler hielt sich zunächst danach in der Öffentlichkeit zurück, erläuterte aber wie seine ›Kontrahenten‹ aus Kiel und Rendsburg wiederholt der Landesregierung seine Gesichtspunkte. Anfang Juli hatte der Kultusminister beim »Politischen Stammtisch« der CDU in Schleswig lächelnd erklärt, daß die Städte Kiel, Rendsburg und Schleswig sich bewerben und ».. ihre Truppen dafür ins Feld führen müßten« (SN). Er konnte sich nicht festlegen, da über die Trägerschaft noch keine Entscheidung gefallen war.

Beunruhigende Nachrichten über Aktivitäten Kiels und Rendsburgs zwangen Dr. Kugler aus der Reserve. Am 4. März 1957 gab er den Schleswiger Nachrichten ein Interview. Er führte Schleswig als idealen Standort vor: Hier war in der Person Ernst Schlees ein profilierter Volkskundler als Leiter, in seiner Museumswerkstatt waren geschulte Handwerker, in den Magazinen befanden sich schon viele Ausstattungsgegenstände für die Häuser und ein gut geeignetes Gelände. Er führte aber auch deutlich das kommunalpolitische Interesse der Stadt an: Das Freilichtmuseum würde »... der Museumszentrale Schleswig die kommunale Erweiterung ...« sichern. Die Stadt Rendsburg blieb auch nicht untätig. Sie schickte eine Delegation zum Freilichtmuseum »Das fynensche Dorf« bei Odense auf der Insel Fyn. Die Schleswig-Holsteinische Landeszeitung brachte einen ausführlichen Reisebericht, in dem es lapidar hieß: »Vorbild für das in Rendsburg geplante Landesmuseum«.

Dr. Kugler hatte ›ohne Netz‹, d. h. ohne formelle Absicherung durch den Magistrat gekämpft. Am 28. Nov. 1957 stimmte dieser grundsätzlich den Bemühungen für Schleswig zu, betonte aber, daß sachliche Argumente erstrangig sein sollten und daß das Land finanziell eine »Ausgleichpflicht« habe. Da Dr. Schlee als Betroffener und Landesbediensteter nicht in der Öffentlichkeit auftreten konnte und der Bürgermeister viele andere Aufgaben zu lösen hatte, wurde ich ›ins Feld‹ geschickt. Sehr wohl war mir dabei nicht. Das in Aussicht genommene Gelände von den Burgseewiesen bis etwa hinauf zur Bahnlinie hatte in etwa die drei Grundstrukturen Schleswig-Holsteins von der Marsch über den Mittelrücken zur Moräne, wenn auch in umgekehrter Richtung. Es mußte aber erst erworben werden, und die Gründungsarbeiten in den sumpfigen Wiesen würden, wie Bohrungen Dr. Erich Wohlenbergs, des Direktors des Nissenhauses in Husum, ergeben hatten, sehr kostspielig werden. Mir war es aber auch fraglich, ob die entscheidenden Eingriffe in die Naturlandschaft am Tiergarten und eine so große ›Museumsanhäufung‹ in Schleswig letztlich wünschenswert waren. Als Bediensteter der Stadt mußte ich aber den Auftrag mit Vehemenz ausführen. Das brachte mir viele ›Prügel‹ ein.

Am 31. Januar 1958 brachten die Schleswiger Nachrichten ein langes Interview mit mir, in dem ich die Gründe für Schleswig erläuterte. Es entfachte einen harten Pressekrieg im Lande mit ›pro und contra‹.

Am 6. März 1958 berichtete ich dem Magistrat über das Vorhaben und seine Schwierigkeiten. Die Stadträte empfahlen der Ratsversammlung, das Gelände von 32 ha, einen Zuschuß zum Aufbau im Rahmen der finanziellen Möglichkeiten zur Verfügung zu stellen und die Zuwegung zu übernehmen sowie einen laufenden Zuschuß zu zahlen. Es war eine waghalsige Empfehlung, da noch keine Vorstellungen über die entstehenden Kosten und die Finanzierung bestanden. Die Ratsversammlung beschloß aber entsprechend.

Der harte Pressekampf zielte auf den 25. Februar 1958. Der Schleswig-Holsteinische Heimatbund hatte seine Vorbereitungen für die Gründung eines Trägervereins abgeschlossen und für den 25. Februar zur Gründungsversammlung in den »Conventgarten« nach Rendsburg eingeladen. Der Verein »Schleswig-Holsteinisches Freilichtmuseum e. V.« wurde gegründet. Eine Entscheidung über den Standort des Museums wurde aber noch nicht getroffen. Landrat Dr. Alnor wurde zum Vorsitzenden des Vereins gewählt, Dr. Schlee und ich kamen in den »wissenschaftlichen Beirat«. In der Versammlung machte sich aber schon eine Stimmung gegen Schleswig bemerkbar. Im Vorstand hatten Holsteiner die Mehrheit. Sie waren eindeutig für den Standort Molfsee bei Kiel. Eine Mitgliederversammlung in Kiel Anfang Februar 1960 übertrug mit Mehrheit dem Vorstand die Entscheidung über den Standort. Wir waren mit einem Bus voll schnell angeworbener Mitglieder zur Versammlung gefahren. Kiel hatte aber viel mehr Mitglieder zusammengebracht. Damit war die Vorentscheidung für Kiel getroffen.

Da der Erwerb der Grundstücke in Molfsee Schwierigkeiten bereitete und auch die Stadt Kiel keinen hohen Zuschuß zusagen konnte, waren für den Verein lange Verhandlungen mit der Landesregierung über die Finanzierung erforderlich, die zu Verzögerungen führten. Dr. Kugler machte daher einen erneuten Vorstoß. In einem Interview mit den Schleswiger Nachrichten am 15. November 1960 erklärte er, daß der Aufbau des Museums keine Verzögerung vertrage; er bot 50 ha der Stadt Schleswig gehörendes Gelände nördlich der Stadt zwischen der B 76 und der Umgehungsstraße unentgeltlich sofort an. Er behauptete kühn, daß durch die Schwierigkeiten in Molfsee der Beschluß hinfällig sei. Nach Gegenstellungnahmen erneuerte er in der Zeitung am 26. Nov. sein Angebot und betonte, daß die Landesregierung die Frage der Wirtschaftlichkeit berücksichtigen müsse, die in Schleswig gegeben sei. Der Beschluß wurde aber nicht geändert. Es gelang, die Schwierigkeiten in Kiel zu überwinden, der Aufbau unter der Leitung von Prof. A. Kamphausen, der immer für Molfsee gewesen war, begann. Wir Schleswiger zogen uns aber nicht beleidigt zurück. Entscheidend war für uns, daß das Freilichtmuseum verwirklicht wurde. Auf Wunsch Dr. Kuglers blieb ich im wissenschaftlichen Beirat und die Stadt Mitglied im Verein.

Eine Chronik anderer Maßnahmen, Situationen, Ereignisse und Personalien

Es können hier nicht die vielen anderen von der Stadt, anderen Institutionen und Bürgern bewältigten Aufgaben eingehend geschildert werden. Einen kleinen Einblick soll die folgende kurze Chronik geben.

1950

Am 1. Dez. 1949 wurden die lokalen Informationsmöglichkeiten der Bürger wesentlich verbessert: Das Flensburger Tageblatt erschien für Schleswig und Umgebung von diesem Tag an unter dem Kopf »Schleswiger Nachrichten« mit einem umfangreichen lokalen Teil, der wieder auf der alten Rotationsmaschine im Haus Stadtweg 54 gedruckt wurde. Der Hauptschriftleiter Dr. Fritz Michel war den Schleswigern bekannt. Er war schon vor dem Krieg Hauptschriftleiter der damals selbständigen »Schleswiger Nachrichten« gewesen, bevor er nach Kiel als Chef der »Nordischen Rundschau« ging.

Am 12. Jan. 1950 beschloß der Hauptausschuß, dem Verkehrs- und Verschönerungsverein 20000 DM jährlich als Zuschuß zu zahlen. Der Verein richtete sein Büro im Erdgeschoß des Hauses Lollfuß 53 ein. Unter dem Vorsitz von Jakob Böhme, dem Geschäftsführer Dr. Tessin und eifriger Mitarbeit des Polizeihauptmanns a. D. Schröter entwickelte der Verein sofort erstaunliche Aktivität.

Im Mai 1950 stellte der Verkehrs- und Verschönerungsverein den ersten in einer Auflage von 20000 Exemplaren gedruckten Stadtprospekt mit einem von dem Bühnenbildner Paul Schönke entworfenen Umschlagbild vor.

Am 25. Aug. 1950 wurden die ersten Räume der Schleswig-Holsteinischen Landesmuseen festlich eröffnet. Ministerpräsident Diekmann und Landesminister Siegel würdigten durch ihre Teilnahme die Bedeutung des Tages. Die Stadt gab der großen Festversammlung ein einfaches Essen in der »Schleihalle«. Bürgermeister Lorenzen nutzte in seiner Tischrede die Gelegenheit, die besonderen Wünsche der Stadt den Regierungsmitgliedern ›aufzutischen‹: Umbau des Domturmes, ein eigenes Theater und die Sicherung der Hoe'schen Bibliothek.

Am 9. Dez. 1950 konnte das von den Briten geräumte Hotel »Stadt Hamburg« von Frau Erna Steinhusen wiedereröffnet werden. Für den Fremdenverkehr standen damit rd. 85 Betten mehr zur Verfügung.

Anfang Okt. 1950 wurde im »Sudhaus« am Amtsgerichtsplatz eine städtische Jugendherberge und auf der Schloßinsel ein städtisches Jugendheim eingeweiht.

Die Kohleversorgung war im Winter 1950/51 noch sehr schwierig. Am 21. Dez. 1950 beriet der Magistrat mit Konsul Horn über eine gerechte Verteilung und weitere Bezugsquellen.

Die Schleswiger Nachrichten konnten am 16. Dez. 1950 berichten, daß der Weihnachtsumsatz des Einzelhandels einen »Rekord« erreiche. Vor allem wurden Bekleidung und Schuhe gekauft.

Einige Zahlen aus dem am 30. Dez. veröffentlichten Jahresbericht des Bürgermeisters für das Jahr 1950: 4100 Schüler wurden von 92 Lehrern unterrichtet. Von den 890 geborenen Kindern waren 120 »unehelich«. 810 Einwohner waren gestorben, 340 Paare hatten sich trauen lassen.

1951

Die am 9. Juli 1950 erfolgten Landtagswahlen hatten zur Ablösung der SPD-Regierung geführt. Die neue Regierung bürgerlicher Parteien hatte das viele Familien und Schulen hart treffende Gesetz beschlossen, die 6-klassige Grundschule in eine 4-klassige umzuwandeln. Für die weiterführenden Schulen bedeutete diese Entscheidung, daß sie im Frühjahr 1951 drei Jahrgänge aufnehmen mußten. Die Oberstudiendirektorin der Staatlichen Lornsenschule rechnete mit 200 Neuaufnahmen, O. St. Dir. Theune von der Staatlichen Domschule gab keine Zahlen an, machte aber auf die entstehenden Raum- und Personalschwierigkeiten auch seiner Schule aufmerksam. Frau Schäffler, die Rektorin der Mittelschule, befürchtete ein Anwachsen der Schülerzahl auf 800.[176])

Nach der Verlegung der Landesregierung nach Kiel war in Schleswig im ehemaligen Regierungsgebäude die kleine Dienststelle des »Landesbeauftragten« für den Landesteil Schleswig eingerichtet worden. Leiter war der Landesdirektor Jens Nydal. Sorgen und Anregungen aus dem Landesteil und der deutschen Minderheit nördlich der Grenze fanden in ihm einen energischen Verfechter bei der Landesregierung. Besorgt nahm der Magistrat am 28. Juni davon Kenntnis, daß die Regierung beabsichtigte, die Dienststelle aufzulösen. Es wurde eine Protestaktion beschlossen. Der Bürgermeister lud die Landräte und Bürgermeister aus dem Landesteil zu einer Versammlung im Ständesaal des Rathauses ein. Die gut besuchte Versammlung am 18. Juli bildete einen siebenköpfigen Ausschuß, der in Kiel der Regierung die Besorgnisse des Landesteils darlegte. Die Aktion blieb ohne Erfolg. Die Dienststelle wurde nach dem Ausscheiden Nydals mit der Begründung aufgelöst, daß sie nach der Gründung des »Deutschen Grenzausschusses«, der die deutsche Grenzarbeit koordinieren sollte, überflüssig sei.

Am 20. Sept. und 25. Oktober beschloß der Magistrat, sich um die geplante »Europäische Jugendzentrale« zu bemühen und dafür die Stampfmühle oder ein Grundstück am Brautsee zur Verfügung zu stellen. Die Stadt hat dabei viel vergebliche Vorarbeiten geleistet. Es stellte sich im folgenden Jahr heraus, daß dem geplanten Unternehmen, das aus der damals noch herrschenden Europabegeisterung geboren worden war, die realen Grundlagen fehlten.

Die deutschen Grenzorganisationen waren vor allem von aktiven Flensburger Bürgern gegründet worden. Die Schleswiger Gremien meinten bei der Vergabe der Mittel zu kurz zu kommen. Sie waren vor allem an der Arbeit der ADS (Arbeitsgemeinschaft Deutsches Schleswig) interessiert, die sich der sozialen Arbeit widmete und Kindergärten, Jugendheime sowie Müttergenesungsheime baute und betrieb. Da die Stadt dringend einen weiteren Kindergarten errichten mußte, die nötigen Mittel aber nicht auftreiben konnte, beschloß der Magistrat am 20. Sept., die Mitgliedschaft in der ADS zu beantragen und zu bitten, einen Schleswiger »Obmann« im Vorstand zu akzeptieren. Die Stadt wurde Mitglied und ich als beratendes und bald darauf als Vollmitglied in den Vorstand berufen.

Am 2. Oktober tagte die Westdeutsche Kulturministerkonferenz in Schleswig. Die Stadt gab den Ministern ein Essen, bei dem konsequent wie immer von Bürgermeister Lorenzen die Sorgen um das Schulwesen und die kulturellen Einrichtungen der Stadt vorgetragen wurden.

Der Fremdenverkehr hatte sich im Sommer gut entwickelt. Es wurden 19023 Übernachtungen von 11332 Gästen gezählt, denen jetzt 300 Betten in Hotels und Gasthöfen zur Verfügung standen.

In der letzten Ratsversammlung des Jahres wurde Dr. Kurt Furbach wegen Erreichung der Altersgrenze als Syndicus feierlich verabschiedet. Sein Nachfolger wurde der Jurist Töwe.

1952

Die Wohnungsnot war noch immer das bedrückendste Thema in den Beratungen der Gremien. Nach einem Bericht der Schleswiger Nachrichten vom 18. Februar hatte der Leiter des Wohnungsamtes, Dannenberg, in einer Versammlung des Neustädter Bürgervereins mitgeteilt, daß noch 1808 Einwohner in 559 »Elendsquartieren« hausten.

Im April wurde das »Gottorfer Kreuz« umgestaltet. Die dreieckige Grünanlage mit den alten Bäumen verschwand bis auf die heute noch stehende Rotbuche.

Das Landesjugendheim erhielt im Herbst des Jahres das ehemalige Reservelazarett II und den Hof Königswill sowie die alte Ziegelei, insgesamt 70 ha für rd. 300 Jugendliche; nach dem Fortgang des englischen Residenzoffiziers kam auch der Besitz Paulihof 5 hinzu.

Am 22. Nov. wurde das vom ev. Hilfswerk mit schwedischer Hilfe gebaute »Schwedenhaus«, Plessenstraße 5, übergeben.

Am 18. Dez. beschloß der Magistrat, sich um die »Errichtung eines Fernsehsenders« in Schleswig zu bemühen. Der ergebnislose Versuch zeigt, wie schnell Bürgermeister Lorenzen auf alle Entwicklungen reagierte, denn am 25. 12. nahm der NWDR die täglichen Programmsendungen auf.

1953

Am 8. Januar gab die Polizeiinspektion für 1952 folgende Zahlen bekannt: 2532 »Verbrechen« und 593 Verkehrsunfälle (1951 502) mit 10 Toten.

Die Bemühungen der Stadt um einen ADS-Kindergarten hatten Erfolg. Der Magistrat konnte am 6. Febr. den Vorschlägen der ADS zur Errichtung eines Kindergartens zustimmen. Schon am 4. August fand das Richtfest am Lornsenplatz statt.

Am 28. Sept. beschloß die Ratsversammlung, die Fremdenverkehrswerbung und die Zimmervermittlung in städtische Regie zu übernehmen, obwohl der Verkehrs- und Verschönerungsverein sehr effektiv arbeitete. Zum Haushalt des Vereins von 34000 DM zahlte die Stadt einen Zuschuß von 30000 DM und war mit zwei Mitgliedern der Ratsversammlung im Vorstand vertreten. Eine Mehrheit der Ratsversammlung war aber der Meinung, daß die Stadt bei dem hohen Zuschuß zu wenig Einfluß habe und bei Eingliederung der Arbeit in das »Amt für Kulturelles« Mittel eingespart werden könnten. Für den verdienstvollen Vorsitzenden des Vereins, Jakob Böhme, und den versierten Geschäftsführer, Dr. Tessin, war der zum 1. 4. 54 terminierte Beschluß hart. Sie hatten in schwieriger Zeit unbürokratisch und schnell gehandelt. Glücklicherweise konnte Dr. Tessin dann aber bald wieder in seinen alten Beruf als Archivrat zurückkehren. Die Sekretärin des Vereins, Frau Knoop, wurde in das »Amt für Kulturelles« übernommen. Für den Fremdenverkehr wurde ein eigener Ausschuß der Ratsversammlung unter dem Vorsitz von Stadtrat Paul Kube gebildet. Der Verein blieb mit einem kleinen Zuschuß der Stadt bestehen, als »Verschönerungsverein«, er hat seitdem mit viel Energie auf Mißstände im Stadtbild hingewiesen und viele aus eigener Kraft beseitigt, für Beflaggung, Papierkörbe, Bänke und Reinigungsaktionen gesorgt.

Im Nov. wurden bis auf 13 alle von den Briten beschlagnahmten Häuser einschließlich des Finanzamts freigegeben.

1954

Am 4. Januar berichteten die Zeitungen, daß das Landessozialgericht in Schleswig »errichtet« worden sei. Die Akten aus Lüneburg seien eingetroffen. Das Oberversicherungsamt war ab 1. Januar 1954 zum Landessozialgericht umgebildet worden. Der Leiter des L. Vers. Amtes, Dr. Ernst-Siegfried Buresch, wurde der erste Präsident des neugebildeten Gerichts.

Am 8. Januar wurde berichtet, daß der Umzug des Finanzamts in das alte Gebäude an der Suadicanistraße, das nach dem Krieg im Marthahaus an der Königstraße untergebracht worden war, schwierig sei, da kaum Möbel vorhanden waren. Als Kuriosum wurde mitgeteilt, daß die »Besatzer« Fresken von Jan Laß mit »halbbekleideten Frauenfiguren« übermalt hatten.

Am 17. Febr. erfuhren die Bürger, daß das Amtsgerichtsgefängnis, in dem 88 Männer und 14 Frauen untergebracht werden konnten, geschlossen worden war.

Im Februar und März bemühte sich der Magistrat vergeblich um die Verlegung des Oberverwaltungsgerichts von Lüneburg nach Schleswig.

Anfang April unternahmen Bürgermeister Lorenzen und ich eine siebentägige Werbereise durch Dänemark und Südschweden.

Am 10. Mai, dem 200sten Geburtstag von Asmus Jacob Carstens, wurde in einer Feierstunde die Gallbergschule in »Asmus-Jacob-Carstensschule« umbenannt.

Durch die Bemühungen von Kreisbrandmeister Friedrich Bartheidel und Bürgermeister Lorenzen gelang es, den Landesfeuerwehrtag nach Schleswig zu bekommen. Durch das herrliche Wetter begünstigt wurden der 22. und 23. Mai das größte Volksfest, das die Schleswiger erlebt haben. Die Höhepunkte waren ein großer Festumzug und ein Feuerwerk, das durch eine von vielen Wehren an der Schleipromenade hochgespritzte und beleuchtete Wasserwand effektvoll ergänzt wurde.

Am 24. Juni konnte die Jugendherberge an der Spielkoppel wiedereröffnet werden; das Entbindungsheim war in den Anbau des Plessenhofes umgezogen.

Am 23. August konnte das Wetteramt bezogen werden. Direktor wurde O. Rg. Rt. Dr. Herrmann.

Schon 1953 hatten, von Dr. Tessin und anderen Bürgern angeregt, Diskussionen über eine 1150-Jahrfeier 1954 begonnen. Die Befürworter gingen vom Jahre 804 aus. Zu diesem Jahr wird in den Fränkischen Reichsannalen eine Siedlung Sliesthorp erwähnt. Es handelt sich um die wikingzeitliche Siedlung, die später auch Sliaswich und Haithabu in Quellen genannt wird. Wenn auch das heutige Schleswig als bedeutendere Siedlung

Nachfolgerin sein dürfte, so war es mir und vielen anderen doch fragwürdig, aus dem Jahr 804 ein »Stadtjubiläum« abzuleiten. Der Magistrat beschloß schon am 7. Aug. 1953 es zu feiern, aber keine Sondermittel bereitzustellen. Es wurde ein Konglomerat von Veranstaltungen nichtstädtischer Organisationen, über das noch an anderer Stelle berichtet wird. Der Maler Gerhart Bettermann gestaltete einen zweiseitigen Bilderbogen zur Stadtgeschichte, der weit gestreut verschickt wurde und gefaltet als Stadtprospekt diente. Der eigentliche ›Geburtstag‹ wurde der 19. Sept. Nach der Eröffnung einer Ausstellung im Schloß gab die Stadt einer großen Gästeschar aus dem ganzen Land ein einfaches Essen im Wintergarten der »Schleihalle«. Es kam dabei zu fröhlichen Redeschlachten. Bürgermeister Lorenzen nutzte wie immer die Gelegenheit, den Offiziellen in launiger Weise die Wünsche der Stadt darzulegen. Das Essen bekam einen besonderen Akzent durch die Anwesenheit von fünf Schleswiger Bürgermeistern: Dr. Oskar Behrens, Dr. Helmut Lemke, Hermann Clausen, Jakob Böhme und Bruno Lorenzen.

Im Oktober wurde die Beseitigung der Schleibahn heftig diskutiert. Es war ein alter Plan, den schon Bürgermeister Dr. Lemke vor dem Krieg verfolgt hatte. Alle für den Fremdenverkehr Verantwortlichen waren für den Abbruch, da die Bahnlinie die Stadt von der Schlei trennt. Besonders setzte sich Landrat Hagge für den Abbruch ein. Die Beseitigung der gefährlichen Verkehrssituation auf dem Gottorfdamm und die Verbesserung des Stadtbildes waren sicher nicht seine Hauptmotive; er errechnete sich vor allem höhere Waggongebühren für die Kreisbahn auf der Strecke Süderbrarup–Zuckerfabrik.

Der Magistrat beschloß in seiner Sitzung am 28. Oktober, noch nicht Stellung zu nehmen, sondern sich nur für den Abbruch einzusetzen, wenn die Geschäftswelt dadurch keinen Schaden erleiden würde. Die Inhaber der Geschäfte nördlich der Schlei protestierten aber heftig. Im übrigen war die Aktion ein ›Streit um des Kaisers Bart‹, denn die Bundesbahnverwaltung erklärte im Nov., daß sie einer Stillegung der Strecke nicht zustimmen werde.

Am 22. Okt. wurde Frau Betti Schreiber als Nachfolgerin von Frau Mirow als O. St. Direktorin der Lornsenschule in ihr Amt eingeführt.

1955

Am 5. Januar konnte der städtische Kindergarten am Liliencronweg eingeweiht werden.

Am 6. Januar beschloß der Magistrat, der Mittelschule mit Beginn des neuen Schuljahres den Namen »Bruno-Lorenzen-Schule« zu geben. Die Namengebung erfolgte dann aber erst am 30. Dezember, dem einjährigen Todestag des Bürgermeisters.

Ende Jan. wurde Karl Segelcke als Leiter des Hauptamtes der Stadtverwaltung nach 50 Dienstjahren verabschiedet. Sein Nachfolger wurde Friedrich Krohn, der das Amt schon bis 1945 verwaltet hatte.

Am 1. Juni übernahm Herr Heinrich Schacht als Nachfolger von Direktor Brockmann die Leitung der Stadtsparkasse.

Mit Interesse verfolgten die Schleswiger die Vorarbeiten für den Umbau des Domturms. Die Schleswiger Nachrichten berichteten am 10. August, daß das Mannesmanngerüst in sieben Wochen eine Höhe von 50 m erreicht hatte. Am 31. August wurde der Zentralomnibusbahnhof (ZOB) eingeweiht.

Lange hatten die Gremien die Raumsituation der Pestalozzischule (Sonderschule) erörtert. Sie war in zwei Klassen im rückwärtigen Teil des Café Haß, Stadtweg 85, notdürftig untergebracht. Ein Neubau auf dem Jahnplatz scheiterte glücklicherweise an der Finanzierung. Nach Plänen des Ing. Rieken vom Stadtbauamt wurde der östliche Flügel des Marthahauses, Königstraße 30, ausgebaut und am 30. Sept. eingeweiht. In die früheren Räume der Schule zog das städtische Kindergärtnerinnenseminar ein.

Im Nov. war die auf Initiative des Reg. Inspektors Hans Allekotte durchgeführte Umgestaltung des Garnisonfriedhofes an der Husumer Straße abgeschlossen. Der Holzbildhauer Müller hatte die morschen Holzkreuze durch 290 Tafeln aus Eichenholz ersetzt.

Am 31. Dez. beendete O. Stud. Dir. Heinrich Theune nach 24 Jahren seine Tätigkeit als Leiter der Staatlichen Domschule. Er war als Oberschulrat in das Kultusministerium berufen worden. Sein Nachfolger wurde Dr. Erich Pohl, der seit 1935 an der Schule tätig war. Bei seiner Einführung ins Amt würdigte er Theune, dem er christliche Ethik, Liebe zur Antike, Lebensnähe und Deutschbewußtsein als hervorragende Eigenschaften bestätigte. Theune galt im Lande als der beste Kenner des Schulrechts.

1956

Die 53 Abiturienten der Domschule entschieden sich für folgende Universitätsstudien: Jura 11, Philologie 7, Medizin 5 und Theologie 4. Die übrigen Schüler hatten sich noch nicht entschieden. Zwei Aufsatzthemen standen bei der Prüfung im März zur Auswahl: »Was verstehen Sie unter dem heute so oft gebrauchten Begriff Abendland?« oder »Der kann sich manchen Wunsch gewähren / der kalt sich selbst und seinem Willen lebt. / Allein, wer andre wohl zu leiten strebt / muß fähig sein, viel zu entbehren. Wie verstehen Sie diese Mahnung aus dem Gedicht ›Ilmenau‹ von Goethe?«.[177])

Am 28. April fand die Eröffnung der von der Stadt unterstützten Wirtschaftsschau »Zwischen Grenze und Eider« statt. Herr Karl Weinkauf hatte sie organisiert. 134 Aussteller zeigten in 4 großen Zelten Maschinen, Blumen und Tiere. Ein großes Festzelt ergänzte die Schau. Am 1. Mai kamen 5000 Besucher, an den anderen Tagen blieb der Besuch gering. Der Wunsch auf eine jährliche Wiederholung wurde daher nicht erfüllt.

Die veraltete Kanalisation war ein besonders dringliches Problem der Gremien. Bei den begonnenen großen Umbauarbeiten zeigte sich 1956, daß infolge technischer Schwierigkeiten eine Sanierung Jahre dauern würde.

Die Ratsversammlung diskutierte das Problem im Mai eingehend. Aus der Erörterung ergab sich, daß noch ein Drittel aller Abwässer ungeklärt in die Schlei liefen und daß auch nach dem Betrieb der im Bau befindlichen Pumpstation an den Königswiesen keine wesentliche Besserung eintreten werde. Daß von den Abwässern angeblich[178]) ⁹/₁₀ »Küchenabwässer« waren, konnte die Bevölkerung kaum beruhigen, denn das Louisenbad mußte wegen des schlechten Schleiwassers bis Ende Juli geschlossen werden.

Am 18. Nov. wurde die Gedenkstätte für die Toten der beiden Weltkriege eingeweiht. Sie war nach dem Entwurf von Architekt Hans Bastel im Rosengarten oberhalb des Jahnplatzes gebaut worden. Eine mehrjährige Diskussion war vorausgegangen. Der Lollfußer Bürgerverein hatte eine Gedenkstätte in der Anlage vor dem Amtsgericht vorgeschlagen. Vom Verkehrs- und Verschönerungsverein war ein vom städtischen Gartenbaumeister Hans H. Dahl detailliert ausgearbeiteter Plan für die Ausgestaltung des Geländes um den Herkulesteich im Tiergarten vorgelegt worden. Einige Bürger, darunter auch ich, waren für eine stille Gedenkstätte im unteren Turmraum der Pauluskirche. Dr. Kugler hatte, um dabei auch eine Wahlmaschine auszuprobieren, im Lesesaal der »Brücke«, Stadtweg 26, die Einwohner abstimmen lassen. Die Mehrheit entschied sich für den Rosengarten. Ein Arbeitsausschuß unter dem Vorsitz von Willy Junge betreute den Plan und organisierte die Feier, zu der 2000 Menschen kamen. Propst Erwin Grabow hielt die Weiherede.

1957

Bürgermeister Dr. Kugler hatte schon im Febr. 1956 angekündigt, daß er der Ratsversammlung für zwei Jahre eine Zurückhaltung bei städtischen Investitionen vorschlagen werde. Sie folgte ihm für das Jahr 1957. Es waren für viele noch in der Verwirklichung befindliche Vorhaben große Darlehen aufgenommen, die die Stadt an die vom Innenministerium festgesetzte Verschuldungsgrenze gebracht hatten. Die Protokolle der Gremien verzeichnen daher nur wenige neue kleinere Bauvorhaben.

Der Winter 1956/57 wurde vom großen Metallarbeiterstreik geprägt. Es ging für die Gewerkschaft erfolgreich um die Lohnfortzahlung der ersten drei Tage im Krankheitsfall. Nach 16 Wochen wurde der Streik Mitte Febr. beendet.

Am 7. Jan. starb der durch seine großartigen Fotos von Helgoland und Schleswig bekannt gewordene Franz Schensky.

Der Fremdenverkehr hatte sich im Rechnungsjahr 1956/57 weiter zu einem entscheidenden Wirtschaftsfaktor entwickelt, es wurden 90 000 Übernachtungen in der Stadt gezählt.

Die Arbeitslosenstatistik für den Bezirk registrierte am 1. August 2952 Arbeitslose. In der Bundesrepublik waren es 390 250.

Die Domschule feierte Anfang Sept. ihr 650-jähriges Jubiläum mit einer Festansprache von Kultusminister Osterloh. Er stellte ihr u. a. die Aufgabe: ». . ihre Entscheidung in der Verantwortung vor Gott, in Achtung vor dem Nächsten und in Bindung an die Gemeinschaft für den Frieden zu tragen«.[178])

Anfang Sept. starb in Hestoft in Angeln der Admiral a. D. und Landrat des Kreises Schleswig, Hans Kolbe. Er wurde auf dem Kieler Nordfriedhof beigesetzt. Er war ein Mann, der, obwohl die NSDAP ihn ›vereinnahmt‹ hatte, immer gradlinig sich gegen Ungerechtigkeiten gewehrt und große Achtung bei vielen Bürgern gewonnen hatte.

Eine Pressemitteilung der Stadt vom 17. Aug. zeigte die großen finanziellen Belastungen, die das Straßennetz der weit ausgedehnten Besiedlung der Stadt bereiteten. Schleswig hatte 63 km Straßen. Davon waren 8 km Bundesstraßen. 36,1 km waren noch wassergebunden. Schleswig war in Schleswig-Holstein die Stadt mit den wenigsten Einwohnern am laufenden Straßenkilometer.

1958

Der Bund ließ die Flensburger Straße, die ein Teil der Bundesstraße 76 war, neu pflastern. Bei diesem Vorhaben wurden leider die schönen großen Bäume auf der Ostseite der Straße entfernt.

Am 15. Februar starb Dr. Peter Ingwersen. Der ehem. Reg. Oberschulrat hatte sich als Heimatschriftsteller[179]) und intensiver Förderer der Kulturarbeit im Kreis einen Namen gemacht. Er hatte die »Arbeitsgemeinschaft für Landes- und Volksforschung« geleitet, den »Heimatverein Schleswigsche Geest« mitbegründet und viele Arbeiten zur Pädagogik verfaßt. Als Kreistagsabgeordneter hat er, zunächst belächelt, die Aktion »Schönes Dorf« durchgesetzt.

Schon etliche Jahre hatte der Kreissportverband unter dem Vorsitz von Stud. Rt. Walter Dominke für den Bau eines Hallenbades geworben und Spenden gesammelt. Mitte Febr. wurde das »Hallenschwimmbad-Kuratorium« unter Mitwirkung der Stadt gegründet. Dominke wurde der Vorsitzende. Am 2. Mai erfolgte die Gründung des »Hallenbad-Bauverein Schleswig« mit Dominke als Vorsitzendem.

Am 14. Sept. lief auf der Werft I. I. Sietas in Hamburg-Neuenfelde das 850 tdw Kühlschiff »Stadt Schleswig« vom Stapel. Bürgervorsteher Dr. Wehn und Bürgermeister Dr. Kugler waren dabei zugegen. Frau Elfi v. Hassel taufte das Schiff. Dr. Kugler forderte den Reeder Heinz Horn auf: »Kehren Sie zurück nach Schleswig, in die Stadt, deren Namen Ihr schönes Schiff hinausträgt in die Welt.« Die Schleswiger Nachrichten berichteten am 16. Sept. enttäuscht: »Reeder Horn blieb die Antwort leider schuldig.«

Mitte Sept. konnte das Richtfest für den Anbau des Kreishauses, den der Architekt Bastel entworfen hatte, gefeiert werden.

Mitte Oktober beschlossen die Gremien der Stadt, den Wasserturm am Hindenburg-platz um 4 m zu erhöhen. Die Bauzeit wurde auf 4 Monate geschätzt.

Am 30. Okt. wurde auf der Bootswerft E. Burmeister in Bremen-Burg das Küstenmi-nenboot »Schleswig« unter dem Kommando von Kapitänleutnant Kirchner in Dienst ge-stellt.

Im Dezember gab es heftige Debatten um den Silobau am Hafen. Die Regierung woll-te nur eine Höhe von 8 m gestatten. Dr. Wehn wehrte sich besonders heftig gegen diese Auflage.

1959

Die von Dr. Kugler angeregte Investionszurückhaltung wurde 1957 und 58 eingehal-ten. Die dadurch erreichte Reduzierung des Schuldendienstes der Stadt erlaubte es, 1959 wieder größere Bauvorhaben in Angriff zu nehmen.

Schon am 2. Januar vergab der Magistrat die Bauarbeiten für den »Schwarzen Weg« und beschloß die Planung der Schule Nord.

Am 29. Januar verabschiedeten im Hotel »Stadt Hamburg« Vertreter öffentlicher In-stitutionen und Freunde Min. Rt. i. R. Hermann Dahlmann, der nach Prien am Chiem-see umzog. Als Gründer des Ortskulturrings, Förderer der Kontakte zur deutschen Volksgruppe in Tinglev, Kreistagsabgeordneter und durch seine stetige Hilfsbereitschaft hatte er sich viele Freunde gewonnen.

Am 11. Febr. wurde das Schwesternwohnheim des Krankenhauses eingeweiht.

Am 31. März schied Frl. Marianne Schnöpf nach fast 30-jähriger Tätigkeit als Leiterin der Stadtbücherei aus dem Amt aus. Bürgermeister Dr. Kugler widmete ihr herzlichen Dank. Er hob hervor, »... daß für ein Werk nicht einerlei sei, welche Persönlichkeit hin-ter ihm stehe ... das menschlich Verbindende ...« sei für die Entwicklung der Bücherei durch die Bibliothekarin entscheidend gewesen.

Am 14. April bewilligte der Magistrat 10000 DM für die Beleuchtung des Domturmes.

Im April verließ das Quartiermacher-Transportbataillon 915 den Standort Schleswig, das Feldartilleriebatl. 61 zog in die freigewordenen Kasernen ein. Der durch den Aufbau der Bundeswehr bedingte häufige Wechsel von Einheiten in den Kasernen auf der Frei-heit kann hier nicht im einzelnen geschildert werden.[180] Eine ›feste Größe‹ war ab 1958 Major Hans Hensen als Standortkommandant.

Am 11. April wurden die ersten 172 Wohnungen im neuen Stadtteil St. Jürgen gerich-tet.

Am 28. April starb im 78. Lebensjahr Franz Grell. Der Lebensweg eines Mannes war beendet, der seit den 20er Jahren in Politik und Kultur aus eigener Verantwortung inten-siv tätig war. Seine Bindung an die CDU, deren Mitbegründer er war, war für ihn nie eine menschliche Abgrenzung zu Mitgliedern anderer Parteien. Das Schleswiger Theater ist ohne ihn nicht zu denken.

Anfang Mai fand in Anwesenheit von Min. Präsident Dr. Lemke die Einweihung des von Architekt Dipl. Ing. Waldenmaier entworfene Schwesternwohnheim des Landes-krankenhauses statt. Es war das erste »Hochhaus« im Stadtbild.

Am 10. Mai wurde das von dem Bildhauer Walter Rössler für den Heimkehrerverband geschaffenen »Mahnmal« am Aufgang zur Michaeliskirche Pastor Neujahr übergeben. Der Verband war stolz darauf, ohne Zuschüsse der »öffentlichen Hand« die Arbeit finan-ziert zu haben. Am 20. Mai war der Neubau des Kreishauses und Anfang Juli der »Schwarze Weg« fertig.

Am 1. Sept. erfolgte die Umstellung von Gleichstrom auf Wechselstrom. Die Stadt-werke rechneten mit einer Einsparung von 1 Mio. Kw. 1500 neue Straßenlaternen sollten nach der Umstellung aufgestellt werden.

Im Sept. begann die Diskussion um die Umgestaltung des Hauptteils des Stadtwegs in eine »Ladenstraße«. Dr. Kugler hatte schon lange dieses Ziel im Auge. Der ADAC führte eine Befragung der Geschäftsleute an dem betroffenen Abschnitt durch. Von 52 Befragten waren 29 dafür, 8 unter bestimmten Voraussetzungen (genügend Zeiten für Be- und Entladung) und 15 lehnten sie ab. Die Befürworter waren vor allem die Geschäftsinhaber an der Südseite, die durch den »Schwarzen Weg« ungehinderte Be- und Entlademöglichkeiten und Parkplätze hatten. Ein Sprecher der Gegner war Bürgervorsteher Dr. Wehn. Für den Fall der Durchführung verlangte er den Ausbau der Michaelisallee zur Versorgungsstraße für die Geschäfte nördlich des Stadtweges. Dr. Kugler widersetzte sich diesem Plan rigoros. Es verging noch etliche Zeit, bis es zur Verwirklichung der Fußgängerstraße kam.

Ende Sept. wurde der Neubau der Kreisberufsschule an der Flensburger Str. Direktor Hans Petersen von Kultusminister Osterloh übergeben.

Anfang Oktober feierte das Oberlandesgericht sein 125-jähriges Bestehen. Präsident war Dr. Walter Hartz, dessen Vorgänger Dr. Kuhnt in den Ruhestand gegangen war.

Am 22. Oktober beschloß der Magistrat statt der geplanten Turnhalle für die Mittelschule eine Sporthalle mit internationalem Handballfeld und einer Tribüne zu bauen. Reg. Dir. Dr. Stutzer vom Kulturministerium hatte diese Erweiterung vorgeschlagen und einen erhöhten Zuschuß des Landes zugesagt. Auch der Landessportverband hatte eine Beteiligung an der Finanzierung in Aussicht gestellt.

Am 25. Dez. starb Stadtrat i. R. Mueller-Stahl, der das Amt des Stadtkämmeres innegehabt hatte.

1960

Am 29. Januar beschloß der Magistrat, den Architekten Erwin Mess mit der Planung einer Grundschule für den neuen Stadtteil St. Jürgen zu beauftragen.

Am 14. März begannen die Probebohrungen für das geplante Butterwerk an der Zuckerstraße, und am gleichen Tag wurde das »Autoheim« von Callsen und Wille an der St. Jürgener Str. eingeweiht.

Am 7. April beschloß der Magistrat, den Busdorfer Teich für 27 000 DM vom Land anzukaufen.

Mitte April fiel die Entscheidung für den Bau des Butterwerks in Schleswig, und Ende des Monats begannen die Vorbereitungen für den Bau des Selbstwählfernamts der Bundespost am »Schwarzen Weg«.

Die Entwicklung des sozialen Wohnungsbaus zeigt eine Notiz der Schleswiger Nachrichten vom 23. Juni. Danach war die Quadratmeterzahl je Wohneinheit von 43,1 1950 auf 61,7 gestiegen.

Im Juni erwarb die Stadt die ehemalige Lederfabrik von Knecht und Wördemann am Holmer Noorweg für Zwecke des Stadtverkehrs und des Stadtbauamtes (Bauhof).

Die Wohnungssituation war noch sehr bedrückend. Die Stadt gab die Statistik für Ende 1958 am 8. Juli in den Zeitungen bekannt: Es fehlten noch 1228 Wohnungen und von den vorhandenen waren 134 nur beschränkt bewohnbar.

Am 31. Juli trat Dr. Heinrich Jonas als Direktor der Landwirtschaftsschule in den Ruhestand, den er sinnvoll ausfüllte, indem er sich für vieles engagierte. Er hat z. B. über die Grabmäler Herzog Friedrichs I. und seiner Gemahlin in der Bordesholmer Kirche gearbeitet und den Bestand der Eiben in der Stadt aufgenommen.

Anfang August wurde die »Nordfleisch A. G.« in Schleswig gegründet. Die Stadt wurde nicht Mitglied, da die A. G. ihr keine Sperrminorität einräumen wollte.

Am 27. Oktober wurden Bauarbeiten an der Kläranlage für 992 659 DM vergeben.

Am 29. Dez. wurde der erste Stadtrat, Carl Lossau, in den Ruhestand verabschiedet.

110

1961

Am 4. Jan. wurde Dr. Eduard Nehm zum Generalstaatsanwalt ernannt und am 27. von Justizminister Leverenz in das Amt eingeführt.

Am 12. März starb Reg. Medizinaldirektor Dr. Walter Hellermann, der mit großem persönlichen Einsatz seit dem 1. Oktober 1952 als Nachfolger Dr. Grabows das Landeskrankenhaus geleitet hatte. Sein Nachfolger wurde Prof. Dr. Walter Döhner.[181])

Am 6. April starb Reg. O. Baurat Hermann Bulle, der durch Jahrzehnte das Staatliche Hochbauamt geleitet und sich besonders durch die Restaurierungsarbeiten am St. Petridom verdient gemacht hatte.

Im Juni wurde die von der Stadt lange gewünschte Straße von Dannewerk nach Klein Rheide fertig. Die Schleswiger Geschäftsinhaber erhofften sich von dieser verbesserten Verbindung der Stadt in den Kreiswesten eine Erhöhung der Umsätze.

Am 16. Juli teilten die Schleswiger Nachrichten mit, daß das Butterwerk seine Versuchsproduktion aufgenommen habe und Rahm von 40 Meiereien erhalte.

Am 19. Oktober beschloß der Magistrat, den »Schmieden-Hof«, Gallberg 4, zu erwerben.

Ende Nov. starb der ehrenamtliche Stadtrat der CDU, Karl Tretow. Er hat neben seiner politischen Tätigkeit seine ganze Freizeit der ehrenamtlichen Mitarbeit im Amt für Kulturelles gewidmet und dabei auch die Geschäftsführung der Volkshochschule viele Jahre übernommen.

Ende Nov. fand das Richtfest für den zweiten Abschnitt der Kanalisation statt. 5 Mio. von dem auf 11. Mill. DM für 60000 »Einwohnergleichwerte« veranschlagten Projekts waren verbaut.

1962

Im Januar wurden die Postleitzahlen eingeführt. Schleswig erhielt die Nr. 2380. Wie bei allen Neuerungen waren die Postkunden sehr ungehalten, weil sie jetzt bei jeder Postsendung in andere Orte im Verzeichnis nachschlagen mußten.

Am 11. Februar fand das Richtfest für die von Architekt Behnfeldt entworfene Sporthalle statt.

Am 17. Febr. wurde das Hotel »Stadtcafé« mit 27 Betten von Konditormeister Hans Jessen eröffnet.

Am 19. Februar berichteten die Schleswiger Nachrichten über die Flutkatastrophe, die die Westküste und Hamburg heimsuchte. Schleswig blieb verschont. Viele Soldaten der Schleswiger Garnison aber waren pausenlos im Hilfseinsatz.

Mit der Kommunalwahl am 26. März schließt diese Chronik.[182])

Chronik des Bürgerlebens

Vorbemerkungen

Das Leben der Bürger der Stadt wurde von vielen inneren und äußeren Faktoren bestimmt.

Eine Voraussetzung war die Sozialstruktur. Bei der Volkszählung 1961 wurden 34 424 Einwohner gezählt. Von diesen waren 11 751 »Erwerbspersonen«.[183]) Die Statistik gliedert diese in folgende Gruppen auf: 1223 »Selbständige«, 459 »Mithelfende Familienangehörige«, 1159 Beamte, 3781 Angestellte, 4068 Arbeiter, 8 Heimarbeiter, 1041 Lehrlinge und 11 ohne Berufsangabe.

Den »Erwerbspersonen« stand eine große Zahl von Rentnern und Pensionären gegenüber.

Die Versorgung der Einwohner mit allen Bedürfnissen an Lebensmitteln, Bekleidung, Einrichtungsgegenständen und Reparaturen erfolgte in der Berichtszeit noch durch alteingesessene Geschäfte und von Heimatvertriebenen gegründete Einzelhandelsgeschäfte. Manche waren zwar erweitert worden, die vielen heutigen »Supermärkte« gab es aber noch nicht. Mit dem Bau des Warenhauses Karstadt, zunächst noch unter dem Namen Grimme, kündigte sich aber schon die neue Entwicklung an. Ein Blick in das Branchenverzeichnis im Adreßbuch von 1965, das auf Ermittlungen der Jahre davor beruht, zeigt drastisch, wie sich die Geschäftsstruktur seitdem gegenüber heute verändert hat. Es führt noch 76 »Kolonialwaren-« und 48 »Genußmittelgeschäfte« auf. Es verzeichnet z. B. noch 29 »Schneidereien«, 18 »Schuhreparaturwerkstätten« und 20 Textilgeschäfte.

Es begannen in der Berichtszeit, wenn auch zunächst noch nicht so stark bemerkbar, die technische ›Revolution‹ und der steigende Wohlstand, die dann in den folgenden Jahrzehnten, als die Entwicklung immer rasanter wurde, die Lebensgewohnheiten der Menschen entscheidend verändert haben.

Dazu gehört die Zunahme der Kraftfahrzeuge, die die Menschen immer mobiler machte. Die Zahlen liegen bis 1962 nur für den alten Kreis Schleswig vor.[184]) Die erste erfaßte Zahl, Stichtag 1. Januar 1945, weist insgesamt 2223 »Kraftfahrzeuge« aus. Davon waren 974 Personenwagen, 21 Omnibusse und 452 Lastkraftwagen. Die Zahlen stiegen kontinuierlich bis 1962 auf 17 965 an. Darin waren 11 023 Personenwagen, 62 Omnibusse und 1302 Lastwagen. Die Zahlen zeigen, daß der »Individualverkehr« besonders stark zugenommen hatte. 1984 waren in der Stadt Schleswig allein 10 084 Personenwagen, 89 Omnibusse und 559 Lastwagen gemeldet. Kuriose Fahrzeuge rollten zunächst noch durch die Straßen wie z. B. der »Topolino«, der Messerschmidt Kabinenroller und die von vorn zu besteigende Isetta von B. M. W. Die Menschen konnten sich mehr und mehr beliebig aus den Stadtgrenzen und damit aus dem Bürgerleben entfernen.

Die Automobile verdrängten die Pferde aus dem Straßenbild. 1949 trabten noch 250 Rösser durch die Stadt, 1955 waren es noch 89 und 1962 nur noch 59.[185])

Am 31. Oktober 1955 wurden auch die letzten 3 Pferde der Post »ausgeschirrt«.[186]) Mit den bespannten gelben Paketwagen verschwand ein Stück ›Romantik‹. Mit den Pferden erlosch auch der in Schleswig recht stark vertretene Berufsstand der Kutscher, die »Chauffeure«, wie damals die Kraftfahrer noch genannt wurden, lösten sie ab.

Die Zahl der Fernsprecher nahm laufend zu. Ihre Zahl war von etwa 880 1941 auf 219 am 15. 11. 1946 abgesunken. 1950 waren 1383 Hauptanschlüsse zugelassen. Die Zahl stieg bis 1962 auf 2730 an. Am 31. Dez. 1984 waren es 15 065.[187]) Das Telefon ermöglichte es vielen Menschen, in ihren Wohnungen mit Verwandten und Freunden zu sprechen.

Sie brauchten nicht mehr so oft Besuche zu machen, und das Briefeschreiben kam auch weitgehend ›aus der Mode‹.

Rundfunk und Fernsehen bewirkten ebenfalls entscheidende Änderungen. 1936 waren in Schleswig 5600 Rundfunkgeräte gemeldet. Die Zahl stieg bis 1955 auf 8796 an und sank danach etwas ab. Der Grund dafür war das aufkommende Fernsehen. 1955 standen erst 185 Geräte in Schleswiger Häusern. Leider fehlen bis 1971 genaue Angaben.[188]) 1985 waren 7200 Fernsehgeräte und 8350 Rundfunkempfänger zugelassen. Die Schleswiger nahmen das neue Medium zunächst nur zögernd an. Die Schleswiger Nachrichten berichteten am 27. Juli 1957: »... in Schleswig schon 385 Fernsehapparate ...« Die sogen. »Gebildeten« in der Stadt lehnten nach außen zunächst das neue Medium naserümpfend ab. Es kam in den ersten Jahren häufig zu komischen Situationen: Wenn besondere Sendungen wie z. B. Krimis angekündigt wurden, gingen sie die Tatsache vertuschend zu ihren Raumpflegerinnen zum Fernsehgenuß.

Telefon, Rundfunk und Fernsehen führten später dazu, daß viele Menschen sich von ihren Mitbürgern isolierten. Als Selbstversorger machten sie sich nicht mehr auf den Weg zu Gottesdiensten, kulturellen Veranstaltungen, in die Kinos und zu Vereinsversammlungen.

Zunächst aber formierten sich die Schleswiger wieder im früheren ›Gefüge‹.

Die Briten lockern die Versammlungsverbote

Zum Bürgerleben einer deutschen Stadt gehören Kirchen u. Religionsgemeinschaften sowie viele Vereine. Die Kirchen konnten in ihren Räumen fast ungehindert ihre Arbeit fortsetzen. 1945 wurden die Vereine aber zunächst verboten. Manche ihrer Mitglieder trafen sich allerdings heimlich in Privatwohnungen.

Die sportbegeisterten Engländer lockerten schon am 18. Nov. 1946 die Verbote von Segelsportvereinen.[189]) Sie erlaubten »Vereine für Segelsport« mit einigen Einschränkungen: Boote durften keinen Motor haben, nicht mehr als 30 Fuß lang sein und nur auf Binnengewässern verkehren. Für den »Schleisegelclub« und den Verein »Ahoi« war damit das Startzeichen für einen − allerdings schwierigen − Neubeginn gegeben. Manche Boote waren verschwunden, andere mußten in langwierigen Verhandlungen mit englischen Soldaten, die sie sich angeeignet hatten, zurückgewonnen werden.

Laut Verordnung vom 18. Sept. 1947[190]) durften mit Wirkung vom 24. Sept. Vereine, die in der Nazizeit aufgelöst worden waren oder sich selber aufgelöst hatten, wieder zugelassen werden, und mit der »Verordnung Nr. 122« vom 15. Januar 1948 wurde die allgemeine »Vereinsfreiheit« wiederhergestellt, allerdings mit der im Artikel Va festgelegten Einschränkung, daß aktive Anhänger des Nationalsozialismus und »Militaristen« kein Amt bekleiden oder öffentliche Versammlungen einberufen durften.

Nach diesen Verordnungen formierten die Schleswiger sich wieder in alten gesellschaftlichen Bindungen, und nach dem Abschluß der Entnazifizierung rückten auch viele der alten Mitglieder wieder in die Vorstände der Vereine ein.

Es gab natürlich auch Vereine, die sich nicht wiederbeleben ließen, da ihre Aufgaben erloschen waren. Zu diesen gehörten z. B. der »Luftfahrtverein in Schleswig«, der 1911 gegründet worden war und am 24. 3. 1949 gelöscht wurde, der »Sportverein für Konfirmanden in Schleswig«, der 1913 gegründet worden war und am 12. 1. 1960 gelöscht wurde, der 1916 gegründete und ebenfalls am 12. 1. 1960 gelöschte »Ziegenzuchtverein Schleswig«. Manche Vereine wurden neu gegründet. 1962 waren beim Amtsgericht Schleswig 79 Vereine und Gesellschaften eingetragen.[191]) Dazu kamen Vereine als Ortsgruppen, die ihren Sitz in einem anderen Ort hatten und viele nicht ins Vereinsregister eingetragene Vereine und Clubs, z. B. Sparclubs und Kegelvereine. Sehr viele Schleswiger waren also 1962 fest organisiert. In dem überschaubaren Gemeinwesen gerieten die meisten Einwohner daher nicht so stark in die Vereinzelung wie Menschen in Großstädten. Die Kehrseite war allerdings, daß mit der Festigung der Vereinsstrukturen in vielen Fällen ein ›Vereinsegoismus‹ entstand, der es oft schwer machen sollte, fast hermetisch in ihre Vereine eingebundene Mitglieder für gemeinsame Vorhaben, wie z. B. kulturelle Veranstaltungen, zu mobilisieren.

Eine besondere Rolle übernahmen wieder die Bürgervereine, die sich stark der Kommunalpolitik widmeten als »Wachhunde auf der Rathaustreppe«. Der heimatvertriebene Kaufmann Schatz, der sich im Friedrichsberg mit der Herstellung Danziger Spirituosen eine neue Existenz aufgebaut hatte, versuchte 1951 »Nachbarschaften« zu gründen. Als früheres Mitglied des »Jungdeutschen Ordens« wollte er die Idee Mahrauns, Bürger in überschaubaren Stadtteilen zusammenzuführen, um soziale Verantwortung zu übernehmen, verwirklichen. Im schon durchorganisierten Schleswig scheiterten seine Pläne, die vor allem von den Bürgervereinen abgelehnt wurden.

Die Kirchen, Gewerkschaften und Sportvereine müssen ausführlicher dargestellt werden, da sie die größte Zahl der Einwohner ›erfaßten‹.

Die Kirchen

Die Kirchen konnten von der Besatzungsmacht fast ungehindert ihre Arbeit fortsetzen, wenn sie sich auf ihre eigenen Räume beschränkten.

Die ev. lutherische Kirche war die größte ›Organisation‹. Zur Propstei Schleswig gehörten 1953 86910 »Seelen«.

Die Landeskirche stand nach den Zerstörungsversuchen der Nationalsozialisten vor einem schwierigen Neuanfang. Pastorenschaft und Gemeinden waren nach 1933 in drei Gruppen zerfallen: Die von den Nazis begünstigten »Deutschen Christen«, die sich gegen die Eingriffe des Staates wehrenden Mitglieder der »Bekennenden Kirche« und zwischen diesen beiden Gruppen die ›Neutralen‹. In den ersten Monaten nach der Kapitulation blieb die Besetzung des Landeskirchenamts in Kiel noch unverändert mit u. a. dem Präsidenten Dr. Bührke, dem vom »Reichsbischof« Müller ernannten Landesbischof Adalbert Paulsen und Konsistorialrat Propst Siemonsen aus Schleswig, der auch Pastor der Gemeinde Friedrichsberg war. Er ergriff die Initiative zur Vorbereitung einer Neuordnung. Er tat es ›kraft Amtes‹ aber wohl auch, um einer Dominanz der Mitglieder der Bekennenden Kirche zuvorzukommen. Es gelang ihm trotz der schwierigen Verkehrsverhältnisse am 28. Mai 1945 in seinem Pastorat im Friedrichsberg neun bedeutende Vertreter des kirchlichen Lebens, den »kirchlichen Arbeitskreis«, zusammenzubringen. Kurt Jürgensen zitiert den am Gespräch beteiligten Studienrat Hans Brodersen aus Flensburg:[192] Es war »… ein ganz loser Gesprächszirkel, dessen Initiative zur Neuordnung der Landeskirche gleichwohl von großer Bedeutung war.« Ihm gehörten außer Brodersen auch weitere entschiedene Vertreter der Bekennenden Kirche an wie z. B. Missionsdirektor Martin Pörksen und Pastor Halfmann. Die Gesprächsteilnehmer waren sich darüber einig, daß die Neuordnung der Kirche von den Gemeinden aus erfolgen und daher eine Landessynode einberufen werden müsse. Der Arbeitskreis kam am 22. Juni 45, um einige Vertreter aus Holstein erweitert, wieder bei Propst Siemonsen zusammen. Von diesen Vorgesprächen in Schleswig führte der Weg zur »Vorläufigen Synode« in Rendsburg am 6. August 45.[193] Es dürften nur wenige Schleswiger von diesen für die Landeskirche entscheidenden Vorgängen Kenntnis erhalten haben.

Die ev. Kirchengemeinden in der Stadt blieben zunächst in der alten Einteilung und

Besetzung der Pfarrstellen. Die erste Pfarrstelle am Dom wurde weiterhin von Hauptpastor Wilhelm Meyer betreut, der schon am 23. Dez. 1921 ernannt worden war. Die zweite Pfarrstelle wurde für den in russischer Gefangenschaft vegetierenden, schon 1940 an den Dom berufenen Pastor Erwin Grabow durch Vertreter offen gehalten. Vom Aug. 1948 bis zur Rückkehr Grabows am 25. Aug. 1949 wurde z. B. der in Haddeby wohnende Pastor von Baußnern mit der Vertretung beauftragt.[194]) In der Kirche des St. Johannesklosters predigte weiterhin Pastor Anders Tange, der 1950 bis zu seinem Tod am 11. Sept. 1951 auch die »Taubstummenseelsorge« nach Pastor Millies aus Kiel übernahm.[195]) Propst Siemonsen blieb in seiner Gemeinde Friedrichsberg.

Die Michaelisgemeinde wurde die ›Problemgemeinde‹, da das große Flüchtlingslager Moltkekaserne, das Minervalager an der Husumerstraße, das Lager Sudhaus, die Lazarette und die »Herberge zur Heimat« in ihr lagen. Pastor lic. Heyer − später Prof. in Heidelberg −, der schon vor dem Krieg Seelsorger der Gemeinde war, hatte eine riesige Arbeit zu leisten. Neben den Amtsaufgaben beschritt er einen neuen Weg kirchlicher Arbeit. Zunächst nahm er sich der Theologiestudenten der noch notdürftig in Schleswig untergebrachten Universität an. Mit Professoren und Dozenten der theologischen Fakultät nahm er eine »Studienarbeit auf kirchlichem Boden«, nämlich in der »Domhalle« und dann im Hof des Kreuzgangs des Doms auf, da Versammlungen nur auf ›kirchlichem Boden‹ erlaubt waren. Rd. 200 Studenten nahmen an dieser kleinen ›Sommeruniversität‹ teil. Als die Universität wieder nach Kiel umzog, setzte Heyer die Arbeit mit noch nicht entnazifizierten Lehrern und Soldaten aus den Lagern der Umgebung fort. Er gab dem neuen Unternehmen den Namen »Kirchliche Schule Schleswig«. Manche seiner neuen Schützlinge wohnten eng gedrängt in der »Herberge zur Heimat«, Schleistraße 1. Die soziale Betreuung mit Arbeitsbeschaffung bei Torfgewinnung u. a. übernahm Pastor Hans Heinrich Pries. 1948 wurde die »Gesellschaft Evangelische Akademie Schleswig-Holstein« auf dieser Grundlage gegründet. Heyer übernahm neben seinem Pfarramt die Studienleitung. 1954 wurde er von seinen Gemeindeaufgaben entbunden, um sich ganz der neuen Arbeit widmen zu können. Im »Taubstummenheim«, Friedrichstraße 75, erhielt die Akademie einige Räume, die Zentrum der Organisation und Ort kleinerer Tagungen wurden. Die Institution wuchs zu einem großen Zweig neuer kirchlicher Arbeit heran und hat dann schließlich in der großen »Nordelbischen Akademie« in Bad Segeberg ein gut ausgebautes Tagungszentrum, erhalten.

Heyers Impulse über die Stadt und das Land hinaus erhielten auch ökumenische Akzente. Er suchte und fand Kontakt zu einer kleinen Schar griechisch orthodoxer Christen, die in der Kapelle des Grauklosters ihren Gottesdienstraum erhalten hatten. Es entstanden daraus Begegnungen mit orthodoxen Christen aus dem ganzen Bundesgebiet.[196])

Am 10. Juli 1945 fand in der »Domhalle« die »vorläufige Propsteisynode« statt. Sie mußte vor allem die Delegierten für die erste Landessynode wählen. Aus den Kirchengemeinden der Stadt wurden Propst Siemonsen und der Vizepräsident der Regierung, Dr. Röhrig gewählt. Das Bischofsamt für den Sprengel Schleswig, die christliche Erziehung der Jugend mit zweijährigem Konfirmandenunterricht sowie einer wöchentlichen »Kinderstunde« für alle schulpflichtigen Kinder, der Erhalt der theol. Fakultät der Universität und die »... charitative Arbeit der Kirche« waren intensiv erörterte Fragen.[197])

Die Bischofsfrage hat die Landessynoden in Rendsburg sehr ernsthaft beschäftigt. In der zum 14. Okt 1947 einberufenen 5. ordentlichen Landessynode fiel dann mit 42 : 37 Stimmen die Entscheidung für zwei Bischöfe. Schleswig wurde Sitz des Bischofs für den Sprengel Schleswig und Pastor Reinhard Wester der erste Amtsinhaber. Er wurde am 27. Nov. 1947 durch Landesbischof D. Johannes Lilje, Hannover, und Bischof i. R. Völkel im Dom in sein Amt eingeführt. Er residierte zunächst sehr bescheiden im Haus Callisenstraße 22 bis zum Bau des neuen Hauses, Plessenstraße 5 b, 1953[198]).

Die Entnazifizierung ließ die Kirche nicht aus. Die Militärregierung hatte mit zwei Überschriften einen besonderen »Fragebogen for Clergy – Fragebogen für Geistliche« drucken lassen, der im wesentlichen dem für ›weltliche‹ Beamte entsprach, Bischof Halfmann übersandte diesen den Gemeinden unter dem Datum des 9. März 1946 mit der Weisung, Kirchenälteste und Kirchenvertreter zur Amtsniederlegung zu veranlassen, die den »Deutschen Christen« angehörten oder diesen nahestanden oder ». . . nationalsozialistische Weltanschauung anerkannt . . .« hatten. Die erwähnten Geistlichen in der Stadt konnten den Fragebogen ohne Gewissensnöte ausfüllen. Aus den Rückmeldungen der Gemeinden an den Propsten über die Kirchenältesten und Kirchenvertreter geht hervor, daß extreme Nazis und Deutsche Christen von sich aus ausgeschieden waren, und daher von den Gemeinden aufgrund des Ansinnens Halfmanns kaum etwas zu veranlassen war[199]).

Die Propsteisynode im Sommer 1947 hatte die Delegierten für die 5. ordentliche Landessynode zu wählen und beschäftigte sich besonders mit einem Bericht Pastor Heyers an den Synodalausschuß am 5. Mai 1947, in dem er das »Verhältnis zur dänischen Kirchengmeinde« schilderte. Er berichtete, daß der dänische Pastor in seinem Gemeindebezirk eine Wohnung bezogen und keinen Antrittsbesuch bei ihm gemacht habe. »Jedoch setzte eine Werbung zum Austritt aus der Michaelisgemeinde ein, die insbesondere in schon jeher für Kirchenaustritt anfälligen Stadtrandsiedlungen Husumerstraße und Voßberg zu beachtlichem Erfolg führte.« Unter den 55 Konfirmanden waren nur noch 8 Schleswiger, die anderen stammten aus Flüchtlingsfamilien.

Heyers Bericht zeigt, daß auch die Kirche nicht von der neuen nationalpolitischen Situation unberührt blieb. Sie hat noch bis weit in die 50er Jahre die Kirchenleitung immer wieder beschäftigt. 1947 arbeiteten schon 11 dänische Pastoren im Landesteil, darunter in Schleswig Pastor Kirkegaard-Jensen. Sie waren nicht von der dänischen Staatskirche unmittelbar, sondern von dem Verein »Dansk Kirke i Udlandet« (dänische Kirche im Ausland) entsandt worden und hatten von der Besatzungsmacht die Einreisegenehmigung erhalten. Die Landeskirche erkannte sie an, verlangte aber die Innehaltung der landeskirchlichen Ordnung, z. B. die Anmeldung von Amtshandlungen für die Kirchenbücher. Da diese oft nicht beachtet wurde, gab es häufig Reibungen. Besondere Irritationen aber gab es um die Benutzung von Kirchen für dänische Gottesdienste. Bischof Halfmann hat den dänischen Pastoren diese genehmigt, aber mit der Auflage, daß diese nur in dänischer Sprache abgehalten werden dürften[200]). Die Begründung für die Einschränkung war, daß beide Kirchen das gleiche Bekenntnis hätten, die nur deutsch sprechenden dänischen Kirchenbesucher daher von der Landeskirche voll versorgt würden. Bei einem Bestehen auf dänischen Gottesdiensten in dänischer Sprache entstünde der Verdacht, in vielen Fällen nicht unbegründet –, daß auch die Gottesdienste Mittel der engeren Einbindung in die dän. Minderheit sein sollten. Auf die sehr komplizierten und langwierigen Verhandlungen, in denen sehr verschiedene Auffassungen von Kirche und Volkstum sowie Kirchenordnung deutlich wurden, kann hier nicht näher eingegangen werden. Die Frage der Kirchenbenutzung war in der Stadt auch nicht akut, da die sich bildende dänische Gemeinde in der Schloßkapelle, die dem Land Schleswig-Holstein gehörte, einen ›kirchenexterritorialen‹ Gottesdienstraum erhielt.

Hauptpastor Meyer, er war der letzte Pastor mit dieser Amtsbezeichnung, trat 1948 nach 36jähriger Tätigkeit in der Domgemeinde in den Ruhestand. Drei Bewerber um seine Nachfolge wurden in die engere Wahl genommen und stellten sich in Predigten der Gemeinde vor. Gewählt wurde Pastor Reinfried Clasen aus Zarpen. Er erhielt 159 von 343 Stimmen[201]). Die geringe Wahlbeteiligung zeigt die Problematik der damaligen Ordnung der Wahl, die nach den Gottesdiensten stattzufinden hatte.

Die Hoffnung der Kirche, daß die Kapitulation zu neuer religiöser Besinnung führen

Propst Erwin Grabow.
Bild aus dem Privatbesitz
von Frau Frauke Grabow.

würde, erfüllte sich nicht. Die Propsteisynode am 13. Sept. 1949 beschäftigte sich besonders mit der »Kirchlichkeit«. Es wurde festgestellt, daß es keine »Feindschaft« gegen die Kirche gebe, wenn man »... von der durchaus ernst zu nehmenden Feinschaft kirchenfeindlicher Sekten absieht«. »Unsere Not ist die Gleichgültigkeit und unsere schmerzliche Erfahrung, daß diese Gleichgültigkeit sich langsam auf die Heimatvertriebenen ausdehnt, die mit einer fester geprägten Kirchlichkeit zu uns gekommen sind.« Es wurde aber dennoch vermerkt, daß der Kirchenbesuch nicht spürbar abgenommen habe. Pastor Heyer zählte noch durchschnittlich 350 sonntägliche Kirchenbesucher. Propst Siemonsen gab für 1948 in der Gemeinde Friedrichsberg 11 638 Besucher an, also etwa 220 je Gottesdienst. Es sind Zahlen, die den heutigen Gemeindepastoren sicherlich mehr Freude im Dienst bescheren würden.

Ein besonderes Ereignis für die Friedrichsberger Gemeinde war 1951 die 300-Jahrfeier ihrer Gemeinde. Am 15. Juni abends hielt Prof. D. Otto Scheel eine mehrstündige Festrede in der Kirche, bei der einige ältere Damen sanft einschliefen. Am 16. hielt Bischof D. Wester den Festgottesdienst.

Die Propsteisynode am 29. Aug. 1951 beschäftigte sich vor allem mit einem Bericht über die »... kirchlichen und sittlichen Zustände ...« Die Propaganda der »Zeugen Jehovas«, die auf den Straßen den »Wachtturm« vertrieben, und die »... Begegnung mit der dänischen Kulturoffensive ...« bereiteten besondere Sorge. Es wurde der Bericht der Polizeistelle Schleswig-Holstein-Nord diskutiert, der den Rückgang der Eigentumsdelikte von 15 669 1948 auf 7978 1950 und den Anstieg der Sittlichkeitsdelikte von 304 1948 auf 966 1950 konstatierte. Propst Siemonsen, der aus seinem Amt verabschiedet wurde, gab einen pessimistischen Bericht über die sittlichen Zustände. Die »Gottlosigkeit« der Nazi- und Nachkriegszeit habe »verheerende Wirkungen gebracht«. Im Ehe- und Familienleben sei vielfach ein »Erlöschen guter Sitten und ein Abgleiten in Materialismus und Genußsucht« festzustellen. Auch »... weite Kreise des Bauerntums (seien) nicht mehr als Hort guter Sitten anzusprechen«. Die Kirche habe eine missionarische Aufgabe und brauche dazu mehr Geistliche.[202])

Am ersten Sonntag des Oktober 1951 wurde Pastor Erwin Grabow als Nachfolger von Propst Siemonsen durch Bischof D. Wester in einem Gottesdienst in sein neues Amt eingeführt.

Am 16. Januar 1952 berichteten die Schleswiger Nachrichten, daß die in Schleswig lebende Theologin Dr. Anna Paulsen den Auftrag erhalten habe, beim Rat der Evangelischen Kirche Deutschlands theologische Gutachten für die Frauenarbeit, die Arbeit an weiblicher Jugend, die Ausbildung von Vikarinnen und Gemeindehelferinnen sowie die Kindergottesdienstarbeit zu erarbeiten. Die geistig und geistlich bedeutende Frau hat sich später einen großen Namen in der Kierkegaardforschung erworben.

Die Propsteisynode 1951 hatte schon die Schaffung von zwei neuen Pfarrstellen beschlossen. Die stark angewachsene Bevölkerung war von den 5 Pastoren nur schwer zu versorgen gewesen, wenn auch die emeritierten Pastoren Wulff und Moritzen sowie vorübergehend der ehemalige Wehrmachtspfarrer Steiner mitgeholfen haben. Es wurde die Gemeinde Michaelis-Nord gegründet, und Pastor Hartwig Iversen im März 1952 in das neue Pfarramt berufen. Auch die Gemeinde Dom-Nord wurde 1952 errichtet, und am 20. Dez. das Pastorat und der Gemeindesaal im Rahmen einer bischöflichen Visitation an Pastor Ploigt übergeben.

Die Propsteisynode am 12. Okt. 1953 nahm mit Befriedigung diese Erweiterung der Basis der kirchlichen Arbeit zur Kenntnis. Die Synodalen erfuhren auch, daß Pastor Christophersen aus Sterup die Pfarre von Propst Siemonsen übernommen hatte und daß Pastor Vierck aus Flensburg vom Konvent des St. Johannisklosters zum Nachfolger des verstorbenen Pastors Tange gewählt worden war und auch die Seelsorge im Landeskrankenhaus sowie in der »Taubstummenanstalt« versehe. Eine unerfreuliche Nachricht war, daß es bei der Renovierung der Michaeliskirche nicht gelungen war, die salpeterhaltigen Steine im Gemäuer zu »bezwingen«.

Die ev.-luth. Kirche in der Stadt hatte sich im wesentlichen in der heutigen Gemeindestruktur formiert. Die Berichte über die folgenden Propsteisynoden haben sich mehr mit Rechts- und Routinefragen beschäftigt. Da hier keine Kirchengeschichte geschrieben werden kann, sollen nur noch einige Ereignisse in chronologischer Folge erwähnt werden.

Am 30. April 1954 teilten die Schleswiger Nachrichten mit, daß Bischof D. Wester in der Glockengießerei Gebr. Rincker in Sinn gewesen war, wo am 23. April zwei neue Glocken für den Dom, eine Petri- und eine Lutherglocke, gegossen worden waren.

Am 26. Januar 1956 berichtete die Zeitung, daß das Pastorat und der Gemeindesaal für die Gemeinde Michaelis-Nord an der Suadicanistraße nach dem Entwurf von Architekt Bastel bezogen worden war.

Ein großer Festtag wurde der 4. Nov. 1956. Der sanierte und neu ummantelte Domturm wurde in einem Festgottesdienst von Kultusminister Edo Osterloh Bischof D. Wester übergeben oder richtiger anvertraut, denn der Dom ging – nicht unbedingt zur Freude der Landeskirche –, erst 1957 im Staatskirchenvertrag in ihr Eigentum über. Am 4. Dez. 1957 fand in einer Feierstunde im Dom die Übergabe durch Ministerpräsident v. Hassel statt. Bischof Halfmann übernahm ihn. Die Selbständigkeit von Staat und Kirche wurde in den Ansprachen betont.

Die kirchlichen Statistiken sind lückenhaft und die vorhandenen sind nur relativ auswertbar, da die angegebenen Zahlen im wesentlichen nur den festen Kreis der regelmäßig die Gottesdienste besuchenden Mitglieder erfassen. Der Propsteisynode am 21. Okt. 1957 wurden folgende Zahlen mitgeteilt: Die »Seelenzahl« in der Propstei betrug 1953

KMD Uwe Röhl
Foto: Schönfeld

86910, 1957 war sie auf 62302 geschrumpft. Die Umsiedlung der Heimatvertriebenen war der Grund für das Absinken. Die Gottesdienste wurden 1954 von 126644, 1955 von 128196 und 1956 von 139811 Menschen besucht. 1956 wurden 42 Austritte und 122 Eintritte gezählt. Wenn man die hier nicht ermittelten Zahlen der dänischen Kirchengemeinde sowie der »Gemeinschaft in der Landeskirche« und die »Evanglisch-Freikirchliche Gemeinde« hinzuzählen würde, wäre die statistische Bilanz der ev. Gemeinden noch positiver.

Ein besonderes Ereignis war der »orthodoxe Kirchentag« am 22. Juli 1957, zu dem das Oberhaupt der russischen Exilkirche, Erzbischof Alexander aus München, und sein Vikar für Norddeutschland, Erzbischof Philotheos aus Hamburg, kamen. 300 orthodoxe Christen waren nach Schleswig gekommen.

Am 22. Nov. 1955 war der Domorganist Hans Jakob Haller nach 17jähriger Tätigkeit in Schleswig verabschiedet worden. Er ging als Organist an das Ulmer Münster. Sein Nachfolger wurde Uwe Röhl, der aus Unna kam. Für ihn wirkte sich der Staatskirchenvertrag zunächst negativ aus. Die immer ›asthmatischer‹ werdende Orgel war nur noch schwer zu spielen. Da die Landeskirche jetzt allein die mit 175000 DM veranschlagte Erneuerung finanzieren mußte und behauptete, dazu nicht imstande zu sein, mußte Röhl sich noch etliche Zeit an dem alten Instrument quälen. Die Propsteisynode am 30. Okt. 1959 beklagte die Tatsache, und es wurde gefragt, wie Röhl denn arbeiten solle.

Am 27. Sept. 1959 konnte die St. Pauluskirche geweiht werden. Pastor Alsen war bei dem Festgottesdienst Lithurg, Bischof D. Wester hielt die Predigt.

Die Propsteisynode am 17. Nov. 1960 befaßte sich mit den Plänen für ein Gemeindezentrum Dom-Ost. Die Stadt hatte das Grundstück Am Brautsee 4 zum Kauf angeboten. Die Synodalen nahmen auch den Plan der Gemeinde Friedrichsberg, am Dannewerkredder ein Gemeindehaus mit Kirche zu bauen, zustimmend zur Kenntnis. Sie erfuhren auch, daß die Kirche des St. Johannisklosters zur Garnisonskirche umgestaltet wurde und ab Weihnachten Pastor Troeder sein Amt als Bundeswehrpfarrer antreten und damit St. Johannis als Stadtpfarre erlöschen werde.

Die letzte Propsteisynode der Berichtszeit am 28. Nov. 1962 erörterte die Frage der Militärseelsorge. Die Mehrheit der Synodalen bejahte sie. Nur Pastor Neujahr, der im Nov. 1957 die Gemeinde Michaelis-Süd nach Pastor Linnich, der nach einem unerfreulichen Streit innerhalb der Gemeinde versetzt worden war, die Pfarre übernommen hatte, bemängelte, daß die Frage nicht grundsätzlich genug geführt worden sei.

Die Geschichte der **katholischen Kirchengemeinde** läßt sich kurz schildern. Es erfolgte in der Berichtszeit keine wesentliche Änderung des weit ins Umland der Stadt reichenden Pfarrbezirks. Auch personell blieb Kontinuität. Der 1935 in die Gemeinde gekommene Pfarrer Gerhard Heumann war weiterhin ihr Seelsorger bis 1969. Es sind auch keine Kirchenneubauten zu verzeichnen. Die 1898 geweihte St. Ansgarkirche am Lollfuß blieb das Zentrum der Gemeinde. Da die Diasporagemeinde zur Diözese Osnabrück gehört, gibt es auch keine ausführlichen Berichte wie in den ev. Propsteisynoden, aus denen sich innerkirchliche örtliche Diskussionen erkennen lassen.

Frau Inge Doose hat die Geschichte der kath. Gemeinde anschaulich beschrieben[203]). Seit der religiösen Gleichberechtigung der Katholiken in den Herzogtümern 1863 hatte die Gemeinde bis 1945 einen schwierigen Weg zurückzulegen. Er war nicht nur von den in den Weg gelegten Hindernissen, sondern auch von dem fluktuierenden Mitgliederbestand geprägt. Regierungsbeamte und Soldaten wurden oft versetzt. Durch den Strom der Heimatvertriebenen – vor allem aus Schlesien und der kath. Enklave in Ostpreußen um die Städte Braunsberg und Frauenburg – erhielt die Gemeinde einen größeren festen Stamm von Mitgliedern. Die erste Volkszählung nach der Kapitulation 1950 stellte in der Stadt 6 % Einwohner kath. Bekenntnisses fest.[204])

Das Anwachsen der Gemeinde macht ein statistischer Vergleich von Zahlen aus den Jahren 1938 und 1945 deutlich. Die Zahlen über Taufen – 14 : 125 –, Trauungen – 4 : 31 – und Beerdigungen – 10 : 133 – besagen wenig. Die Soldaten der großen Garnison waren jung und blieben meistens nur kurze Zeit in der Stadt. Wichtiger ist die Zahl der ausgeteilten »heiligen Kommunionen« mit 2332 1938 und 13 400 1945. Ein absoluter Schluß auf die praktizierenden Katholiken ist aber nicht möglich, da 1938 unter dem Druck der Nationalsozialisten Mut zum Bekenntnis gehörte. Die Zahlen zeigen aber doch das Anwachsen der Gemeinde. Da Pfarrer Heumann die große Arbeit nicht allein bewältigen konnte, da neue Arbeitsgebiete wie z. B. Vortragsreihen und Arbeitskreise hinzukamen, wurde er von Kaplanen unterstützt, die meistens 2–3 Jahre hier waren. Von 1948 an stand ihm auch immer eine »Pfarrhelferin« zur Seite.

Der »Katholikentag« am 1. August 1948 war das größte Ereignis im Leben der Gemeinde in der Nachkriegszeit. 10 000 Menschen kamen aus dem ganzen Land nach Schleswig, um an dem von Erzbischof Berning auf dem Jahnplatz zelebrierten Pontifikalamt (Meßfeier des Diözesanbischofs) teilzunehmen.

1950 bewegte sich die Fronleichnamsprozession wieder aus der Kirche heraus. Es war noch ein bescheidener Weg über die Gutenbergstraße, ein kurzes Stück über die Schleistraße und den Gartenweg des Pfarrgrundstücks zur Kirche zurück. Er wurde nach einigen Jahren erweitert und führte nun durch den Lollfuß zum Jahnplatz und von dort über die Allee zum Platz vor dem Amtsgericht. Am 23. Juli 1953 wurde der Kindergarten mit Schwesternwohnung im Garten hinter der Kirche eingeweiht. Er wurde von Netter Schwestern betreut. An der Feier nahm auch Pastor lic. Heyer, der Pastor der ev. Kirchengemeinde St. Michaelis, teil. »Ökumene«, die heute ein intensiv diskutiertes Thema der Kirchen ist, war aber noch kein zentrales Thema beider Konfessionen in der Stadt, dennoch haben die beiden Nachbarn am Lollfuß freundliche Kontakte gehabt.

Pfarrer Gerhard Heumann

Pfarrer Heumann hat eine intensive Gemeindearbeit geleistet und die Erörterung von Gegenwartsfragen, allerdings wohl klar auf der Grundlage der »reinen Lehre« nicht gescheut. Wie in den ev. Gemeinden der Stadt versuchte er auch durch Filmabende und allgemeinbildende Vorträge die Gemeindemitglieder fester einzubinden.

Die Gewerkschaften sind als Vertreter der Interessen der Arbeitnehmer aus dem Gemeinwesen nicht fortzudenken. So mancher Bürger mag sich dessen nicht bewußt sein, daß er seinen Lebensstandard dem Kampf der organisierten Arbeitnehmer verdankt. Die Nationalsozialisten hatten 1933 die deutschen Gewerkschaften zerschlagen und die Arbeitnehmer in die »Deutsche Arbeitsfront« (DAF) gezwungen. Die britische Militärregierung hat schon bald nach der Besetzung erklärt, daß sie die Bildung von Gewerkschaften zulassen würde. Im Mai 45 wurden im Rundfunk Grundrichtlinien für die künftigen Gewerkschaften mitgeteilt: Sie sollten von »unten nach oben«, also von den Regionen aus, wachsen und nicht nur Tariffragen klären, sondern auch zur Demokratisierung der Gesellschaft beitragen sowie gegen reaktionäre Tendenzen politisch tätig werden.

Am 15. Mai 1945 wurden einige der alten Gewerkschaftler aktiv. Um die Voraussetzung für die künftige Arbeit zu erhalten, stellten sie an die Militärregierung den Antrag auf Überlassung der beschlagnahmten Büroeinrichtung der DAF. Eine Reaktion erfolgte zunächst nicht. In Flensburg kamen alte Gewerkschaftler mit Gründungsvorbereitungen schneller voran. Der Flensburger Prien informierte am 21. Juli 1945 10 Schleswiger

*Aufruf zur Maifeier 1946
Stadtarchiv. Repro: T. C.*

Kollegen in der Wohnung von Heinz Luthe über die Vorarbeiten in Flensburg. Die
Schleswiger bildeten bei diesem Treffen einen »Vorbereitenden Ausschuß zur Bildung
freier Gewerkschaften«, in den vier Kollegen, darunter Heinz Luthe und Andreas Paysen, gewählt wurden. Diese legten dann in einer Sitzung am 24. Juli Grundsätze für die
Aufbauarbeit fest und erarbeiteten in vielen Zusammenkünften die Grundlagen für die
Gründung eines Dachverbandes. Zu den ersten Aufgaben gehörte die Feststellung der
Arbeitnehmer in der Stadt. Sie konnte ohne einen Organisationsapparat nur sehr lückenhaft sein. Es wurden 1685 Beschäftigte ermittelt, die zur Wahl von Wahlausschüssen aufgefordert wurden. Diese hatten die Aufgabe, die Wahlen der Delegierten für die Grün-
dungsversammlungen vorzubereiten. Im Januar 1946 konnten dann in mehreren Lokalen
in der Stadt die Delegiertenwahlen für die einzelnen Verbände stattfinden. In den folgenden Monaten wurden die Satzungen erarbeitet. Bei der Wirtschaftsstruktur der Stadt waren manche Einzelgewerkschaften wie z. B. der Metallarbeiterverband im Vergleich zum
»Gesamtverband«, der später in die ÖTV aufging, nur schwach vertreten. Zum »Gesamtverband« gehörten außer den Arbeitnehmern der öffentlichen Betriebe auch die des
Groß- und Einzelhandels sowie der Transportunternehmen. Es wurden für diese Gruppen 1983 Wahlberechtigte festgestellt. Am 1. Nov. 1946 konnte der »Gesamtverband« im
»Hohenzollern« seine erste Generalversammlung abhalten. Oberst Smith von der Militärregierung, Landesdirektor Dr. Müthling und Bürgermeister Clausen würdigten das
Ereignis in Ansprachen. Heinz Luthe und Jörgen Andersen wurden zum 1. bzw. 2. Vorsitzenden gewählt.

Der Anfang der Arbeit war sehr schwierig und nur in aufopfernder Tätigkeit ehrenamtlich von den alten Gewerkschaftlern in ihren Privatwohnungen möglich. Im Januar
1946 konnte dann im Haus Domziegelhof 2 ein Büroraum angemietet werden, in dem bis
1950 die Arbeit für alle Gewerkschaften geleistet werden mußte. Für die immer umfang-
reicher werdende Arbeit gelang es dann, im Haus Lollfuß 52 mehr Raum zu erhalten.
Am 1. Okt. 1954 erhielten sie dann ihr altes Haus Schubystraße 86 c zurück.

Wie die politischen Parteien entstanden die Gewerkschaften zunächst auf Regional-
ebene, da die Besatzungszonen noch streng getrennt waren. In der britischen Zone trafen
sich schon im März 1946 in Hannover 72 Delegierte und beschlossen, einen vorläufigen
»Zonenvorstand«, einen »Zonenausschuß« und ein »Zonensekretariat«. Es entstand damit die Keimzelle für den DGB, der dann im Okt. 1949 in München für die ganze Bundesrepublik gegründet wurde.

In der britischen Zone wurde im Sept. 1947 auf einem »Vereinigungsverbandstag« die
ÖTV als Zusammenschluß der in den einzelnen Gebieten entstandenen Verbände, in
Schleswig z.B. der »Gesamtverband ...«, gegründet. Bald schlossen sich die entsprechenden Verbände in der amerikanischen an, 1951 folgten die in der französischen Zone
und in Berlin.

Es kann hier nicht ausführlicher auf die Gewerkschaften eingegangen werden. Eine
Zahl macht die Bedeutung dre ÖTV in der Stadt deutlich. Als sie 1952 in die ÖTV-Kreis-
verwaltung eingegliedert wurde, hatte sie 1497 Mitglieder.

Daß die Gewerkschaften nicht nur Vertreter der materiellen und rechtlichen Interessen der Arbeitnehmer sein wollten, macht der letzte Absatz des Aufrufes des »Vorbereitenden Ausschusses zur Gründung freier Gewerkschaften« deutlich: »Wir werden mit-
helfen, Deutschland aufzubauen und Deutschland wieder einzureihen in die Gemeinschaft der zivilisierten Völker. Wer von uns möchte bei diesem Werk nicht mit dabeisein?
Für uns gibt es nur noch eine Pflicht, mit dabei zu sein, wenn es an den Aufbau geht. Brü-
der in eins nun die Hände[205]).

Nach außen traten die Gewerkschaften vor allem bei der Organisation der Maifeiern,
die am Anfang der Berichtszeit noch Großkundgebungen waren, mit dem zunehmenden
Wohlstand aber mehr und mehr schrumpften, in Erscheinung. Die Tarifkämpfe machten
sich in der Stadt ohne große Industriebetriebe wenig bemerkbar.

Maifeier 1946 vor dem Neuwerk.
Foto aus Privatbesitz von Herrn Karl-Heinz Clausen. Repro: T. C.

Die Mitgliederzahlen der vielen Einzelgewerkschaften, der Deutschen Angestelltengewerkschaft sowie des Deutschen Beamtenbundes als Vertreter der Interessen eines Teils der Beamtenschaft lassen sich ohne intensive Nachforschungen nicht genau ermitteln. Zusammengenommen dürften sie mindestens die Zahl der ÖTV erreichen.

Die Sportbewegung

Nach dem Krieg entstand überall im Land eine große Sportbegeisterung. Auch in Schleswig lebten die alten Sportvereine auf und neue wurden gegründet. Das Vereinsverzeichnis enthält heute 34 Vereine.[206]) Die Entwicklung der vier größten Vereine macht die Bedeutung des Turnens und Sports besonders deutlich.

Der älteste Verein, der *TSV* (*»Turn- und Schwimmverein von 1864 Schleswig e. V.«*) gab 1964 in einer »Festschrift zur Hundertjahrfeier« die Mitgliederzahlen bekannt[207]). Sie stiegen von 580 1948 auf 800 1964 an. Schon am 14. Nov. 1945 wurde im Ausschuß für Sport- und Jugendpflege[208]) mitgeteilt, daß der Verein in der kleinen Turnhalle der Wilhelminenschule den »Turnbetrieb« aufgenommen habe. Der Stadtkämmerer Thies Bubbers und Theo Fritsche hatten auch während des Krieges den Verein am Leben erhalten. 1949 wurde Alfred Miehtke, der Direktor der Kreissparkasse, der 1. Vorsitzende. Er hat dem Verein viel Zeit und Energie gewidmet. Der Verein war bald in der Lage, Herrn Groborsch als »Oberturnwart« anzustellen.

Auch der *»Erste Schleswiger Sportverein von 1906«*, der unter dem verkürzten Namen »Schleswig 06« vor allem als Fußballverein ein Begriff wurde, hatte schon im Sommer 1945 seine Arbeit wieder aufgenommen [209]). Er teilte sich mit dem Fußballverein »Vorwärts« das Alleestadion. In dem »Fußballdoktor« Dr. med. Karl Alslev, der als oft polteriger Ratsherr mit seinem vehementen Eintreten für den Sport Leben in die Ratsversammlung brachte − Kultur hielt er nicht für besonders wichtig − hatte der Verein einen kraftvollen Motor. Als er im Dez. 1953 starb, ehrte ihn die Ratsversammlung in einer Gedenksitzung. Seine Nachfolger waren bis 1961 Franz Wendland und danach Georg Abel. Am 4. Aug. 1951 wurde der eigene Sportplatz am Schützenredder eingeweiht. Er erhielt im August 1954 den Namen »Dr.-Karl-Alslev-Platz«. Am 8. Dez. 1960 konnte der Verein dort sein Jugendheim einweihen. Er war 1906 als »1. Schleswiger Fußballverein . . .« gegründet worden. Fußball war in den ersten Jahren nach dem 2. Weltkrieg sein Hauptbetätigungsfeld. Für 1949 vermeldet die Chronik in der Jugendabteilung 153 »Köpfe«. 1956 hatte der Verein fünf Herren- und 10 Jugendfußballmannschaften. Versuche, andere Sportarten zu betreiben, hatten zunächst wenig Erfolg. Die 1953 gegründete Handballabteilung mußte 1953 aus finanziellen Gründen aufgegeben werden, eine Boxabteilung und auch die Tischtennisgruppe schieden ebenfalls aus. Erst nach 1960 erfolgte eine große Erweiterung in viele Sparten der ›Leibesübungen‹. 1986 hatte der Verein 1231 Mitglieder[210]), davon die meisten − 410 − in der Abteilung Turnen und Gymnastik. Die Chronik ist gefüllt mit Berichten über die vielen Fußballwettkämpfe auf dem eigenen Platz und im ganzen Land sowie um das stete Bangen um einen Platz in der Landesliga. Besonders zeichnet den Verein aus, daß er schon 1951 keine nationale Engstirnigkeit pflegte. Er hatte am 7. Januar Besuch einer Fußballmanschaft aus Nybro in Schweden zu einem Wettspiel, und die Chronik vermeldet dazu, daß ». . . man im Sport keine Politik kennt«[211]). 1955 reiste eine Mannschaft nach Schweden, wo in drei Städten, und nach Dänemark, wo in Vejle und Haderslev, gespielt wurde. Eine Mannschaft aus Vejle spielte danach z. B. in Schleswig.

Am 20. März 1947 wurde in der Ansgarschule (Ansgarskolen) an der Bismarckstraße der *SIF (Slesvig-Idræts-Forening = Schleswiger Sportverein)* gegründet[212]). Der Leiter der Stadtwerke, Jörgen Andersen, wurde zum 1. Vorsitzenden gewählt und leitete den Verein bis 1951. Die Mitgliederzahl wuchs schnell beachtlich an. Sie betrug 1962 rd. 600. Fußball, Handball und Turnen waren die Hauptsparten. Es mußte zunächst auf Naturplätzen wie z.B. der Kösterkoppel gespielt werden. Entscheidend wurde für den Verein die Fertigstellung der Hjort-Lorenzenschule 1952. Er konnte jetzt die für damalige Verhältnisse großzügigen Sportanlagen der Schule mitbenutzen. Als diese überbelastet wurden, begannen 1956 Erörterungen über den Bau einer eigenen Sportstätte. Diese wurde 1958 beschlossen. Die Stadt stellte ein Gelände von 2,15 ha. an der Husumer Straße zu günstigen Pachtbedingungen zur Verfügung. Nach großem Einsatz der Mitglieder konnte am 20. Aug. 1960 die Einweihung stattfinden. Als Gründung der dänischen Minderheit hat der Verein in der Zeit der nationalpolitischen Irritation vor allem sportliche Kontakte mit dänischen Vereinen von südlich und nördlich der Grenze gepflegt. Allmählich lockerte sich die Abgrenzung zwischen dem dänischen Verein und den deutschen Vereinen. Zum 25jährigen Jubiläum konnte Walter Dominke, der Vorsitzende des Kreissportverbandes, in einem Grußwort für die Festschrift schreiben: »Der Verein hat nicht nur die Brücke zu unserem nördlichen Nachbarn schlagen geholfen, sondern hat sich auf vielen sportlichen Gebieten einen Namen gemacht.«

Am 29. Jan. 1948 wurde die Satzung des »*Friedrichsberg—Busdorfer Turn- und Sportvereins(s) Schleswig*« beschlossen[213]). Der Paragraph 2 der Satzung wird hier zitiert, weil er die Abkehr der Sportbewegung von den »vormilitärischen« Aufgaben der Nazizeit widerspiegelt: »Die Aufgabe des Vereins ist die sportliche und körperliche Ertüchtigung seiner Mitglieder und die Bevölkerung von Friedrichsberg und Busdorf für den Sport zu gewinnen. Jede parteipolitische Betätigung und alle Formen militärischer Ausbildung werden, weil sie nicht mit Sportidealen zu vereinbaren sind, als abwegig und unzulässig abgelehnt«. Der Gründungsvorsitzende war Wilhelm Brinkmann. Nach Willy Hagge, Willi Jäger und Otto Siemers war Kurt Will von 1955—70 der sehr aktive 1. Vorsitzende. Der neue Verein mußte sich zunächst mühsam im Schatten der bestehenden Vereine durchsetzen. Mit wechselndem Erfolg wurden Turnen, Gymnastik, Tischtennis, Schwimmen und Fußball betrieben. Übungsstätten waren der Sportplatz am Husumer Baum, die Turnhalle der Bugenhagenschule und das Marienbad. 1953 hatte der Verein sich gefestigt. Er konnte am 1. Jan. 1953 247 Mitglieder, darunter 146 Kinder, verzeichnen. 1955 waren es 388 »Köpfe«. Die Zahl blieb bis 1962 fast konstant. Entscheidend wurde die Schaffung einer neuen Sportanlage hinter dem Prinzenpalais, da der Platz am Husumer Baum Bebauungsgebiet wurde. Der neue Platz, an dem die Mitglieder viel Eigenarbeit leisteten, konnte 1960 eingeweiht werden. Ein Jugendheim mit Umkleide- und Geräteräumen konnte erst 1968 fertiggestellt werden. Die eigenen Einrichtungen haben neben der allgemein zunehmenden Sportbegeisterung zum starken Anstieg der Mitgliederzahl beigetragen. Am 31. Dez. 1975 hatte der Verein 819 Mitglieder[214]).

Die vier größten Vereine hatten in den Jahren bis 1962 im Durchschnitt zusammen rd. 2100 Mitglieder. Zahlreiche Schleswiger betätigten sich sportlich in den vielen ›Spezialvereinen‹, z.B. den Segelclubs, dem Kanuclub, den Rudervereinen, dem Reiterverein, dem Tennisclub — der in der Zeit seine Plätze an der Schleistraße hinter dem Theater hatte —, dem Versehrtensportverein, den Segelfliegern, den Kegelvereinen, dem ADAC. u.a.

Die große Sportbewegung konnte nur durch das selbstlose Engagement vieler ehrenamtlich tätiger Bürger entstehen. Ein besonders aktiver ›Motor‹ war der Stud. Rt. Walter Dominke, der als Vorsitzender des Kreissportverbandes immer aktiv alle sportlichen Bestrebungen förderte.

In der sportbegeisterten Stadt fanden viele große ›Ereignisse‹ statt, die ein Buch für sich füllen würden. Nur einige seien als Beispiele erwähnt: Im Juli 1950 fand die erste große »Schleiwoche« statt, an der 116 Jollen und Yachten teilnahmen. Am 21. März 1954 trafen anläßlich der Jahreshauptversammlung des ADAC-Gaus Schleswig-Holstein 400 Fahrzeuge in der Zielkontrolle auf dem Platz vor dem Schloß ein. Am 12. und 13. Juni des Jahres fand in Schleswig das »Erste Gauturnfest des Schleswig-Holsteinischen Nordgaus im Deutschen Turnerbund« statt. Es waren immer noch »Gaue« und des »Turnvaters« Jahn wurde besonders gedacht. Ein entscheidendes Ereignis für den Sport war die Einweihung der Sporthalle der Realschule mit einem Hallensportfest des Kreissportvereins am 8. Dez. 1962.

Das kulturelle Leben[215])

Auch außerhalb der offiziellen Institutionen wurde ein reiches kulturelles Programm angeboten. In den verzweiflungsvollen letzten Kriegsmonaten, März und April 1945, erlosch das kulturelle Angebot nicht. So z. B. drängten sich die Besucher am 6. März im Ständesaal bei einem Konzert mit Detlef Kraus und am 13. April bei einer Rezitation von Rilkegedichten durch Gertrud Hoffmann. Als nach der Kapitulation zunächst öffentliche Veranstaltungen nicht möglich waren, trafen sich viele Schleswiger in Privatwohnungen, um zu musizieren, sich mit deutscher Literatur zu beschäftigen oder aus geretteten Rundfunkgeräten Konzerte ausländischer Sender zu hören.

1946 lockerten die Briten die Versammlungsverbote und organisierten auch eigene kulturelle Veranstaltungen. Im Juli 1946 konnte Axel Dühren-Schröder eine niederdeutsche Bühne gründen, die schon am 1. August im überfüllten Saal des »Ballhauses Hohenzollern« ihre erste Vorstellung gab. In Anwesenheit von Oberst Smith konnte z. B. im

Kunstausstellung in der Lornsenschule Aug. 1946. Bürgermeister Clausen (l), Oberst Smith (m), Journalist Platterich (r).

Foto: Privatbesitz v. Herrn Karl-Heinz Clausen. Repro.: T. C.

Transport des Nydambootes vom Hafen zur Schloßinsel im April 1947.
Foto: Archiv: Archäologisches Landesmuseum der Christian-Albrechts-Universität

August 46 in der Aula der Lornsenschule die erste Kunstausstellung mit Malern aus der Stadt und der Umgebung eröffnet werden. Unter diesen waren Jan Laß, Steinort und Schwarz-Marquardt. Im Dez. 46 wurde auf private Initiative mit Unterstützung der Stadt im 1. Stock des Schlosses Annettenhöh ein Jugendheim mit Lesezimmer und Bastelraum eingerichtet. Am 1. Weihnachtstag wurde unter Leitung von Irmela Clausen in der Michaeliskirche Hugo Diestlers »Weihnachtsgeschichte« mit Heinz Marten und Theone Erichsen aufgeführt. Von den erstaunlich vielen kulturellen Aktivitäten des Jahres 1946 können hier nur die erwähnten als Beispiele aufgeführt werden.

In den folgenden Jahren nahmen kulturelle Ereignisse und Aktivitäten an Menge und z. T. auch Qualität laufend zu. Einige verdienen besondere Erwähnung.

1947 nahmen die Einwohner mit besonderem Interesse an den Vorbereitungen für die Einrichtung der Schleswig-Holsteinischen Landesmuseen im Schloß Gottorf teil. Die Entscheidung war, wie schon berichtet wurde, 1946 gefallen. Ende des Jahres waren bereits Lastzüge mit dem Museumsgut des Kieler Museums für Vor- und Frühgeschichte in der Stadt eingetroffen. Um das größte und bedeutendste Exponat des Museums hatte sich das Museum in Sønderborg noch bemüht. Flensburg Avis berichtete am 3. Juli 46, daß das Nydamboot im Einverständnis mit dem dänischen Nationalmuseum nach Schleswig solle. Der Fremdenverkehrsverein von Sønderborg habe sich aber dennoch an Direktor Poul Nörlund vom Nationalmuseum gewandt mit der Bitte, sich darum zu bemühen, das Boot für das Sønderborger Museum zu gewinnen. Dieser habe bei den englischen Behörden angefragt und die Antwort erhalten, daß nur Kulturschätze, die im letzten Krieg von den Deutschen genommen worden seien, zurückgegeben werden könnten. Die Zeitung äußerte dennoch die Hoffnung, daß das Boot doch dorthin kommen werde, »... wo es rechtmäßig hingehöre«. Es kam aber doch schon am 18. Oktober 46 auf der

Schute, auf der es vor dem Bombenkrieg geschützt seit September 1941 auf dem großen Ziegelsee bei Mölln gelegen hatte, in den Schleswiger Hafen. Erst im April 47 wurde es nach Beendigung der Umbauarbeiten in die Exerzierhalle auf der Schloßinsel gebracht. Der Transport war nicht nur eine Sensation – die Fa. Landsmann hatte, da kein Kran vorhanden war, mit Bockgerüsten und Flaschenzügen das Boot auf einen Tieflader gehoben, auf dem es von einem Lastwagen gezogen, langsam durch die Stadt zur Schloßinsel gebracht wurde[216]) – sondern vor allem ein kulturelles Ereignis: Mit dem Schiff war eines der größten Kulturgüter aus der Völkerwanderungszeit in die Stadt gekommen.

Die schon im Herbst 1945 gegründete niederdeutsche Bühne Axel Dühren-Schröders bekam 1948 Konkurrenz. Als der Besuch des »Renaissancetheaters« Nicolais nach der Währungsreform bedrohlich schrumpfte, versuchte er, sein Unternehmen durch ein Mitschwimmen auf der ›Heimatwelle‹ zu retten. Er fügte seinem Theater eine niederdeutsche Abteilung unter der Leitung des beliebten Schauspielers Bruno Gerhardt an. Es kam aber nur zu einer Premiere mit »De Knecht vun Folingbro« am 9. August 1948. Der Konkurs des Theaters war aber nicht mehr abzuwenden. Auch Schröders Bühne konnte sich ohne Zuschüsse nur mühselig über Wasser halten.

Als dann Franz Grell den Vorsitz übernahm und zehn Jahre der beliebte Schauspieler des Nordmark-Landestheaters Bruno Gerhardt künstlerischer Leiter war, festigte sich das Theater unter dem Namen »Plattdütsche Komödi Schleswig«. Am 26. 1. 1959 wurde sie dann unter der Nummer 238 als »Niederdeutsche Heimatbühne Schleswig« ins Vereinsregister eingetragen. Der Geschäftsführer war jetzt Adolf Bielfeldt. Aus ihr heraus entstand ihre Konkurrenz, da bei der Besetzung der wichtigsten Rollen Rivalitäten entstanden. Die Familie Klingenhoff stellte die Stars der einen, Dienesen der anderen Bühne, die sich als »Speeldeel Schleswig« formierte und am 19. Januar 1962 ins Vereinsregister eingetragen wurde. (Nr. 257). Ihr Vorstand war Dieter Engelhardt und dann bis heute Werner Jungjohann. Etliche Versuche, die beiden Konkurrenten zu vereinen, scheiterten. Heute haben sie sich mit erstaunlich vielen aktiven Mitgliedern durchgesetzt. Die beiden Bühnen haben sich die Aufgabe gestellt, die niederdeutsche Sprache zu beleben und in ihren Programmen vor allem zu »Dem Vergnügen der Einwohner«, wie es über dem Theater in Potsdam stand, beizutragen.

Eine »Künstler-Spielgemeinschaft« versuchte vergeblich, die Spielzeit 48/49 des ehemaligen »Renaissancetheaters« zu Ende zu führen. Die Not der vielen arbeitslos gewordenen Mitglieder des Theaters war groß. Der musikalische Leiter des Theaters, Wolf Hecht, versuchte 1949 mit 40 arbeitslosen Musikern des »Renaissancetheaters« und anderen in der Stadt lebenden Musikern ein Sinfonieorchester zu gründen. Über einige Proben im »Großen Baumhof« kam der Versuch nicht hinaus, da es nicht gelang, öffentliche Zuschüsse und die Genehmigung des Arbeitsamtes zum Nebenverdienst zu erlangen. Mit einer kleinen Schauspielergruppe konnte Hecht im Winter 1949/50 im Saal der englischen »Brücke«, Stadtweg 26, unter dem Namen »Zimmertheater« einige Schauspielproduktionen improvisieren, die ein aufgeschlossenes Publikum fanden. Hecht brachte »avantgardistisches« Theater und inszenierte z. B. J. P. Sartres »Geschlossene Gesellschaft«. Der Fortzug einiger der Künstler, das Monitum des Arbeitsamts gegen gezahlte sehr bescheidene Spielgelder und die Pläne für die Wiedereröffnung des Nordmark-Landestheaters ließen das Unternehmen im Juni 50 einschlafen.

Nach dem Krieg entstand in vielen Städten eine Laienspielbewegung. Hans-Werner Jürgensen, Lehrer und später Rektor der Bugenhagenschule, griff die Idee in Schleswig auf. 1952 konnte er 80 Spielerinnen und Spieler gewinnen, und die Schar wuchs bis auf 300 an. Jürgensen formulierte als Ziel: »Menschen zu bündeln zu zweckfreiem musischen Tun«. Es ging nicht darum, Aufführungen zu produzieren und mit ihnen immer wieder in der Öffentlichkeit aufzutreten, sondern ohne angestrebte Professionalität in fröhlichen

Proben Gemeinsamkeit zu entwickeln, Verkrampfungen zu lösen und sich mit Literatur zu beschäftigen. Bewußt wurden Stücke gewählt, die die Kräfte nicht überforderten und die Spieler nicht in die Gefahr brachten, »Mimen« zu werden. Ein besonderes Ereignis war die lange Probenzeit und die mehrfache Aufführung von Thornton Wilders »Eine kleine Stadt«. Die Laienspielgruppe wurde keine vorübergehende Episode im kulturellen Leben der Stadt. Nach der Fertigstellung der »Halle« des Städtischen Museum spielte die fröhliche Schar dort wieder »Eine kleine Stadt«. Die Spielerinnen und Spieler, die vor mehr als 20 Jahren Wilders Kinder waren, spielten jetzt seine Erwachsenen, und neue Kinder waren nachgerückt.

Der zum Sprichwort gewordene Satz »Frisia non cantat«, der auf die angebliche Unmusikalität der Schleswig-Holsteiner ausgedehnt wurde, trifft jedenfalls auf die Schleswiger der Nachkriegszeit nicht zu. Es entfaltete sich in der Stadt ein sehr reges musikalisches Leben. Ein Mittelpunkt war der Dom mit dem von KMD Hans Jacob Haller geleiteten Domchor. Ein besonderes Ereignis seiner Arbeit war 1950 ein großer Bachzyklus mit dem Domchor und z. T. auswärtigen Organisten aus Anlaß des 200. Todestages des großen Meisters. Das letzte Konzert bestritt Haller als Organist. Es gelang ihm virtuos die vielen Schwächen der altersschwach gewordenen Orgel zu überspielen. Als Haller Ende Nov. 1955 als Organist an das Ulmer Münster ging, kam aus Unna Uwe Röhl nach Schleswig. Er hat der Kirchenmusik in der Stadt und im Land neue Impulse gegeben. Für die im Sommer wöchentlichen Orgelkonzerte konnte er Organisten aus ganz Europa — viele aus dem Ostblock — gewinnen und als Landeskirchenmusikdirektor in vielen Orten des Landes spielen lassen. Aber auch in der Michaeliskirche unter Leitung von Frau Irmela Hahn und in der Friedrichsberger Kirche wurde Kirchenmusik intensiv gepflegt.

Viele Schleswiger sangen aber auch in den ›weltlichen‹ Chören. Zu den fünf alten, die alle wieder sehr aktiv ihre Arbeit aufgenommen hatten, kam als neues belebendes Element der Chor »Liederfreunde Ostland e. V.«(1949 gegründet) unter Leitung von Konrektor Eitel Greulich. Er gab sein eindrucksvolles Debüt im November 1951 mit der Aufführung der »Mette von Marienburg« im Rahmen der »Ostlandfeier« der Landsmannschaft Danzig-Westpreußen. Von 1912—47 war der Kapellmeister Willy Hansen Chorleiter des ältesten Schleswiger Chores, des »Schleswiger Gesangvereins von 1839 e. V.«. Hansen war ein sehr begabter Musiker, dem man größere Aufgaben gegönnt hätte. Es war für ihn, aber auch für alle Chöre eine besondere Anerkennung, daß er am 5. Mai 1960 das Nordmark-Sinfonieorchester dirigieren durfte. Beethovens »Eroica« war das Hauptwerk des Konzerts.

Ein Höhepunkt im Leben der Schleswiger Chöre war der »Schleswig-Holsteinische Sängertag« in Schleswig am 2. und 3. Juni 1951. Die Schleswiger Chöre gestalteten das »Festliche Konzert«. Johannes Thomsen, der von 1938 bis zu dem großen Fest der Vorsitzende des Gesangvereins von 1839 war, berichtet in seiner Geschichte des Vereins begeistert über das große Fest. Sein Bericht zeigt, daß man den Geist des Sängerfestes von 1844 heraufbeschwor: »Am 2. und 3. Juni fand in Schleswig der Schleswig-Holsteinische Sängertag statt, der mit Festzug und deutscher Feierstunde auf dem Jahnplatz in Anwesenheit von Ministerpräsident Dr. Bartram-Kiel einen ungeheuer eindrucksvollen Verlauf nahm«. Es wurde viel Vergangenheit und ›Heimat‹ beschworen auf dem Hintergrund der nationalpolitischen Situation. Die Schleswiger Nachrichten schrieben am 4. Juni: »Das deutsche Lied gegen dänische Bestrebungen«.

Es wurde in der Stadt auch viel in privaten Kreisen musiziert. Das Quartett mit dem Senatspräsidenten Dr. Reese und seiner Frau stellte sich häufiger auch für öffentliche Feierstunden zur Verfügung. Ein musikalisches Ereignis aus Privatinitiative von besonderem Gewicht muß erwähnt werden. Es gelang der Studienrätin an der Lornsenschule Luise Schardey im Nov. 1951 140 Sängerinnen und Sänger sowie in der Stadt lebende Instrumentalmusiker mit ›sanfter Gewalt‹ zu einer großen Gemeinschaftsleistung zusammenzuzwingen: Zur Aufführung der »Carmina Burana« von Carl Orff. Es war eine begeisternde Aufführung, die im vollbesetztem Stadttheater wiederholt werden mußte.

Die Schleswiger waren aber nicht nur musikalische ›Selbstversorger‹. Höhere Maßstäbe wurden durch überörtliche Konzerte gesetzt. Die Stadt unterstützte seit 1950 durch einen Zuschuß das in Flensburg gegründete Nordmark-Sinfonieorchester. Dafür wurden in jedem Winter fünf abendliche Sinfoniekonzerte und fünf nachmittägliche Jugendkonzerte – mit Einführung in die Werke und Erläuterung der Instrumente durch GMD Heinrich Steiner – im Stadttheater geboten. In Zusammenarbeit von Dr. Ernst Schlee vom S.-H.-Landesmuseum, der Konzertleitung Carl Liesegang und dem städtischen Kulturamt wurden vom Juni 1951 an die »Gottorfer Schloßkonzerte« zum festen Bestandteil des Kulturprogramms. Im Juni und Sept. jeden Jahres werden seitdem im Königssaal des Schlosses Kammerkonzerte mit z. T. international bedeutenden Ensembles geboten.

Mit dem Aufbau der Landesmuseen im Schloß Gottorf entstand in der Stadt ein Zentrum kulturgeschichtlicher Forschung und geistiger sowie künstlerischer Impulse, die weit über das Land Schleswig-Holstein hinausstrahlten, aber auch der Bevölkerung der Stadt weitere Horizonte vermittelten. Von der stillen wissenschaftlichen Arbeit des Schleswig-Holsteinischen Landesmuseums für Vor- und Frühgeschichte – eines Universitätsinstituts – erfuhren nur ›Eingeweihte‹. Das von Museumsdirektor Karl Kersten und seinen Mitarbeitern aufgebaute Museum aber bot den Einwohnern ein umfassendes Bild des Lebens im Lande in vor- und frühgeschichtlicher Zeit. Von der wissenschaftlichen Arbeit waren die Untersuchungen in und um Haithabu und in der Altstadt aber auch für alle Bürger ›spektakulär‹. Das Schleswig-Holsteinische Landesmuseum, ein direkt zum Kultusministerium gehörendes Institut, wurde von Museumsdirektor Dr. Ernst Schlee und seinen Mitarbeitern aufgebaut. – Es sollte nicht in Vergessenheit geraten, welch große Leistung es war, unter schwierigen Umständen in wenigen Jahren das große Schloß museal auszufüllen. – Ernst Schlee hat konsequent von Anfang an seine Absicht verwirklicht, ›sein‹ Museum zu einem Zentrum geistigen und künstlerischen Lebens zu machen. Die Schloßkonzerte wurden schon erwähnt. 1951 brachte er schon unter dem Titel »Kunst in Schleswig-Holstein 1951, Jahrbuch des Schleswig-Holsteinischen Landesmuseums« den ersten Band der zunächst jährlich und dann sporadisch erscheinenden Veröffentlichungen heraus. Vorträge und laufende Sonderausstellungen, die vor allem von Dr. Martin Urban arrangiert wurden, boten den Schleswigern viele Anregungen.

Für sie war die Eröffnung der ersten Schauräume am 25. Aug. 1950 ein großes Ereignis. Die Stadt bekundete ihre Verbundenheit mit den beiden Instituten, indem sie der großen Schar der erschienenen Landesprominenz im »Wintergarten« der »Schleihalle« ein »Festessen« gab, das der schwierigen Finanzsituation entsprechend sehr bescheiden war.

Von vielen wissenschaftlichen Kongressen in beiden Museen war im Aug. 1952 die 4-tägige Jahresversammlung des »Nordwestdeutschen Verbandes für Altertumsforschung« der Auftakt. Den grundlegenden Vortrag hielt der ›Nestor‹ der deutschen Vor- und Frühgeschichtsforschung, Prof. Dr. K. H. Jacob-Friesen. Er hat sich vor allem durch seine Arbeiten zur Methodik der Archäologie einen Namen gemacht.

Zu Untersuchungen im Haddebyer Noor war es vor dem Krieg nicht mehr gekommen. RA Otto von Wahl und seine Söhne hatten seit 1949 wiederholt beim Baden vor dem Ufer von Haithabu Funde aus dem modderigen Grund heraufgeholt. Diese Tatsache bekräftigte die von den Wissenschaftlern schon lange gehegte Absicht, Untersuchungen auf dem Ufergrund Haithabus durchzuführen. Prof. Dr. Herbert Jankuhn entwickelte 1953 den Plan dafür. Dr. Heinrich Dräger stellte die Taucherausrüstung unentgeltlich zur Verfügung. Der Helmtaucher E. Schwendt führte die Untersuchungen durch und unter seiner Anleitung wagten auch Dr. Kersten und Dr. Hingst sich in den ›Untergrund‹. Der Befund war aufschlußreich. Es wurden Pfahlreihen einer Hafenbefestigung und Reste von mehreren Schiffen gefunden, von denen eines eine Bordlänge von mehr als 16 m hatte. Einige Teile dieses Schiffes wurden geborgen[217]). Die Schleswiger Nachrichten berichteten am 29. Juli 53 über das Vorhaben. Im Juli 55 konnten die Schleswiger wieder Untersuchungen im Noor beobachten. Der NDR hatte Taucherausrüstungen und ein Boot zur Verfügung gestellt. Auch Reporter stiegen ins Wasser. Es wurden die Feststellungen vom 1953 bestätigt. In einem Bericht der SN vom 28. Juli 55 wurde die Vermutung geäußert, daß es sich bei dem festgestellten großen Schiff um ein flachlaufendes Kauffahrteischiff handle. Crumlin Pedersen aus Roskilde, der wohl beste Kenner der Wikingerschiffe, hat aber festgestellt, daß das leicht und elegant gebaute Schiff militärischen Zwecken gedient haben mußte[218]). Zu der schon für 1956 erhofften Bergung des Schiffes mit Hilfe von Spundwänden kam es nicht. Erst 1979/80 konnten unter der Leitung von Dr. Kurt Schietzel große Untersuchungen im Noor durchgeführt und dabei auch das Schiff geborgen werden.

Die großen Sonderausstellungen des Schleswig-Holsteinischen Landesmuseums gaben den Schleswigern die Möglichkeit, sich mit allen Strömungen der bildenden Kunst zu beschäftigen. Von besonderem Gewicht war die im April 57 eröffnete große Ausstellung mit Graphik der Künstler der »Brücke«. Manche Schleswiger Bürger schmückten sich gern mit moralischer Entrüstung. Nach einem Bericht über die Ausstellung in den Schleswiger Nachrichten vom 16. April 57 waren viele der zur Eröffnung geladenen Gäste empört darüber, daß auf der Einladungskarte ein Frauenakt von Erich Heckel abgebildet war.

Im Dez. 56 hatte Stadtobersekretär i. R. Ernst Christian Petersen bei ›Wind und Wetter‹ die Kanalisationsarbeiten in der Langen Straße beobachtet und viele mittelalterliche Relikte geborgen, darunter auch Tonlampen, die denen von Haithabu sehr ähnlich waren. Nach einem Interview mit ihm brachte die Zeitung am 24. Dez. 56 die Überschrift: »Ist Schleswig älter als Haithabu?«. Es war eine voreilige Hypothese. Die vielen Funde regten Dr. Albert Bantelmann vom S.-H.-Landesmuseum für Vor- und Frühgeschichte aber dazu an, eine Probegrabung im Altstadtgebiet durchzuführen. Ein geräumter Hausplatz auf dem »Schild«, zwischen Markt- und Hunnenstraße, bot die Voraussetzung dafür. Die Stadt bewilligte die Mittel für die Grabung. Mitte März 57 begann Dr. Bantelmann mit der Arbeit. Wegen der bebauten Nachbargrundstücke konnte die Grabung nur trichterförmig bis auf den gewachsenen Boden hinuntergebracht werden. Es wurde eine bis zu 6 m starke ›Kulturschicht‹ freigelegt, aus der eine Fülle von Leder-, Eisen-, Keramik-, Geweih-, Knochen- und Holzteilen zutage kamen[219]). Das von den Schleswigern mit großem Interesse beobachtete Vorhaben bekam eine ›Pilotfunktion‹ für die von der Deutschen Forschungsgemeinschaft seit 1971 zunächst unter Leitung von Dr. Kurt Schietzel und dann Dr. Volker Vogel durchgeführten großen Ausgrabungen im Altstadtgebiet.

Dr. Ernst Schlee gelang es im Sept. 58 nach achtjährigen Verhandlungen im Tausch gegen eine süddeutsche Maserholzschale von der Veste Coburg die Gallionsfigur des 1849 in der Bucht von Eckernförde in Brand geschossenen dänischen Linienschiffes »Christian VIII.« nach Schleswig zu holen. Seitdem bildet die drohende Büste des Königs im »grünen Gang« des S.-H.-Landesmuseums den Schlußakzent einer Epoche.

Im Aug. 59 pilgerten viele Schleswiger nach Haithabu, wo unter der Leitung von Prof. Dr. Herbert Jankuhn vor dem Südtor Teile eines großen Friedhofes und eine Siedlung am Bachlauf freigelegt wurden. Die Gräbertypen gaben einen Einblick in die soziale Gruppierung in Haithabu, während die Siedlung bewies, daß schon vor 800 Leben am Noor herrschte.

Die Schleswiger konnten also an manchem Wirken der Landesmuseen teilhaben und damit Anregungen erhalten oder wenigstens Neugierde befriedigen. Das dritte im Schloß residierende Kulturinstitut, das S.-H. Landesarchiv, wirkte seiner Aufgabe entsprechend im Stillen. Das Übernehmen und Bewahren von Quellen zu fast allen archivwürdigen Bereichen des Lebens im Lande und ihre Bereitstellung für Wissenschaft und Verwaltung konnte nicht ›spektakulär‹ sein. Archivdirektor Prof. Dr. Ernst Hoffmann und seine Mitarbeiter hatten mit der Überführung der Archivbestände aus den Auslagerungsdepots, ihrer Ordnungund Verzeichnung, der Übernahme von Registraturen – der Landesverwaltung vornehmlich, der Herausgabe von Findbüchern und wissenschaftlichen Publikationen sowie der laufenden Hilfestellung für Wissenschaftler eine nicht minder große Leistung zu vollbringen als ihre Kollegen von den Museen. Für Schleswiger, die wissenschaftlich arbeiten, ist es ein großer Gewinn, daß das Archiv sich in ihrer Stadt befindet.

Durch glückliche Umstände kam es zu einer engen Zusammenarbeit zwischen der Stadt und dem »Landeskulturverband Schleswig Holstein e. V.«. Vom Bombenkrieg verschont, verfügte sie über intakte Räume, Dr. Ernst Schlee war immer bereit, Ausstellungsräume im Museum zur Verfügung zu stellen, und die städtischen Gremien förderten unbürokratisch bereit große Vorhaben des Verbandes. Er beschloß daher, vom 30. Juni bis zum 6. Juli 1952 in Schleswig die erste »Landeskulturwoche« zu veranstalten. Sie wurde das größte kulturelle Vorhaben in der Geschichte der Stadt. 32 Veranstaltungen, darunter vier Ausstellungen, wurden stark besucht! Initiator war Max Wittmaack, Kiel, der geschäftsführende Vorsitzende des Verbandes. Dr. Schriewer, der Leiter der Büchereizentrale Flensburg, hatte das Motto der Woche formuliert: »Kultur ist Durst nach Kultur«. Die Einwohner hatten noch »Durst«. Das Riesenprogramm war eine ›Bilanz‹ der kulturellen Bestrebungen im Lande vom Eutiner Dichterkreis bis zum Niederdeutschen. Das Programm kann hier nicht im einzelnen beschrieben werden. Ein kleiner ›Leckerbissen‹ sei nur erwähnt. Dr. Ernst Schlee hatte das barocke Lustspiel »David und Goliath« ›ausgegraben‹. Die Morgensternbühne führte es auf einem Podest in der Mitte des Jahnplatzes zum großen Spaß der vielen auf den Abhängen der ehemaligen Kiesgrube lagernden Zuschauer auf.

Da ich von der Stadt beauftragt worden war, dem Landeskulturverband Organisationshilfe zu leisten, ›geriet‹ ich nach dem großen ›Spektakel‹ als stellvertretender geschäftsführender Vorsitzender ins Präsidium des Verbandes. Damit war eine weitere Voraussetzung gegeben, Schleswig zum Ort großer Vorhaben zu machen. Der Verband gab im Sept. 54 der 1150-Jahrfeier die entscheidenden kulturellen Akzente. Zu diesen gehörte u. a. die Ausstellung »Landesschau Graphik – Plastik schleswig-holsteinischer Künstler«, die am 19. Sept. im S.-H.-Landesmuseum vom Präsidenten des Verbandes, Prof. Dr. Theodor Warner, Flensburg, eröffnet wurde. Der Berliner Theaterkritiker Pfeiffer hielt einen Vortrag über »Das Theater und die geistigen Kräfte der Zeit«. Seine Beurteilung des Theaters könnte auch von heute sein: ». . . bald atheistisch, bald religiös, einmal individualistisch, dann wieder kollektivistisch . .«

Vom 19. – 22. April 56 prägte die »Begegnung Berlin – Schleswig-Holstein« die Stadt. Präsident Prof. Warner konnte bei der Eröffnung im vollbesetzten Stadttheater Staatssekretär Thedieck vom Gesamtdeutschen Ministerium, Senator Tiburtius von Berlin und die Landesminister Osterloh und Asbach begrüßen. Warner sagte u. a.: »Mögen Sie empfinden, daß diese gemeinsamen Kulturtage unsererseits mehr sein wollen als das übliche Festival, als eine Kunst- und Kulturbörse ... In den Straßen flattert der Berliner Bär, ein Symbol, das die Lauen und Satten mahnt, das die wachen Geister mit Trauer erfüllt und zugleich in die Pflicht ruft«[220]). Die Tage fanden ein starkes Echo in der bundesdeutschen Presse. Das Berliner »Schloßparktheater« spielte Giraudoux' »Elektra« mit der Gorvin in der Hauptrolle, das »Berliner Ballett« von Tatjana Gsovsky löste Begeisterungsstürme aus, Bischof Dr. D. Otto Dibelius predige im Dom über »... die kleinen Leute Gottes ..«, und Dr. Martin Urban arrangierte im Schloß eine Ausstellung mit 110 Arbeiten Westberliner und schleswig-holsteinischer Künstler. Nach drei Kulturwochen in Schleswig, Rendsburg und Plön mit schleswig-holsteinischen Programmen waren die Berlintage der erste Schritt zur Erweiterung der Horizonte.

Der Vorstand beschloß, trotz der verhärteten politischen Situation zwischen den beiden großen Blöcken zu versuchen, Europa als kulturelle Einheit im Bewußtsein der Menschen wachzuhalten. Eine »Begegnung mit der DDR« sollte der Anfang sein. Es ist heute kaum vorstellbar, welche Schwierigkeiten zu überwinden waren. Es gab keine diplomatischen Vertretungen, die Ressentiments waren auf beiden Seiten ungeheuer groß, und wie durften wir das ›andere Deutschland‹ nennen?: »Ostzone«?, »SBZ«?, »Sogenannte DDR?« Wir konnten diese Bezeichnungen nicht verwenden, da die Gäste dann kaum hätten kommen dürfen. Wir mußten daher DDR drucken und sagen. Nach Überwindung vieler Schwierigkeiten konnte die »Begegnung mit der DDR« am 3. Sept. 1958 im Hirschsaal des Schlosses Gottorf eröffnet werden. Kultusminister Edo Osterloh ließ den Verband nicht im Stich. Er arrangierte mit den beiden Museumsdirektoren die Eröffnung von 26 neuen Schauräumen der beiden Museen im Rahmen des Auftakts der Begegnung, die anschließend durch den Präsidenten, Generaldirektor der Landesbrandkasse C. D. Beenken, erfolgte. Danach führte ich in die Ausstellug mit Werken von 20 Künstlern aus der DDR und 13 der »Gruppe 56 Schleswig-Holstein« ein. Zwei Bemerkungen aus meiner Rede lassen die entstandenen Irritationen und die Absicht des Verbandes erkennen: »Die Gegenwart braucht selbständige Menschen, die den Mut haben, sich vor Fragen gestellt zu wissen und ihnen nicht auszuweichen ... Hat verschiedenes politisches Schicksal zu einem Auseinanderleben geführt?«[221]) Die größten Ereignisse waren die beiden ausverkauften Vorstellungen von Bert Brechts »Das Leben des Calilei« durch das »Berliner Ensemble« unter der Leitung von Brechts Witwe Helene Weigel und die vom Eisenacher Bachchor und dem Hamburger Bach-Orchester umrahmte Festpredigt des Thüringer Bischofs D. Mitzenheim, in der er mahnte: »Geht behutsam miteinander um – Kultur ist göttlichen Ursprungs – der schlimmste Feind ist die Gleichgültigkeit ...“.

Weitere »Begegnungen« mit Ländern außerhalb der Bundesrepublik Deutschland konnten dann erst später erfolgen: 1963 mit Schweden, 1965 mit Polen, 1966 mit der Tschechoslowakei und 1967 mit Ungarn. Nach dem Entstehen von diplomatischen Beziehungen mit Ostblockländern wandte sich der Landeskulturverband anderen Aufgaben zu.

Von anderen Aktivitäten des Verbandes in Schleswig sind auch die vom 2. Febr. – 28. Febr. 1962 durchgeführten 4. »Schleswig-Holsteinischen Theatertage« zu erwähnen. Die fünf Bühnen des Landes brachten Theater der Gegenwart. Den größten Eindruck machte das Kieler Schauspiel mit Samuel Becketts »Das letzte Band«.

Einzelmitteilungen aus dem kulturellen Leben

Am 4. Januar 1949 fanden die Schleswiger im Flensburger Tageblatt eine Einlage mit dem Kopf »Schleswiger Neueste Nachrichten«, in dem der Schriftsteller Günther Grell gewürdigt wurde. Es wurde darin über seine Romane »Arne Postgraf«, »Die Muse des Herrn Johannes«, seine Jungen- und Segelgeschichten sowie seine Arbeit als Redakteur der Zeitschrift »Die Yacht« berichtet.

Im Haus Lollfuß 76 arbeitete zurückgezogen der Maler und Restaurator Hans Hampke.

1950 restaurierte er drei Bilder von Lucas Cranach (d. Ältere oder der Jüngere?) und eines von van Dyck.

Auf Initiative von Dr. Paul Bertheau und General a. D. Hermann Dahlmann wurde im Nov. 1950 in Schleswig der »Kreisverein des Schleswig-Holsteinischen Heimatbundes (SHHB)« gegründet, und in der Aula der Domschule veranstalteten die Landsmannschaften eine »Ostdeutsche Buchwoche«.

Am 15., 16. und 17. Oktober 1950 wurde im Dom Thomas Eliots »Mord im Dom« aufgeführt. Im Oktober wurde auch versucht, das Geheimnis der Möweninsel zu lüften. Nach schriftlichen Quellen lag auf der Insel die Juriansburg. War sie evtl. eine romanische Turmburg, wie sie das stilisierte älteste Stadtsiegel zeigt? Dr. La Baume vom Landesmuseum für Vor- und Frühgeschichte führte eine Ausgrabung mit Jungen der JAW durch. Ein Suchgraben bis zum Hügel brachte keine Ergebnisse. Für einen Schnitt durch diesen fehlten dann leider die Mittel.

Die Fülle der kulturellen Veranstaltungen überforderte die Einwohner. In der »Arbeitsgemeinschaft Deutsche Brücke« wurde seit Dez. 1951 versucht, in drei jährlichen Sitzungen mit den Vorsitzenden aller kulturellen Vereinigungen und Institutionen einen »Kulturkalender« zu erarbeiten. Es ging nicht nur um die Aufstellung eines Terminkalenders, um Überschneidungen zu vermeiden, sondern vor allem darum, gemeinsame wichtige Veranstaltungen zu tragen und Unwesentliches fortzulassen. Fünf Jahre gelang es einigermaßen, zu Kompromissen zu kommen. Das Unternehmen scheiterte dann an dem immer stärker werdenden ›Vereinsegoismus‹.

Am 17. Januar 1952 berichteten die SN, daß die Sippenforscher bereits ein »Ahnenbuch Schleswiger Bürger« in vier Bänden zu je 600 Seiten erarbeitet hätten.

Es dürfen die »Literarischen Stunden« in der Buchhandlung von Frau Hildegard Bernaerts nicht vergessen werden. Von 1950−1956 veranstaltete sie an zwei Mittwochabenden im Monat Lesungen und Konzerte. Im April 1952 z. B. sprach E. R. Lehmann-Leander über Thornton Wilder.

Einen großartigen heiteren Abend erlebten viele Schleswiger im Juni 1952. Der 72jährige weltbekannte Clown Grock (Adrian Wettach) begeisterte sein Publikum und rief bei den älteren Besuchern Erinnerungen an die Jugendzeit wach. Im Herbst 1952 erschien das Mädchenbuch »Cunni das Malerkind« von Frau Cunhild Appuhn. Von 1952−1965 arbeitete in seiner Wohnung im Schmiedenhof Reg. Dir. i. R. Dr. F. Pauly mit anderen an der Herausgabe sämtlicher Werke von Klaus Groth. Der letzte, 8. Band, kam 1965 in die Buchhandlungen.

Bankdirektor Asmus Peter Weiland hatte bald nach dem Krieg den Vogelschutzbund gegründet und als Vorsitzender mit seinen hervorragenden Diaserien und Filmen sowie auf Wanderungen viel Interesse für die Vogelwelt geweckt. Als er im Febr. 1953 nach Kappeln umzog, führte RA Otto von Wahl seine Arbeit intensiv fort. v. Wahl war vielseitig für die Allgemeinheit tätig. Er gründete am 17. März 1949 den »Verein zur Förderung des Schleswig-Holsteinischen Landesmuseums für Vor- und Frühgeschichte«, am 26. Mai 1952 den »Verein zur Förderung des Schleswig-Holsteinischen Landesmuseums« und 1965 den »Verein zur Förderung des Landesarchivs«.[222])

Im Rahmen der 1150-Jahrfeier der Stadt 1954 veranstalteten die Landsmannschaften eine »Ostdeutsche Buchwoche« mit einem Festvortrag von Dr. Wolfgang Laur im Stadttheater über »Deutsche Heimat in Ost und West«. Der LKV trug zum Programm einen Abend mit der baltischen Schriftstellerin Zenta Maurina bei. Ebenfalls im Rahmen des Stadtjubiläums feierte der Gesangverein »Germania von 1864« sein 90jähriges Bestehen mit zwei Festkonzerten am 15. und 16. Oktober. 1954 erschien im Christian Wolff-Verlag in Flensburg wieder ein Bildband über Schleswig von Dr. Horst Appuhn.

Am 13. Nov. 1954 starb Prof. D. Dr. Otto Scheel, der nach der Zerbombung seines

Hauses in Kiel eine Notwohnung im v. Günderoth'schen Hof gefunden hatte. Als Theologe in Tübingen hatte er mit dem zweibändigen Werk über den jungen Luther einen entscheidenden Beitrag zur Bildungsgeschichte des ausgehenden Mittelalters geleistet. Im Abstimmungskampf 1919/20 reiste der gebürtige Nordschleswiger durch die 1. und 2. Abstimmungszone, um deutsche Stimmen zu gewinnen. Er wurde auf den Lehrstuhl für schleswig-holsteinische und skandinavische Geschichte und als Direktor des Baltisch-Historischen Forschungsinstituts an die Universität Kiel berufen und hat dort das Buch »Bismarcks Wille zu Deutschland in den Friedensschlüssen 1866« geschrieben und sich vor allem mit frühgeschichtlicher Forschung befaßt. Er erkannte die Bedeutung von Ausgrabungen in Haithabu, für die er die Mittel im preußischen Kultusministerium beschaffte. Seinem Wunsch entsprechend wurde er in »Wikingererde« auf dem Haddebyer Friedhof beigesetzt. Auf seinem Grabstein steht das »Vaterunser«.

Im Dez. 1954 führte der Kreistag ›Krähwinkel‹ auf. Er zitierte den Intendanten Dr. Gnekow vor die Schranken. Er hatte es gewagt, dem Wunsch von Erziehern und Pastoren folgend, statt eines ›grausamen‹ Märchens Friedrich Forsters Jugendstück »Robinson soll nicht sterben« aufzuführen. Er wurde vergattert, künftig wieder »Weihnachtsmärchen« im Dez. zu inszenieren.

Im April 1955 erregte viele Bürger der Prozeß gegen Prof. Fey und den Maler Malskat, dessen Fälschungen in der Lübecker Marienkirche entdeckt worden waren. Da beide für die Restaurierung der Fresken im Schleswiger Dom in den 30er Jahren verantwortlich waren, entstand Unbehagen in der Stadt. Es war aber im St. Petridom wenig gefälscht worden. Malskat hatte 13 leere Medaillons in den Festerlaibungen hinter dem Brüggemannaltar mit Köpfen eigener Imagination gefüllt, und auch im Kreuzgang hat er nicht immer seinem Auftrag gemäß gehandelt, z. B. bei den Tiermedaillons unterhalb der Szene vom Kindermord in Bethlehem[223]). Oberbaurat Hermann Bulle, unter dessen Leitung die Restaurierungen in den 30er Jahren stattgefunden hatten, beruhigte die Bürger in den SN vom 6. April 1955 etwas zu leichthin: Es seien Fälschungen nur hinter dem Altar erfolgt, so z. B. habe Malskat in eines der leeren Medaillons den Kopf der damals sehr beliebten Schauspielerin Hansi Knotek gesetzt.

Am 31. August 1955 wurde Friedrich Ernst Peters als Direktor der Gehörlosenschule verabschiedet. Im gleichen Monat erschien im Verlag von Frau Hildegard Bernaerts sein Buch »Gebild und Leben«.

Im Oktober 1955 wurde in der von O. Reg.- und Schulrat a. D. Peter Ingwersen gegründeten und geleiteten »Arbeitsgemeinschaft für Landes- und Volksforschung« angeregt, eine »Gesellschaft für Schleswiger Stadtgeschichte« zu gründen. Schon am 1. Nov. fand in »Ravens Hotel« die Gründungsversammlung statt. Die Vorträge von Prof. Dr. Koppe über »Die Stadt Schleswig in ihren Anfängen« und Prof. Dr. Herbert Jankuhn über »Haithabu« lockten viele Interessierte und machten die sofortige Konstituierung möglich. Otto v. Wahl wurde zum 1. und Helgo Klatt zum 2. Vorsitzenden und Geschäftsführer gewählt. Ende Nov. betonte der Vorsitzende in der 1. Mitgliederversammlung, daß es nicht so weit kommen solle, daß die Stadtgeschichte von dänischer Seite geschrieben werde. Nach dem Bericht der SN vom 24. Nov. wurde auch beschlossen, »Beiträge zur Schleswiger Stadtgeschichte« in zwangloser Folge herauszubringen. Im Dez. 1956 konnte Helgo Klatt den Mitgliedern das erste Heft übergeben. Schwieriger wurde die Herausgabe seiner Stadtgeschichte. Prof. Gottfried Hoffmann lud in Frage kommende Wissenschaftler zu einer Besprechung in seine Wohnung im Schloß ein. Es wurde eine dreibändige Stadtgeschichte disponiert: Bd. 1: Mittelalter bis 1544; Bd. 2: 1544–1836; Bd. 3: 1836–1945. Es wurde ein langwieriges, immer noch nicht abgeschlossenes Vorhaben, da alle Autoren beruflich stark beansprucht waren und historische Forschungsarbeit viel Zeit beanspruchte. Erst 1973 konnte der 3. Band erscheinen, dem dann 1985 der Band

1544–1711 von Hermann Kellenbenz folgte. Wenn das Unternehmen jemals zu Ende gebracht wird, werden es dann vier Bände sein. Die Beiträge dagegen sind seit 1956 regelmäßig Jahr um Jahr erschienen.

Im Haus Chemnitzstraße 55 lebte nach dem Krieg Frau D. Dr. Anna Paulsen, die ihre wissenschaftliche Arbeit vor allem dem Werk Søren Kierkegaards gewidmet hatte. Im Nov. 55 konnte ihr Werk »Søren Kierkegaard, Deuter unserer Existenz« erscheinen, eine große wissenschaftliche Biographie des Theologen und Philosophen, von dem die »Dialektische Theologie« und die »Existenzphilosophie« der Gegenwart entscheidend beeinflußt worden sind.

Das »Graukloster« zerfiel von den Schleswigern wenig beachtet mehr und mehr. Im Okt. 1956 hat der dänische Architekt Charles Christensen, der beste Kenner der Franziskanerklöster in Nordeuropa, auf die Bedeutung des Gebäudes aufmerksam gemacht. Nach eingehender Besichtigung und mit geringen Mitteln durchgeführte Untersuchungen an einigen Stützpfeilern sowie am Eingang zur Hypocaustheizung unter dem gotischen Saal im Nordteil des Ostflügels – die Heizanlage wurde damals noch nicht erkannt –, hat er festgestellt, daß die Stadt das trotz vieler Verschandelungen noch am vollständigsten erhaltene Kloster des Bettelordens besaß. Seine Erkenntnisse fielen damals noch nicht auf fruchtbaren Boden. Der Wohnungsbau hatte Vorrang, und es fehlte auch noch an Verständnis für den Wert alter Bauten. Es wurde sogar 1960/61 der südliche Teil des Ostflügels abgerissen. Der Landesdenkmalpfleger konnte die Stadt lediglich dazu bewegen, ein Stück der Rückwand des Kreuzgangs und die nördlichste Fensterachse auf der Hofseite zu erhalten[224]). 1980–1983 wurde das Kloster endlich gründlich restauriert.

Der Drogist und Stadtrat Franz Grell war nicht nur ein Förderer des Stadttheaters und der »Platdütschen Komödi«, er schrieb auch niederdeutsche Stücke. Die Bühne führte im Nov. 1956 sein Stück »Wat dat Öl nich deit« auf. Die SN schrieben am 28. Nov.: »Franz Grell gelang ein großer Wurf«.

Im März und April 1957 wurde die noch der Stadt gehörende Idstedt-Gedächtnishalle von den Bediensteten des Kulturamts ohne Geldmittel so gut wie möglich ›überholt‹.

Am 18. Okt. 1958 eröffnete ich im Hirschsaal des Schlosses eine französische Woche unter dem Motto »Unser Nachbar Frankreich«. Vorträge über Frankreich, eine Buchausstellung und eine Ausstellung im Schloß mit 94 Farblithographien von Fernand Léger boten Einblicke in das Leben der »Nachbarn«.

Im Nov. 1958 kamen im Verlag Hoffmann und Campe in 2 Bänden die gesammelten Werke Friedrich Ernst Peters', von Christian Jensen herausgegeben, in den Buchhandel.

Im Nov. 1958 erschien im Verlag von Frau Hildegard Bernaerts das Buch »Der Bordesholmer Altar des Hans Brüggemann« von Fuglsang und Erhardt mit vielen Abbildungen.

Anfang Juni 1960 wurde der Wettbewerb zur Umgestaltung des Karbergs zu einem Friedhof für Tote des 2. Weltkriegs abgeschlossen. Den ersten Preis erhielten die Architekten Klaus Peter Käding aus Kiel und Robert Müller aus Hamburg. In den folgenden Jahren wurden rd. 1500 Kriegstote aus dem Kreisgebiet und darunter etliche aus Schleswiger Friedhöfen umgebettet[225]).

Im Okt. 1960 erschien Ernst Schlees Buch »Die Stadt Schleswig in alten Ansichten«. Durch viele Jahre hatte er eine Fülle alter Bilder zusammengetragen, die Lebensdaten der Künstler ermittelt und die Bilder erläutert. Das reizvolle Werk hat in vielen Schleswigern die verschüttete Verantwortung für das in Jahrhunderten gewachsene Stadtbild wachgerufen. Es war übrigens das erste Buch, das die Gesellschaft für Schleswiger Stadtgeschichte herausgeben konnte.

Ergänzendes Allerlei

Nach den trostlosen Kriegsjahren war das Bedürfnis der Menschen nach ›Belustigungen‹ groß. Mitte Sept. 46 konnte wieder ein »Peermarkt« auf dem Stadtfeld stattfinden. Er war den Umständen entsprechend nur kümmerlich beschickt. Dennoch kamen Tausende aus Kreis und Stadt. Da es noch keinen Individualverkehr gab, setzte die Kreisbahn Sonderzüge ein.

Ein Ort des Vergnügens blieb die »Schleihalle« des Originals Johann − »Jan« − Jürgens. Sie erreichte aber nicht wieder die ›Berühmtheit‹ wie vor dem Krieg. Die Vergnügensbedürfnisse der Menschen hatten sich geändert, und »Jan« konnte daher nicht mehr erstklassige Varietégruppen engagieren. Seine Unternehmungslust war aber nicht kleiner geworden. Er hat den »Muschelsaal« in Büsum betrieben, vorübergehend viel Geld durch die Pacht des »Trichter« an der Reeperbahn in Hamburg zugesetzt und den Herkulesteich mit Umgebung zu einem Zoo umgestaltet. Es ließen sich viele Anekdoten über diesen schrulligen, gutmütigen Mann berichten.

Die SN berichteten am 23. Juli 47, daß zum Fahr- und Reitturnier am 19. und 20. Juli 18000 Zuschauer aus dem ganzen Land kamen.

Anfang April 49 wurden die »Friedrichsberger Lichtspiele« wieder eröffnet.

Am 4. Jan. 50 berichteten die SN, daß der Sylvesterabend ein Fest der Ausgelassenheit war, ein »friedensmäßiger Neujahrsbeginn«.

Am 16. Nov. 50 brachten sie eine Reportage über einen Henry Eberty aus Graz, der sich auf dem Viehmarktplatz für 5 Tage eingraben ließ. Durch eine Glasscheibe konnte man ihn, der täglich nur eine Tafel Schokolade und eine Flasche Limonade zu sich nahm, besichtigen. Es herrschte großer Andrang von Schaulustigen.

Im Dez. 50 verzeichneten die Geschäfte einen »Rekordumsatz«, vor allem wurden Kleidung und Schuhwerk gekauft.

Der »Peermarkt wurde 51 schon von der Mechanisierung geprägt; die Zahl der Fahrgeschäfte konnte kaum auf dem Stadtfeld untergebracht werden, sie erforderten eine große Vermehrung der Stromleitungen. Der Name des Marktes aber bestand noch zu Recht: Es wurden noch 600 Pferde aufgetrieben.

Im Sommer 52 rasten viele Schleswiger Kinder auf Tretrollern durch die Stadt. Ein ›Unternehmer‹ meinte eine ›Marktlücke‹ entdeckt zu haben. Er vermietete Roller. Es gab viele leichte Unfälle, und der Tretmechanismus war sehr reparaturanfällig. Vermieter und Geschäfte scheinen nicht auf ihre Kosten gekommen zu sein, denn 1953 tauchten die Gefährte kaum noch im Stadtbild auf.

Am 26. Febr. 53 stauten sich viele staunende Passanten vor einem Schaufenster der Fa. Radio-Voigt, in dem die erste Fernsehübertragung zu sehen war.

Im Aug. 53 konnte der Weltrekordler im Klavierspielen bewundert werden. Er schaffte 120 Stunden eines wohl zweifelhaften Kunstgenusses.

Ab Febr. 54 gab es in Schleswig keinen »Knast« mehr. Das Amtsgerichtsgefängnis mit Platz für 88 Männer und 14 Frauen wurde geschlossen.

Der Winter 55 war besonders hart. Mitte Januar legte Schnee den Verkehr vorübergehend lahm. In der ersten Märzhälfte war die Schlei noch so fest zugefroren, daß die Segelflieger auf ihr starten konnten.

Am 31. März 58 endete die unbeschränkte zollfreie Einfuhr der damals sehr preiswerten dänischen Butter. Ganze ›Flotten‹ von mit butterhungrigen Deutschen gefüllten Bussen fuhren am 29. März nordwärts. Auf der Rückfahrt schneiten sie auf der Strecke Flensburg−Schleswig ein, erst am 30. März nachmittags war die Straße wieder passierbar. Die frierenden Insassen der Busse wurden von den Bauern der Umgebung mit angeblich nicht immer billigen heißen Getränken versorgt.

Randalierende Jugend gab es auch 1958 schon. Die SN berichteten am 11. Nov., daß Mitglieder des »Rotjackenclubs von Schleswig« vor Gericht standen. Sie hatten Einbrüche verübt und Einrichtungen zerstört. Der Rädelsführer erhielt 6 Monate Gefängnis. Abschreckend hat das Urteil anscheinend nicht gewirkt, denn am 16. Nov. überfielen 5 Jugendliche in roten Hemden auf dem Damm einen Spaziergänger und traktierten ihn mit Faustschlägen.

Die Mode der Teenager, damals noch »junge Mädchen« genannt, gab 1958/59 dem Stadtbild einen fröhlichen Akzent: Mit Pferdeschwanzfrisuren und von Petticoats aufgebauschten wippenden Röcken liefen sie durch die Straßen.

Im Nov. 1958 berichteten die Schleswiger Nachrichten über »Hula, Hula . . hoop«. Die älteren Einwohner werden sich noch daran erinnern, daß fast alle Kinder und Jugendliche mit diesem Ruf hölzerne Reifen mit dem Schwung der Hüften um sich kreisen ließen.

Im Januar 61 trat Schleswig in Joachim Kuhlenkampfs Fernsehsendung »Kleine Stadt ganz groß« in Offenbach gegen Konstanz an. Die Bürgermeister mußten eine Rede vor ihren Stadtparlamenten simulieren, die besten Laientrompeter blasen, die besten Laiensänger singen, die besten Maschinenschreiberinnen schreiben usw. »Kuli« spielte vor allem sich selbst in den Vordergrund. Schleswig unterlag. Viele Bürger waren böse, weil Konstanz angeblich Berufsmatadore in die Arena geschickt hatte und die Stadt als Trostpreis eine Bank ohne Lehne erhielt.

Im Febr. 61 übernahm die Stadt die Patenschaft für das auf der Flenderwerft in Lübeck gebaute Fischereischiff »Schleswig«.

1961 war das Jahr der Pfennigabsätze. Die Damen staksten auf diesen Folterinstrumenten der Modeschöpfer umher, und sogar in die Schulen zogen sie ein. Sie mußten dort verboten werden, weil sie die Fußböden ruinierten.

Im Febr. 62 strich bei Dunkelheit ein großes Uhumännchen geräuschlos durch die Stadt. Es versetzte ängstliche Gemüter in Schrecken und erweckte bei den Vogelschützern Freude und die Hoffnung, es seßhaft zu machen durch Zuführung eines Weibchens. Otto v. Wahl hat sich vergeblich darum bemüht.

Quellen- und Literaturverzeichnis

Abkürzungen: KKA = Kreiskirchenarchiv Schleswig.
              LA = Landesarchiv Schleswig-Holstein.
              SN = Schleswiger Nachrichten.
              St.A = Stadtarchiv Schleswig.
              St.M = Städtisches Museum.
              ZSHG = Zeitschrift der Ges. für S-H-Geschichte.

Archivalien

Amtsgericht Vereinsregister Schleswig.

Protokolle des »Friedrichsberger-Busdorfer Turn- und Sportvereins Schleswig«. Vereinsarchiv.

Gewoba. »Generalversammlungsprotokolle«. »Protokolle der Vorstandssitzungen ›Gewoba‹ gemeinnützige Siedlungs- und Wohnbaugenossenschaft e.G.m.b.H. Schleswig« 1949−52.
»Prüfungsbericht für die Jahre 1949 und 1950«. Festschrift »Gewoba 25 Jahre«.

KKA   Abt. III A V Nr. 89. Propsteisynoden.

LA   A 212 (Bibliothek). Amtsblatt für Schleswig-Holstein Jgg. 1946−1950.
A 213. Amtsblatt der Militärregierung 1945/46. Appendix A und B (»Amtsblatt der Militärregierung Deutschland. Britisches Kontrollgebiet«).
A 210. Richtlinien der Militär-Regierung für die Verwaltung, die örtliche und die Gebietsregierung, sowie für den öffentlichen Dienst. Teil I. 2. Auflage (revidiert am 1. Febr. 1946).
A 213. Amtsblatt der Militärregierung Deutschland Britisches Kontrollgebiet Part I 1947/48.
A 214. Amtliche Bekanntmachungen der Militärregierung der Stadt Kiel und der Kieler Behörden.
A 215 Verordnungsblatt für die Britische Zone. Herausgegeben vom Zentral-Justizamt für die Britische Zone. Hamburg, 1946−48.
Abt. 605. 1199−1207. »Turnusberichte« Dr. Müthling. »Ausfertigungen« 1−2784.
Bis Nr. 1910 »Dringender Bearbeitungsfall der Militärregierung ..« Ab Nr. 1911 »Dringender Bearbeitungsfall der Kontrollkommission ..«
E II 176. Die Struktur der Löhne und Gehälter in der gewerblichen Wirtschaft Schlewig-Holsteins 1951. Kiel, 1953. Ebd. Die Steuerstatistiken 1950. Statistisches Landesamt, Kiel, 1955.
E II 181. Tätigkeitsbericht der Handelskammer zu Flensburg 1945−1959.

St. A.   Chronik der Schutzpolizei − Erfahrungsberichte im Luftschutz. 11. 12. 1944−2. 7. 1945.
o. Nr. Chronik der Schutzpolizeidienstabteilung 1. 7.−30. 9. 45.
Feststellungsgesetz vom 21. 4. 1952. Gesetz über Lastenausgleich vom 14. 4. 1952.
Flensburger Tageblatt 11. 1. 47−Dez. 1949.
»Flüchtlinge«. Transportlisten Bugenhagenschule − Lager − Jugendheim − Flüchtlingslager Stadtfeld − Transporte Wilhelminenschule − Umsiedlung.
Haushaltssatzungen der Stadt Schleswig 1945−62 und 1966.
Kassenbuch des Hafenmeisters 1943−1953.
Schleswiger Nachrichten Dez. 1949−1962.
Desgl. 1945 bis 10. Mai.
5 k. Chronik der Lagerschule Moltkekaserne Schleswig 1946−1954.
7 A 1. Protokolle des »Beirats«, dann »Stadtrats« bzw. »Hauptausschusses«. 12. 6. 1945−31. 3. 1948.
7 A 2. Protokolle des Hauptausschusses ab 1. 4. 1948−28. 4. 1950.
7 A 3 − 11. Magistratsprotokolle 5. 5. 1950−14. 12. 1961.
7 D 35/4. Kriegschronik 1945−48.
9 zz. Protokolle der Stadtverordneten- bzw. Ratsversammlungen 1946−1956.
17 c. Heimatvertriebene, Lager, Küche.
35/8. Norwegische Besatzung in Schleswig 1950−1953.
IV, 1 Nr. 20. Bürgermeister Hinrichs.
Ebd. Nr. 22. Bürgermeister Dr. Lemke.
Ebd. Nr. 23. Bürgermeister Lorenzen.
Ebd. Nr. 24. Bürgermeister Clausen.
VII 9c 47. Protokolle der Sitzungen des Ausschusses für Sport- und Jugendpflege. 6. 10. 1920−7. 2. 1950.
VII 17 c 2. Heimatvertriebene Lager Moltkekaserne.
053/1a. Sitzungsprotokolle des Ausschusses für Fremdenverkehr. 23. 11. 1953−5. 10. 1962.
053/3 a. Übernahme des Verkehrsbüros durch die Stadt 1954.
053/10 b. Werbereise Süddeutschland März 1960.
053/10 e. Werbereise Skandinavien April 1953.
053/10 f. Hamburger Frühlingsschau 1955 u. 1960.
300/2. Protokolle des Kulturausschusses.
301/3. Universitätsgesellschaft.
301/3. Verein für Niederdeutsche Sprachforschung.
301/3 b. Freier Kulturbund Schleswig.
311/1 a. Standort der Christian-Albrechts-Universität.
Gründung einer neuen Universität. Verlegung der Regierung nach Kiel.

311/1 b. Verlegung der Pädagogischen Hochschule Flensburg nach Schleswig ...
330/1 b. Verlegung der Landesbibliothek von Kiel nach Schleswig.
331/1 a. Erweiterung der Stadtbücherei zur Kreishauptbücherei 1951–1960.
331/1. Volkshochschule.
332/2 und 333. »Deutsche Brücke«.
340/3. Heimkehrerbetreuung.
340/4. Bürgervereine und »Brücke zum Rathaus«.
340/5. Europa-Union und europäische Jugendzentrale in Schleswig.
350/20. Mitgliedschaft in der »Arbeitsgemeinschaft Deutsches Schleswig«.
352/4 d. Kriegsgräberlisten.
ZD 34/21. »Die Bundeswehr lädt ein«. Veranstaltungsfolge 22. Aug. 1959.
ZD 357 »Sie bedroht Dich« (Broschüre der KPD gegen Gründung der Bundeswehr). Verantwortlich Erika Ewert, Bremen, o. J., 32 S.
ZD 357. Flugblatt des VVN. Manifest der Delegiertenversammlung in Herne am 15. und 16. Jan. 1954 (gegen Gründung der Bundeswehr).
St. M. 352 A und B. »Heimatmuseum«, Hauptakte bis 1950. Museumschronik bis 1962.
351/29 A und B. Idstedt-Gedächtnishalle.

Als die Akten im Stadtarchiv von mir ausgewertet wurden, war die Neuordnung des Archivs und die Übernahme großer Bestände aus den Verwaltungsabteilungen noch im Anfangsstadium. Es waren Bestände noch »o. Nr.« (ohne Nummer) und andere noch mit den Nummern des alten Aktenplans der Stadtverwaltung (z. B. 053 oder 300) versehen. In den alten und neuen Findbüchern sind die oben angegebenen Akten aber dennoch leicht aufzufinden.

Allgemein zugängliche gedruckte Quellen und Literatur

Adenauer, Konrad. Erinnerungen 1955–1959. Fischer Bücherei. Lizenzausgabe der Deutschen Verlagsanstalt, Stuttgart, 1967, 557 S.

ADS. 25 Jahre Arbeitsgemeinschaft Deutsches Schleswig. Bericht über einen Grenzverband im Landesteil Schleswig. Verantwortlich für Text und Bild Uwe Lendt. Druck Peter J. Thomas, Flensburg, 1973, 48 S.

Beck, Hans, und Surig, Friedrich. 50 Jahre Schleswiger Singvereinigung von 1927 – Ein Rückblick –. Manuskript 1977.

Berger ..Oberstleutnant. Garnisonstadt Schleswig. Informationsschrift für nach Schleswig einberufene Soldaten. Herausgeber: Standortältester. Schleswig, 1978, 72 S.

Christiansen, Theo. 1955–1979 Fédération E 3 ... Herausgegeben von der Arbeitsgemeinschaft Europastraße 3. Schleswig. Druck Severin und Schmidt, Flensburg, 1981, 81 S.

Ders. Malerei – Graphik – Plastik. Kulturtage 1953. (Katalog einer Ausstellung). Werke von Künstlern des »Verbandes Bildender Künstler der Deutschen Demokratischen Republik« und der »Gruppe 56-Schleswig-Holstein«. Herausgegeben vom Landeskulturverband Schleswig-Holstein e. V. Schleswig, SN, 1958, 40 S.

Ders. Schleswig 1836–1945. Eine Stadt und ihre Bürger ... Herausgegeben von der Gesellschaft für Schleswiger Stadtgeschichte. Schleswiger Druck- und Verlagshaus, Schleswig, 1981, 267 S. 2. Auflage.

Ders. Schleswig als Bischofssitz 1848–1947. In 850 Jahre St. Petri-Dom zu Schleswig 1134–1984. Herausgegeben im Auftrage der Ev. Luth. Domgemeinde Schleswig von Christian Radtke und Walter Körber. Schleswiger Druck- und Verlagshaus, Schleswig, 1984, 253 S.

Churchill, Winston S. Der Zweite Weltkrieg. 6. Bd. 2. Buch. A. Scherz-Verlag, Bern, 1954, 450 S.

Clausen, Hermann. Der Aufbau der Demokratie in der Stadt Schleswig nach den zwei Weltkriegen. Erinnerungen. Herausgegeben von Lorenz Rerup. Skandia Verlag, Flensburg, 1966, 303 S.

Deuerlein, Ernst. Deutsche Geschichte der neuesten Zeit von Bismarcks Entlassung bis zur Gegenwart. 3. Teil. Von 1945–1955. Handbuch der Deutschen Geschichte Bd. IV. 3. Teil. Akademische Verlagsgesellschaft Athenaion .., Konstanz, 1965, 311 S.

Deutsche Forschungsgemeinschaft. Archäologische und naturwissenschaftliche Untersuchungen ... Bd. 2. Handelsplätze des frühen und hohen Mittelalters. Herausgegeben von Herbert Jankuhn, Kurt Schietzel und Hans Reichstein. Acta humaniora der Verlag Chemie GmbH, Weinheim, 1984, 453 S.

Dönitz, Karl. Zehn Jahre und 20 Tage Athenäum-Verlag, Bonn, 1958, 512 S.

Doose, Inge. Die katholische Pfarrgemeinde St. Ansgar in Schleswig. Ihre Vorgeschichte und Geschichte. Vervielfältigtes Maschinenmanuskript. 1. Auflage zum 75.-jährigen Jubiläum der Kirchenweihe und zur Einweihung des neuen Pfarrzentrums am 1. 7. 1973, 84 S.

Fernmelderegiment. 20 Jahre Fernmelderegiment 34. Informationsschrift für Gäste und Soldaten. Mönch Verlag, Koblenz, 1981, 48 S.

Flensburg. Geschichte einer Grenzstadt. Herausgegeben von der Gesellschaft für Flensburger Stadtgeschichte. Gesamtherstellung Christian Wolff, 1966, Flensburg, 655 S.

Flensborg Avis 1945, 1946.

Frederiksen, Bjarne W. Danmarks sydslesvigpolitik efter det tyske Sammenbrud i 1945. Dansk udenpolitisk instituts skrifter 3. Munksgaard. Århus, 1971, 210 S.

Grenzfriedenshefte. Heft 1 1968. Herausgeber Grenzfriedensbund. Husum, 1968.

Handbuch für Schleswig-Holstein. Jgg. 1949–1962. Im Auftrage des Landesministeriums des Inneren. Druckerei der SN.

Hansen, Ernst Siegfried. Kurier der Heimat. Das Spiel um Schleswig zwischen Kapitulation und Programm Nord. Deutscher Heimat-Verlag, Bielefeld, 1955, 479 S.

Kreissparkasse Schleswig 1973. Ein Wegweiser. Herausgegeben von der Kreissparkasse Schleswig, 1973, 40 S.

Heyer, Friedrich. Die evangelische Akademie. In Beiträge zur Schleswiger Stadtgeschichte Heft 23. Schleswig, 1978.

Hoffmann, Gottfried Ernst. Peter Ingwersen. Leben, Wirken, Schaffen. Im Jahrbuch für die Schleswigsche Geest. 7. Jg. 1959.

Interviews. 11 Schleswigerinnen und Schleswiger, die 1945–46 in Schleswig waren, haben berichtet.

Jaeger, Rudolf. Die vorsorgliche Bergung des Nydambootes im September 1941. In Nordelbingen Bd. 36. Westholsteinische Verlagsanstalt Boyens u. Co., Heide in Holstein, 1967.

Johannsen Svend. En redelig Løsning. Tanker til Overvejelse. København, Pedersen o. Lefevre, 1946, 13 S.

Ders. For alt hvad du har kaert. I danskhedens tjenester i Sydslesvig 1930–1945. Forlaget Skandia, Flensborg, 1978, 261 S.

Jürgensen, Kurt. Die Stunde der Kirche. Die Ev.-Luth. Landeskirche Schleswig-Holsteins in den ersten Jahren nach dem Zweiten Weltkrieg. Karl Wachholtz-Verlag, Neumünster, 1976, 474 S.

Ders. Die Gründung des Landes Schleswig-Holstein nach dem Zweiten Weltkrieg 1945–1947. In Geschichte Schleswig-Holsteins. 8. Bd. Beiheft. Karl Wachholtz-Verlag, Neumünster, 1969, 82 S.

Kamphøvener, Morten (Redaktion). Sydslesvig gennem Tiderne Bd. 3. Tonnesberg Forlag, o. O., 1949.

König ... Oberst. Deine Garnison Schleswig. II. Teil. 2. Ausgabe. Merkur-Verlag, Baden-Baden, 1972, 40S.

Kriegstagebuch des Oberkommandos der Wehrmacht 1940–1945. Bd. IV. Zweiter Halbband. Eingeleitet und herausgegeben von Percy Schramm. Bernhard und Graefe-Verlag für Wehrwesen, Frankfurt a. M., 1961, S. 975–1940.

Kürstein, Poul (Redigeret). Flensborg Avis 1869–1. Okt. 1969. Sydslesvigske år og dage. Flensborg Avis, Flensborg, 1969, 480 S.

Kunstdenkmäler der Stadt Schleswig. Zweiter Band. Der Dom und der ehemalige Dombezirk. – Ellger, Dietrich-Kolbe, Johanna-Zöllner, Rudolf-Lücke-David, Susanne. Deutscher Kunstverlag, o. O., 1966, XVIII, 709 S.

Lagler, Wilfried. Die Minderheitenpolitik der schleswig-holsteinischen Landesregierung während des Kabinetts v. Hassel (1954–1963). Ein Beitrag zur Integration nationaler Minderheiten. Quellen und Forschungen zur Geschichte Schleswig-Holsteins Bd. 78. Karl Wachholtz-Verlag, Neumünster, 1982, 264 S.

Landeskrankenhaus. 150 Jahre Landeskrankenhaus Schleswig. Sonderdruck der Gesellschaft für Schleswiger Stadtgeschichte. Redigiert von Helgo Klatt. SN, Schleswig, 1970, 68 S.

Lindstrøm, Anders Ture. Landet Slesvig-Holstens politiske Historie i Hovedtræk 1945–1954. Udgivet af Studieafdelingen ved Dansk Centralbibliothek for Sydslesvig. Flensborg, 1975, 200 S.

Lüdde-Neurath, Walter. Regierung Dönitz. Die letzten Tage des Dritten Reiches. 4. wesentlich erweiterte Auflage. Druffel-Verlag, Leoni, 1980, 200 S.

Mehnert, Gottfried. Die Kirche in Schleswig-Holstein. Eine Kirchengeschichte im Abriß. Luth. Verlags- und Buchhandelsgesellschaft, 1960, 160 S.

Military. A military geography of Schleswig-Holstein. February 1946. H. Q. 8. Corps District. 29 S. und 54 Bilder. (Die Karten fehlen).

Nordmark-Landestheater. 30 Jahre Nordmark-Landestheater Schleswig 1924–1954. Herausgegeben vom NLT. Druck SN, Schleswig, 1954, 52 S.

Ebenfalls. Blätter des Nordmark-Landestheaters Schleswig. Jgg. 1950–1962. Herausgeber 1950–59 Intendant Dr. Horst Gnekow, 1960–62 Intendant Karl Vibach. Druck SN.

Oberlandesgericht. 125 Jahre Schleswig-Holsteinisches Oberlandesgericht 1834–1959. Sonderheft der Schleswig-Holsteinischen Anzeigen. Schleswig (Postverlagsort), 1959.

ÖTV. 60 Jahre Gewerkschaft des öffentlichen Dienstes in Schleswig-Eckernförde. Vom Verband der Gemeinde- und Staatsarbeiter und dem Deutschen Transportarbeiterverband zur ÖTV. Festschrift zum 60. Gründungstag. Veröffentlichung der ÖTV, Kreisverwaltung Schleswig. Druck SN, Schleswig 1979, 87 S.

Pautz, Otto. 48/68. Auftrag und Leistung II. 20 Jahre Landeskulturverband Schleswig-Holstein e. V. Herausgeber LKV, Druck SN, 1968, 48 S.

Pries, Hans Heinrich. Geschichten aus der Geschichte der Sozialarbeit der Ev.-Luth. Landeskirche Schleswig-Holstein. Als Manuskript vervielfältigt vom Verfasser, Kiel, 1985, 60 S.

Refslund, Chr. (redigeret). Liv og virke i vort Grænseland 1920–1960. I. troskab. i Kærlighed. i taknemmelighed. C. A. Reitzels Forlag, o. O., 1961, 239 S.

Schlange-Schöningen, Hans (Herausgeber). Im Schatten des Hungers. Dokumentarisches zur Ernährungspolitik und Ernährungswirtschaft in den Jahren 1945–1949. Bearbeitet von Justus Rohrbach. Verlag Paul Parey, Hamburg und Berlin, 1955, 334 S.

Schlee, Ernst. Gottorfer Kultur im Jahrhundert der Universitätsgründung. Herausgegeben von Ernst Schlee. Gesamtherstellung Christian Wolff, Flensburg, 1965, 451 S.

Ders. Die Stadt Schleswig in alten Ansichten. Herausgegeben von der Gesellschaft für Schleswiger Stadtgeschichte. Verlag SN, Schleswig, 1960, 36 S. und 124 Abb.

Schleswig backbord. Nr. 9. Sozialdemokratische Bürgerzeitung. Sept. 1978. 100 Jahre SPD-Ortsverein Schleswig. Herausgeber SPD-Ortsverein, Schleswig, 1978, 16 S.

S I F.25 år Slesvig-Idræts-Forening. Schleswig, 1972, 51 S.

Ders 35 år 1947−1982 Slesvig Idrætsforening, 1982, 24 S.

Ders. Slesvig Idrætsforening 25 år Sportsanlæg. 1985, 17 S.

Speer, Albert. Erinnerungen. Propyläen-Verlag, Berlin, 1969, 610 S.

v. Sperber, Wendelin. Geschichte und Satzung der Schleigesellschaft zu Schleswig gegr. 1875. Schleswig, 1959, 16 S.

Sportverein . . 50 Jahre 1. Schleswiger Sportverein von 1906 e. V. 1906−1956. Zusammengestellt und bearbeitet von Johannes Behmer und Georg Abel. Druck SN, 1956, 99 S.

Steltzer, Theodor. 60 Jahre Zeitgenosse. München, 1966.

Stolz, Gerd. Geschichte der Polizei in Schleswig-Holstein. Westholsteinische Verlagsanstalt Boyens und Co., Heide in Holstein, 1978, 460 S.

Telling, Søren u. a. Om og af den danske jarl pa Danevirke. Sydslesvigsk Forening, Flensborg, 1969, 224 S.

Thomsen, Johannes. Der Schleswiger Arbeiterbauverein »Selbsthilfe«. Seine Leistungen seit 1894. Sonderdruck aus Beiträgen zur Schleswiger Stadtgeschichte 1968. Schleswig, SN, 1968, 22 S.

Ders. Entwicklung und Leistung der Kreissparkasse Schleswig. Herausgegeben von der Kreissparkasse o. J. (1966), 24. S.

Ders. Wahre treu was schwer errungen. Geschichte des Schleswiger Gesangvereins von 1839 e. V. Herausgegeben vom Schleswig-Holsteinischen Heimatbund . . SN, 1954, 100 S.

Ders. 100 Jahre Gesellschaft Harmonie von 1855 Schleswig. SN, Schleswig, 1955. 18 S.

Udenrigsministeriet. Aktstykker verdrørende det sydslesvigske Spørgsmaal. I. 9. Mai 1945−19. Okt. 1946. Nyt Nordisk Forlag, København, 1947, XV, 388 S. II. 30. Okt. 1946−3. Okt. 1947. Ebd. 1948, XI, 267 S. III. 7. Okt. 1947−18. Okt. 1949. Ebd. 1950, XX, 556 S.

Ueck, Almut. Die Entwicklung der Namensgebung in Ost- und Westdeutschland am Beispiel der Straßennamen unter besonderer Berücksichtigung der Straßennamen in Leipzig und Schleswig. Seminararbeit 1980/81. Maschinenmauskript, 48 S. St. A 35−6

Völkel, Eduard. Erinnerungen aus meinem Leben. Selbstverlag, Kiel, 1955

Volksbank. 50 Jahre Leistung. Vertrauen. Partnerschaft 1929−1979. Herausgegeben von der Volksbank EG Schleswig. 1979, 36 S.

Wester, Anna. Niemand von uns lebt für sich selbst. Hamburg, 1972.

Anmerkungen und Quellennachweis

1. Lüdde-Neurath, Regierung . . . Anlage 22.
2. St. A. ZD 35/14.
3. St. A. Chronik der Schutzpolizei 1. 7. 45.
4. Kriegstagebuch des Oberkommandos . . . S. 1471.
5. Lüdde-Neurath ebd. S. 63
6. Standortlager in den heutigen Gebäuden der Jugendpsychatrie.
7. St. A. Haushaltsplan 1966 S. 1.
8. St. A. Chronik der Schutzpolizei.
9. Quellen: St. A.: »Transportlisten Bugenhagenschule«, »Flüchtlingslager Stadtfeld Haus 6/7, Verzeichnis sämtlicher Flüchtlinge«, »Transporte Wilhelminenschule«, »Chronik der Lagerschule Moltkekaserne Schleswig 1946−54«, „Umsiedlung".
10. KKA Abt. III Nr. 89.
11. SN 14. 7. 49.
12. Interview 1985, »Breslauer Nachrichten. Der Schlesier« 1. 10. 64.
13. Kamphövener, Sydslesvig . . . I, S. 1268.
14. Johannsen, For alt . . . S. 8 ff. − Die Nationalsozialisten haben in den ersten Jahren die dän. Minderheit noch geduldet.
15. ebd. S. 1271. Übersetzung T. C.
16. Vgl. Flensburg, Geschichte . . . S. 458.
17. Udenrigsministeriet . . . Bd. 1 S. 1 − Übers. T. C.
18. ebd. 4. 6. 45.
19. St. A. 7 A, Protokoll.
20. Johannsen, For alt . . . S. 7 ff. Übers. T. C.
21. vgl. Clausen, Der Aufbau . . ., S. 64 ff.
22. Vgl. dazu auch Christiansen, Schleswig . . ., S. 64.
23. Seine Lebenserinnerungen »Der Aufbau der Demokratie in der Stadt Schleswig nach den zwei Weltkriegen« hat er nicht mehr selbst vollenden können. Er starb 1962 vor der endgültigen Fassung des Manuskripts. Lorenz Rerup hat es redigiert und 1966 herausgegeben. Es ist ein wesentlicher Beitrag in erzählender Form und daher nicht mit konkreten Daten versehen. Es gibt einen Einblick in die Mentalität der Menschen in einem Grenzland, das Objekt einer wechselvollen Nationalgeschichte geworden war. Es ruft die Erinnerung an das in den 20ger Jahren viel diskutierte Problem der nationalen »Zweiströmigkeit« in den Menschen im einstigen Herzogtum wach.
24. Udenrigsministeriet . . . Bd. 1 Nr. 34 c.
25. Ebd. Nr. 26 vom 2. 10. 45.
26. Landet Slesvig-Holstens . . . S. 50.
27. Kamphövener ebd. S. 1269.
28. Clausen ebd. S. 220.
29. Ebd. S. 221.
30. St. A. Protokolle . . . 7 A 1 vom 30. 10. 45.
31. Udenrigs . . . I Nr. 21 vom 10. 9. 45.
32. Ebd. Nr. 33 vom 12. 10. 45.
32a. Bei 37039 Einwohnern erstaunt zunächst die niedrige Zahl der Wahlberechtigten. Die am 16. 4. 46 in Kraft getretene Verordnung Nr. 28 der Militärregierung erklärt den Sachverhalt: Das Wahlalter war auf 21 Jahre festgesetzt worden (Art. II). Damit entfielen ⅓ der Einwohner, ausgeschlossen waren alle Bürger, die vor dem 1. 3. 1933 einer Gliederung der NSDAP beigetreten waren, alle, die in den Organisationen eine führende Funktion innegehabt hatten (bis . . . hinunter zum SA-Truppführer, HJ-Gefolgschaftsführer und „Mädelringführerin" z. B.). Zugelassen waren auch nur Einwohner, die in der Zeit zwischen dem 12. 2. und 12. 5. 46 ins Melderegister eingetragen waren. Die zwischen dem 27. 6. und 24. 7. 46 eingetroffenen 5700 Heimatvertriebenen waren also ebenfalls nicht wahlberechtigt.
33. Bd. 3 S. 1299.
34. Vgl. Frederiksen, Danmarks . . . S. 113−120.
35. St. A. 9 ZZ, Protokolle . . . und SN 9. 10. 46.
36. Flensorg Avis 24. 6. 46.
37. LA. Turnusbericht Nr. 453 vom 2. 7. 46.
38. Udenrigsministeriet . . . II Nr. 19a vom 23. 1. 47.
39. Ebd.
40. Auf die komplizierten Verhandlungen zwischen der dänischen und britischen Regierung kann hier nicht näher eingegangen werden. In britischen Archiven dürfte noch viel interessantes Material liegen.
41. Udenrigsministeriet . . . II Nr. 40 vom 23. 5. 47.
42. Abgedruckt in der Zeitschrift »Hansards . . .« Nr. 113 und 114 vom 28. 1. und 10. 2. 49. Übersetzung bei Müthling, Turnusberichte Nr. 2479 vom 17. 2. 49. LA. Es befinden sich in den Turnusberichten mehrere Übersetzungen von kuriosen Berichten des Professors über die Situation hier im Lande.
43. Vgl. Kamphövener . . . S. 1333 f.
44. Udenrigsministeriet . . . III Nr. 5 vom 8. 12. 47.
45. Ebd. Nr. 17 vom 21. 2. 48.
46. Ebd. Nr. 19 vom 26. 2. und Nr. 22 vom 28. 2. 48.

47. Udenrigsministeriet ... III Nr. 53 vom 3. 8. 48. Das Aktenwerk bringt eine Übersetzung der Briefe. Am 1. Juli 48 kamen die Militärgouverneure und Ministerpräsidenten der westlichen Besatzungszonen in Frankfurt/M. zu einer Konferenz zusammen, in der den Ministerpräsidenten von den Westmächten beschlossene Schriftstücke übergeben wurden. Im 2. dieser wurden die Min.-Präsidenten ersucht, »die Grenzen der einzelnen Länder zu überprüfen und gewünschte Änderungen vorzuschlagen« (Handbuch ... 4/III S. 148).
48. Aufbau ... S. 282.
49. St. A. Prot d. Stadtverordnetenversammlung.
50. Fl. T. 24. 11. 48.
51. St. A. Prot. Pkt. 1.
52. Vgl. Clausen, Aufbau ..., 190 ff.
53. St. A. ZD 85/4 Kriegschronik 20. 2. 48.
54. Amtsblatt für S.-H. Nr. 210.
55. St. A. Chronik d. Schutzpolizei 8. 6. 45.
56. Vgl. zur Gliederung und Bewaffnung der Polizei Stolz, Geschichte ...
57. St. A. Chronik ...
58. LA. A 213 Amtsblatt d. Militärregierung Nr. 3.
59. LA. Abt. 605, Turnusbericht Nr. 466.
60. LA. Abt. A 213, Amtsblatt Nr. 4.
61. LA. A 213 Amtsblatt Nr. 7, Verordnung Nr. 16.
62. LA. ebd. Nr. 10.
63. Da schon in den ersten Tagen der Besetzung durch örtliche Befehle alle Fotoapparate abgeliefert werden mußten − sie landeten fast alle in den Händen der Soldaten − ist es schwer, dokumentarisches Bildmaterial aufzutreiben.
64. LA. Abt. 605, Turnusbericht ... Nr. 574 vom 20. 8. 46.
65. St. A 35/8 Norwegische Besatzung ...
66. »The objekt of this study is to provide a summary of the geographical factors litzely to affect any military operations in Schleswig-Holstein.«
67. Er hatte 1939 z. B. eine scharfe Kritik an dem vom SS-Verlag das »Ahnenerbe« herausgegebene Buch von Alfred Stange »Die Wandmalereien im Schleswiger Dom« in den SN veröffentlicht.
68. Die ›Villa Rasch‹, Ecke Flensburger Straße und Thiessensweg, war die Dienststelle des britischen Residenzoffiziers.
69. St. A. V 2a/W.
70. Vgl. Schleswig backbord Nr. 9, Sept. 78.
71. Vgl. SN 9. 11. 55 Rückblick auf 10 Jahre CDU.
72. Berichte über die Wahlversammlungen im Flensburger Tageblatt im Juni und Juli 46
73. Vgl. Flensburg, Geschichte ... S. 461.
74. Landets Slesvig-Holstens ... S. 65
75. St. A. Prot. Pkt. 4
76. Vgl. zu den Straßennamen auch Almut Ueck, Die Entwicklung ..., S. 16−23.
77. Schlange-Schöningen, Im Schatten ... S. 302, Kalorientabelle.
78. Fl. T. 5. 2. 48.
79. Ebd. 27. 3. 48.
80. »Cooperative for American Remittances to Europe« »Vereinigung für amerikanische Hilfssendungen für Europa«.
81. »Europäisches Wiederaufbauprogramm«, das von dem USA-Außenminister G. Marshall am 5. 6. 47 angeregt worden war.
82. LA. A 215 Nr. 25, Amtsblatt ... 20. 6. 48.
83. St. A. Prot. Pkt. 2 und 3.
84. Flensb. Tageblatt 26. 7. 49.
85. Ebd. 6. 8. 49.
86. Ebd. 16. 8. 49.
87. Quellen der geschilderten Vorgänge: SN 21. und 22. 4. 50 und Befragung von Beteiligten der Parteien.
88. St. A. IV, 1 Nr. 23 B. Personalakte.
89. Ebd.
90. Zitiert aus Handbuch 4/III, S. 189.
91. SN 9. 12. 50.
92. DL: Dr. Beske, Dr. Braun, Felske, Trapp, Jepsen. SPD: Kube, Lossau, Müller-Stahl, SSW: Lassen, Paysen.
93. Er war in der eigenen Partei nicht unumstritten. Der Kreisverband der CDU hatte am 15. Mai − angeblich einstimmig − ein Ausschlußverfahren gegen ihn beantragt. Die SN gaben dafür am 22. 5. 51 an, daß er bei der Vorbereitung der Kommunalwahl gefordert habe, daß »... Mitglieder von Entnazifizierungsausschüssen und Mitglieder einer Loge als Ratsherren nicht tragbar seien«. Seine Wiederwahl zum Bürgervorsteher mit »... der bekannten Stimmenzahl ...« sei erfolgt, weil die CDU-Fraktion von dem am Abend vorher »... gefaßten Beschluß auf Parteiausschluß« nicht unterrichtet gewesen sei. Das Landesehrengericht der CDU hat im August dem Einspruch Wehns gegen den Parteiausschluß stattgegeben.
94. St. A. 7 A 3, Prot. der Magistratssitzung vom 6. 9. 51 Pkt. 1 und SN vom 11. 9. 51. Die Denunziation: Die Stadtwerke hätten bei Kohlezuteilungen dänisch gesinnte Familien bevorzugt und bei einer Verkehrszählung des Stadtverkehrs seien nur dänische Schüler eingesetzt worden. Paysens Klarstellung: Die Stadtwerke hatten mit der Kohlezuteilung nichts zu tun, diese war Aufgabe der Kohlenhändler. Für die Verkehrszählung seien Schü-

ler der Domschule angefordert worden, diese hätten aber der Abiturprüfungen wegen nicht gekonnt. – Die üble Atmosphäre des Mißtrauens hat Bürgermeister Lorenzen sehr bedrückt.

95. St. A. 7 A 3 Prot.

96. Ebd. 5. 3. und 13. 3. 53, SN vom 18. 3. 53.

97. Adenauer, Erinnerungen ... S. 63: »Seit dem Frühjahr 1954, seit ihrem Wiesbadener Parteitag, war Thomas Dehler Vorsitzender der FDP ... Grundsätzlich bejahe ich die Existenz einer liberalen Partei bei uns in Deutschland. Unter seinem Vorsitz würde jedoch die FDP, die eine Vereinigung von Individualisten ist, nicht gerade zu einem stabilisierenden Faktor in der deutschen Politik.«

98. SN 6. 9. 54

99. St. A. IV, 1 Nr. 23 B.

99a Lebensläufe und Bilder in SN vom 21. 3. 55.

100. Es ist nicht angebracht, hier meine durch viele Intrigen belastete Situation zu schildern. – Die SN schrieben am 25. März positiv aber doch mit einem gewissen ›Beigeschmack‹: »Wenn er (Dr. Kugler) heute gewählt wird, kann das auf keinen Fall als eine Ablehnung Dr. Christiansens gewertet werden. Es bedeutete vielmehr ein Vertrauensvotum für seine Amtsführung, der man ihn nicht entfremden will, weil sonst eine fühlbare Lücke und ein Schaden für die Stadt entstehen würde.« ... Die »Südschleswigsche Heimatzeitung« brachte am 28. 3. 55 die Schlagzeile: »SSW darf sich nicht für einen Deutschen einsetzen.«

101. SN 26. 9. 55.

102. Die Verbandsmitglieder Kurt Nemitz, Ernst Lemanski, Wilhelm Oye, Wilhelm Rohwedder und Wilhelm Wachsmann, die sich in alle Rechts- und Sozialfragen eingearbeitet und schon vielen Heimkehrern geholfen hatten, boten ihnen ihre Hilfe an.

103. SN 9. 11. 55.

104. Ebd. 21. 11. 56.

105. Ebd. 1. 10. 56.

106. Vgl. u. a. SN 19. 11. 56.

107. Hagge war ein umstrittener Mann. Er hat aber zweifellos Verdienste um den demokratischen Anfang in der Stadt. Als Landrat ›herrschte‹ er aber autokratisch. Er war als Bundestagsabgeordneter viel ortsabwesend, ließ aber dann keinen der Kreisräte ans ›Regiment‹. Die wirtschaftlichen Interessen der Stadt und des Kreises hat er mit Vehemenz vertreten. Mittel für kulturelle Institutionen hielt er allerdings für ziemlich überflüssig. Er war ein Original. Selbstbewußt ging er mit seinem nach hinten geschobenen ›Unternehmerhut‹ durch die Straßen und hieß daher im Volksmund »Hannes mit dem Hot«.

108. St. A. 7 A 7 Prot. Pkt. 13

109. Zitiert aus SN vom 14. 7. 58.

110. Vgl. dazu Christiansen, Europastraße 3 ..., S. 2 f.

111. Zitiert nach SN 20. 9. 58.

112. Vgl. Christiansen, Schleswig ... S. 72.

113. SN 28. 1. 59.

114. Vgl. dazu Christiansen, Schleswig ... S. 77

115. SN 27. 6. 60.

116. Zitiert nach SN vom 16. 3. 61.

117. Quellen u. a. St. A. 7 A 1 Protokolle des Beirats – und 9 ZZ Prot. der Stadtverordnetenversammlung und Ratsversammlungen.

118. Vgl. zum Kanalplan von 1872 Christiansen, Schleswig ... S. 154 f.

118a Die Darstellung der Versorgung erfolgt auf Grund des Buches v. Schlange-Schöningen, Im Schatten –, der Amtsblätter der Militärregierung, noch vorhandener Lebensmittelkarten im St. A. sowie Bekanntmachungen im Flensburger Tageblatt.

119. Flensburger Tageblatt 26. 7. 47.

120. Interview u. Clausen, Aufbau, S. 188 u. 214.

121. Eine wichtige Quelle sind die »Turnusberichte« Dr. Müthlings, LA. Abt. 605 1198–1206. Der Landesdirektor hatte die undankbare Aufgabe Verbindungsmann, und das bedeutete oft nur ›Befehlsempfänger‹, zwischen der Militärregierung und den zerstreuten deutschen Verwaltungsstellen, die ihn oft nicht genügend informierten, zu sein.

122. LA. Turnusberichte Nr. 130.

123. Ebd. Nr. 347.

124. St. A. 9 ZZ.

125. LA. Turnusbericht Nr. 350.

126. Ebd. Nr. 416.

127. The Regional Commissioner wants it, ebd. Nr. 547.

128. Ebd. Nr. 565.

129. St. A. 311 1a.

130. Ebd.

131. Vgl. Clausen, Aufbau ... S. 247–52.

132. St. A. 311/ 1a.

133. Vgl. Clausen, Aufbau ... S. 245 ff. und Telling, Om og af ..., S. 21 f. u. a.

134. LA. Turnusberichte Nr. 605 u. 613.

135. Aufbau ... S. 250 f.

136. Vgl. Schlee, Gottorf ... S. 10.

137. LA. Turnusbericht A. 605 Nr. 626.
138. Ebd. Nr. 1243.
139. Ebd. Nr. 1275.
140. Ebd. 1484, 5. 7. 47.
141. Ebd. Nr. 2155.
142. In den »Schleswig-Holsteinischen Anzeigen 125 Jahre ...« S. 241 wird von Erich Döhring sehr ›vornehm‹ aber doch deutlich die Verlegung nach Schleswig kritisiert: »Der Landtag bestätigte durch Gesetz vom 1. November 1948 nachträglich die Verlegung des Gerichtssitzes. Wenn der Gerichtshof die Stadt Kiel und damit zugleich das geistige Zentrum seines Zuständigkeitsbereichs verließ, um sich in die Stille einer Landstadt zurückzuziehen, so war das ein bedeutsames, seine Zukunft in mehrfacher Hinsicht bestimmendes Ereignis. Wer in der deutschen Justizgeschichte nach einer Parallele sucht, könnte sie allenfalls darin finden, daß auch das Oberlandesgericht Celle − freilich auf Grund seiner besonderen historischen Entwicklung − bereits seit 1711 außerhalb der Landeshauptstadt in der Abgeschiedenheit der Provinz tätig ist.«
143. St. A. Haushaltsplan 1947.
144. LA. E II 176 Steuerstatistiken ... S. 41. Die Zahlen für die Stadt sind nicht gesondert ausgewiesen.
145. Ebd. S. 36 f.
146. LA. E II 181, S. 48. Tätigkeitsbericht d. Handelskammer.
147. Gemeindestatistik S. 36 f.
148. LA. E 176, Die Struktur der Löhne ... S. 48.
149. Im einzelnen: Kreissparkasse 6,1 und 52,3, Stadtsparkasse 2,57 und 31,57, Volksbank 0,588 und 5,32 Mio DM. Vgl. Christiansen, Kreissparkasse ... S. 8, Stadtsparkasse schriftl. Auskunft vom 1. 9. 86, Volksbank, 50 Jahre ... S. 15.
150. Schriftl. Auskunft des Ausgleichsamts des Kreises vom 19. 8. 86.
151. St. A. Haushaltspläne.
152. Akten der Gewoba. Sie gewann besondere Bedeutung, weil sie sich zunächst besonders der Wohnungsbeschaffung für Heimatvertriebene widmete. Die 15 Gründungsmitglieder, die am 22. Januar im Sitzungszimmer des »Reichsbahnhofs« zusammenkamen, waren vor allem Heimatvertriebene. Der nach der Eintragung ins Vereinsregister neu gebildete Aufsichtsrat bestand aus folgenden Personen: Hermann Windel, Franz Bergmann, Paul Kube, Karl Lossau, Paul Drogies, Otto Rieger, Herbert Grande. Im Abschnitt II der Satzung heißt es: »Die Genossenschaft errichtet und bewirtschaftet Kleinwohnungen in eigenem Namen. Sie kann auch die Errichtung von Kleinwohnungen betreuen und fremde Kleinwohnungen verwalten.« »Die Genossenschaft fördert ihre Mitglieder dadurch, daß sie ihnen gesunde und geeignete Kleinwohnungen zu angemessenen Preisen überläßt.« Der »Geschäftsbetrieb wird auf die Kreise Schleswig, Südtondern, Husum, Eiderstedt und Norderdithmarschen beschränkt«. Die Zahl der Genossen stieg steil an: 1. 10. 49 − 196; 20. 9. 50 − 739; 9. 2. 51 − 1038 ...
153. Die 15 Häuser kosteten insgesamt 140000 DM, die die Stadt durch die Aufnahme eines Darlehens vorfinanzierte. Für das »Zehnfamilienhaus« wurde ein Darlehen von 70000 DM aufgenommen. St. A. Haushaltsplan 1952.
154. SN 1. 1. 58.
155. Im Haushaltsplan der Stadt für das Jahr 1966 wird eine Übersicht über die jährlich gebauten Wohnungen gegeben. Die Zahlen weichen z. T. etwas von den in Zeitungen und Protokollen angegebenen ab. Der Grund ist, daß manchmal die in dem Jahr fertiggestellten und manchmal die baupolizeilich abgenommenen Gebäude gezählt wurden.
156. St. A. Mag. Prot. 15. 3. 51.
157. Ebd. 21. 8. 52.
158. Ebd. 8. 5. 52.
159. Ebd. 21. 6., 29. 6. und 11. 8. 51.
160. St. A. Prot. Kulturausschuß Verw. Akte 300/2.
161. Ebd.
161a Vgl. E. Chr. Petersen in Beiträge 8, S. 25−28. Zwei Mal ist das Archiv seitdem umgezogen. Petersens Nachfolger Helgo Klatt konnte in der ehemaligen Kapelle des Grauklosters in verbessertem aber immer noch primitiven Umständen arbeiten. Im renovierten Plessenhof fand das Archiv, als die Renovierung des Klosters begann, ein neues Domizil. Es kann auch nur wieder eine Zwischenlösung sein. Die Kellerräume reichen nicht aus. Unser heutiger nebenamtlicher Stadtarchivar, Christian Radtke MA, muß weiterhin wie seine Vorgänger in unbefriedigter Situation arbeiten.
162. Quellen: St. A. Verw. Akte. 332/1/2, SN, persönliche Tagebücher.
163. Vgl. Handbuch ... 4/III S. 79.
164. St. A. 332 1 A + B. 22. 6. 48 Br. v. Fuhrbach an Küster.
165. Ebd. Akte Volkshochschule.
166. Flensburger Tageblatt 18. 10. 49.
167. Archiv des Verfassers.
168. Quellen: St. A. Prot. des Kulturausschusses, Verw. Akte 300/2 Erweiterung der Stadtbücherei, Tagebücher des Verfassers.
169. U. a. waren Anbauten an das Marthahaus, Königstraße 30, und an die Höhere Landbauschule Bellmannstraße 26, vorgeschlagen worden.
170. Quellen: St. A. Prot. Kulturausschuß, Museumsarchiv, SN, Tagebücher des Verfassers.
171. Quellen: St. A. 300/2 Prot. Kulturausschuß, 7 A 1−11 Magistratsprot., 300/2 Prot. Kulturausschuß, 351/29−31 B Idstedt-Gedächtnishalle, SN, Tagebücher des Verfassers.
172. Quellen: St. A. 300/2 Prot. Kulturausschuß, 7 A 1−11 Prot. Magistrat, Programmhefte des Theaters 1950−62, SN, S-H-Landeszeitung, Heimatzeitung, Interviews, Tagebücher des Verfassers.

173. Essmann, Kiel – Ludwig, Lübeck – Ziegler, Flensburg.
174. Oberspielleiter Karl Striebeck, – 11 Herren und 7 Damen, davon 5 und 2 aus Schleswig, die anderen aus Westerland – die Bühnenbildner Schönke aus Schleswig und Casper aus Westerland – Herbert und Gerd Skowronnek als Verwaltungsleiter und Sekretär aus Westerland – der Bühnenmeister Will und der Beleuchtungsmeister Schmidt waren als Stammpersonal des Gebäudes bereits in städtischen Diensten – Frau Gertrud Hoffmann, die im Krieg als kommissarische Intendantin das Theater geleitet hatte, erhielt einen Vertrag als Werbeleiterin. Die Gagen waren sehr bescheiden: Intendant 600 DM, Oberspielleiter 500 DM, Verwaltungsleiter 300 DM, Sekretär 200 DM, Werbeleiterin 150 DM und die Ensemblemitglieder zwischen 150 und 350 DM.
175. Die vielen fast unglaublichen Episoden und Anekdoten der Gnekowzeit können hier nicht erzählt werden. Eine bezeichnende sei aber berichtet. Rothe hatte aus allen Falstaffiguren Shakespeares das Stück »Falstaff« »komponiert«. Es war doch ein etwas fragwürdiges Unternehmen. Er schrieb in den Regieanweisungen vor, daß auf der Bühne Bier getrunken werden müsse. Wir suchten eine Brauerei, die umsonst das Bier liefern wollte. Die Flensburger Brauerei erklärte sich bereit, denn sie hatte gerade zu der Zeit ein besonderes Bier »Falstaff« im Produktionsprogramm. Sie erklärte sich bereit, pro Aufführung ein 25 l-Faß zu stiften. Sie verknüpfte damit aber die Auflage, daß im Foyer des Theaters die Brauereifahne hängen und in der großen Trinkszene das Flensburger Bier erwähnt werden müsse. Gnekow ging darauf ein, verschwieg aber, daß das Stück mehr als zwanzigmal gespielt werden sollte. Es wurde bei jeder Aufführung ein halbes Faß ausgeschenkt. Zuletzt lagen etwa 10 Fässer für ein fulminantes Ensemblefest bereit. Bei einer anschließenden Brauereibesichtigung des Ensembles wurde in vorgerückter bierseliger Stimmung in Reden festgestellt, daß zwischen einer Brauerei und einem Theater eigentlich kein großer Unterschied bestehe. Die Brauerei hatte übrigens Etiketts mit Falstaffzitaten auf die Bierflaschen geklebt. Man hätte die leeren Flaschen sammeln sollen. Skakespeare auf Bierflaschen wäre eine kuriose Bereicherung einer Bibliothek geworden.
176. SN 6. 2. 1951.
177. ebd. 7. 3. 1956.
178. ebd. 9. 9. 1957.
179. vgl. Hoffmann, P. Ingwersen . . ., S. 22–31.
180. vgl. dazu König, Deine Garnison . . ., S. 17–22.
181. vgl. 150 Jahre Landeskrankenhaus . . . S. 19f.
182. Zu den Beschlüssen der städt. Gremien sind die schon häufig aufgeführten Quellen nicht erneut angegeben, um die Anmerkungen nicht zu umfangreich zu machen.
183. St. A. Haushaltsplan 1966 S. 2a.
184. Das Kraftfahrt-Bundesamt in Flensburg hat freundlicherweise die genau aufgeschlüsselten Zahlen dem Verfasser mitgeteilt. Sie werden hier nur z. T. wiedergegeben.
185. Freundliche Auskunft des Statistischen Landesamts.
186. SN 29. 10. 1955.
187. Diese Zahl kann für die Stadt nicht absolut gewertet werden, da zu den Bezirken 3 (Friedrichsberg) und 5 (Nord) auch einige Randgemeinden gehörten. – Die Gesellschaft für deutsche Postgeschichte in Kiel und das Postamt Schleswig haben entgegenkommend die Zahlen ermittelt. Sie divergieren etwas, da das Schleswiger Amt bei einigen Angaben auch Nebenanschlüsse mitgezählt hat. Von den Zahlen für 1984 wurden hier die Anschlüsse des Amts Schleswig 4, Schuby, abgezogen.
188. Das Postamt Schleswig und die Gesellschaft für Postgeschichte haben trotz großer Bemühungen die Zahlen nicht ermitteln können.
189. LA. A. 215. »Bekanntmachung«
190. ebd. Nr. 18. »Wiederherstellung«
191. Amtsgericht, Vereinsregister.
192. Stunde . . . Anm. 31, S. 334.
193. vgl. ebd. S. 36ff und Christiansen, Schleswig als Bischofssitz . . . S. 248f.
194. KKA Abt. III Nr. 240.
195. ebd.
196. Die Darstellung fußt vor allem auf Heyer in Beiträge . . . H. 23, S. 158–163 und Pries, Geschichten . . ., S. 1 f.
197. Die benutzten Akten über die Synoden befinden sich im KKA Abt. III Nr. 87–94. Um Platz zu sparen werden sie nicht einzeln angegeben.
198. vgl. zum Bischofssitz Jürgensen, Stunde . . . und Christiansen, Schleswig als Bischofssitz, S. 248 ff.
199. KKA Abt. III Nr. 282.
200. ebd. Nr. 360.
201. ebd. 248.
202. SN 30. 8. 1951.
203. Ihr Bericht zum 75-jährigen Jubiläum der Kirchweihe ist die Hauptquelle dieser Darstellung.
204. SN 14. 5. 1951.
205. Zitiert aus 60 Jahre . . . S. 35.
206. Information . . . S. 16f.
207. St. A. VII 9 c 47.
2o8. ebd.
209. Quellen: 50 Jahre . . . und SN.
210. Schriftl. Mitteilung des 1. Vors. RA Thomsen vom 29. 12. 1986.
211. 50 Jahre S. 62.
212. Quellen: Jubiläumsschriften sowie SN.

213. Quellen: Protokolle sowie SN. Im Vereinsregister des Amtsgerichts wird der Verein mit der Nr. 221 erst unter dem Datum 28. 1. 1955 aufgeführt.
214. Die Breitenarbeit wird an der Aufschlüsselung der Sparten deutlich: Gymnastik und Turnen 463, Fußball 211, Handball 32, Tischtennis 13, Spielmannszug 32, »Passive« 68.
215. Um allzu viele Anmerkungen zu vermeiden sind nur hier und da Quellen angegeben. Die Darstellung beruht auf den Protokollen des Kulturausschusses, Interviews, Tagebüchern des Verfassers, den SN u. a.
216. vgl. Jaeger, Die vorsorgliche Bergung ... S. 98 f und Flensb. Tageblatt, 7. 5. 1947.
217. vgl. Crumlin Petersen in Deutsche Forschungsgemeinschaft ... Bd. II S. 242.
218. ebd. S. 250.
219. vgl. Bericht in Beiträge ... 1959 H 4 S. 3–27.
220. zitiert nach O. Pautz, Auftrag ... S. 48.
221. zitiert aus Katalog »Kulturtage 1958 ...«
222. Vereinsregister des Amtsgerichts.
223. vgl. Ellger u. a. in Kunstdenkmäler ... S. 236.
224. vgl. Lafrenz in Kunstdenkmäler III S. 140 und 149 f.
225. St. A. Kriegsgräberlisten. 352 4 d.

Wahlen in Schleswig

Parteien	Kommunalwahl 1946	Landtag 1947	Kommunalwahl 1948	Bundestag 1949	Landtag 1950	Kommunalwahl 1951	Bundestag 1953	Landtag 1954	Kommunalwahl 1955	1. Stimm. Bundestag 1957	Landtag 1968	Kommunalwahl 1959	1. Stimm. Bundestag 1961	Kommunalwahl 1962
CDU	26017	5634		2709	4872	– DL	8376	4118	– DL	7779	6720	5606	7259	5825
SPD	12180	3457		1940	2007	3010	2628	3449	3092	3631	3979	3874	5114	4191
»Unabhängige«, SSW	36795	7014	7000	5728	5559	5341	3354	2992	3305	2319	2525	2398	1749	1999
KPD	2151	388		206	205			223	268				–	–
FDP		316		337		– DL	1224	2645	DL	1018	1169	1587	2272	1922
DP		–		304		– DL			DL	283	209			
Unabhängige«				3777							–			
Zentrum				112						–				
DKP										–				
DRP				5027						255	478		180	
BHE–GB/BHE														
GdP					5122		2533	2695		1496	1233	????	827	871
SRP					1581						–	–	–	–
DL						9072			8269					
Parteilose						480		639						
SHB								95	– DL					
DFU													136	

1946 war die Stimmenzahl sehr hoch, weil jeder Wähler 6 Stimmen hatte.

»Unabhängige« 1946 und 1947: Die dänische Minderheit war noch nicht als politische Partei zugelassen. Als SSW »Südschleswigsche Wählervereinigung« konnte sie 1948 als Partei an der Wahl teilnehmen.

DP: »Deutsche Partei«.

»Unabhängige« 1949: Kandidaten der Heimatvertriebenen, die noch keine Partei bilden durften.

DKP: »Deutsche Konservative Partei«.

DRP: »Deutsche Reichspartei«.

»Deutscher Wahlbund« 1948, Zusammengehen aller deutschen Parteien.

BHE: »Block der Heimatvertriebenen und Entrechteten«, ab 1952 »Gesamtdeutscher Block/BHE. 1961 und 1962 GdP: Gesamtdeutsche Partei.

SRP: Sozialistische Reichspartei

DL: »Deutsche Liste«. Bei den Kommunalwahlen 1951 und 1955 Zusammenschluß der deutschen »bürgerlichen« Parteien.

SHB: »Schleswig-Holstein-Block«.

BdD: »Bund der Deutschen«.

DFU: Deutsche Friedensunion.

Offener Brief zur Bürgermeisterwahl

Schleswiger Bürger!

Am Freitag, dem 25. März 1955 soll die Wahl des Bürgermeisters der Stadt Schleswig für vorläufig 12 Jahre in öffentlicher Sitzung stattfinden. Die Stadtväter aller politischen Richtungen haben sich viel Mühe gegeben, sachlich und freundschaftlich zu dem für unsere Stadt besten Ergebnis zu kommen. Es war jedoch nicht möglich, sich zu einer gemeinsamen Auffassung durchzuringen.

Wir stehen jetzt bedauerlicherweise am Scheidewege. Die Auffassungen über die Bedeutung eines einheimischen Bürgermeisters gehen auseinander. Die größte Fraktion des Stadtparlaments hat jetzt mitteilen lassen, daß sie die Absicht hat, einen Bewerber aus Fulda vorzuschlagen und somit einen angesehenen Schleswiger, der schon ungeheuer viel für unsere Stadt getan hat, Herrn Dr. Theo Christiansen, einen hervorragenden Kenner der Probleme unserer Stadt, zu übergehen.

Zu meiner Verwunderung wird unter den Bürgern der Stadt wohl viel diskutiert, aber anscheinend nichts getan, vermutlich aus der Auffassung heraus, daß die „Stadtväter" ja doch nur tun, was sie selber wollen. So ist es aber nicht.

In letzter Minute rufe ich daher alle einheimischen Schleswiger Bürger auf, ihren persönlichen Einfluß auf die ihnen bekannten Ratsherren auszuüben, um zu verhindern, daß die Leitung unserer Stadt ausschließlich in die Hände Nichteinheimischer gelegt wird.

Wer mich kennt, weiß, daß der geringste Versuch einer Verunglimpfung mir völlig fern liegt. Aber ich darf die Tatsache nicht unerwähnt lassen, daß der Bürgervorsteher — unbeschadet seiner bisherigen Verdienste — kein Schleswiger ist. Der stellvertretende Bürgermeister ist auch kein Schleswiger. Der sehr tüchtige Kämmerer ebenfalls nicht, und nur eine kleine Minderheit des gesamten Stadtparlaments besteht aus einheimischen Schleswigern. Es darf nicht dazu kommen, daß jetzt auch das bedeutsame Amt des Bürgermeisters den Schleswiger Bürgern entzogen wird.

Die Stadt Schleswig hat mit dem verstorbenen Bürgermeister Lorenzen die allerbesten Erfahrungen gemacht. Sein engster Mitarbeiter und Berater war während seiner ganzen Amtszeit Herr Dr. Theo Christiansen. Die Qualifikationen dieses Schleswigers sind unbestritten. Er hat seit vielen Jahren seine ganze Kraft erfolgreich zum Wohle unserer Stadt eingesetzt, und er liebt seine Stadt Schleswig wie nur wenige. Warum sollte er einem gänzlich Fremden weichen, einem sicherlich guten Manne, aber einem Manne, den wir nicht kennen, und der uns und unsere Verhältnisse und Probleme nicht kennt, und der jedenfalls nur mit einer kleinen Mehrheit würde gewählt werden können.

Schleswiger!

Ihr habt bestimmt noch die Möglichkeit, Euren Einfluß geltend zu machen. Tut Ihr es nicht, dann müßt Ihr auch selber die Verantwortung für die fast völlige Ausscheidung einheimischer Schleswiger aus der Leitung unserer Stadt tragen.

Schleswig, den 23. März 1955

Svend Johannsen
Stadtrat

Anhang 2

150

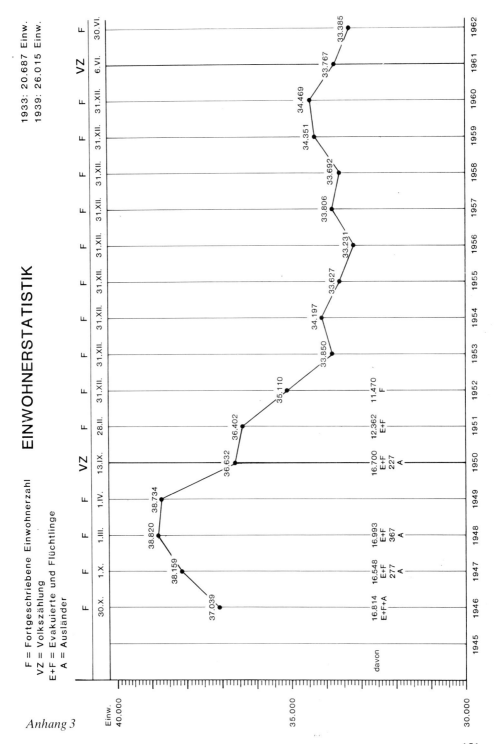

EINWOHNERSTATISTIK

1933: 20.687 Einw.
1939: 26.015 Einw.

F = Fortgeschriebene Einwohnerzahl
VZ = Volkszählung
E+F = Evakuierte und Flüchtlinge
A = Ausländer

Anhang 3

151

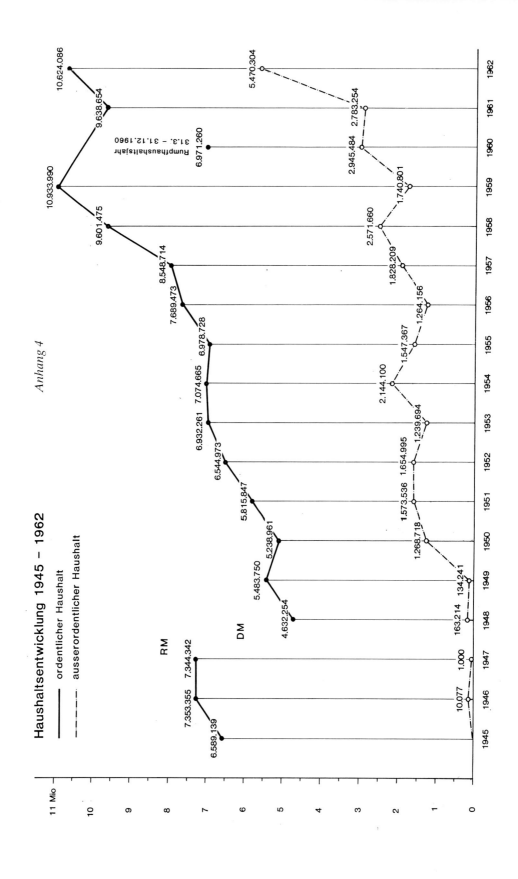

Haushaltsentwicklung 1945 – 1962

ordentlicher Haushalt
ausserordentlicher Haushalt

Anhang 4

RM

DM

Rumpfhaushaltsjahr
31.3. – 31.12.1960

6.971.260

11 Mio
10
9
8
7
6
5
4
3
2
1
0

1945 1946 1947 1948 1949 1950 1951 1952 1953 1954 1955 1956 1957 1958 1959 1960 1961 1962

7.353.355 7.344.342
6.589.139
10.077
1.000
10.933.990
10.624.086
9.638.654
9.601.475
8.548.714
7.689.473
6.978.728
7.074.665
6.932.261
6.544.973
5.815.847
5.238.961
5.483.750
4.632.254
163.214
134.241
1.268.718
1.573.536
1.654.995
1.239.694
2.144.100
1.547.367
1.264.156
1.828.209
2.571.660
1.740.801
2.945.484
2.783.254
5.470.304

Register

Abel, Georg 124

Adenauer, Konrad, Dr., Bundeskanzler, in Schleswig 1958 55

Allekote, Reg. Inspektor 106

Alslev, Dr., Ratsherr 46 f., 124

Amtsgerichtsgefängnis 34, 137

Andersen, Jörgen, Stadtwerkedirek-
tor 46, 48, 125

Ansgarskolen 16

Appel, Erik, dän. Parlamentarier 21

Appleton, brit. Major 31

Appuhn, Gunhild 134

Appuhn, Horst, Dr., Kunsthistori-
ker 134

»Arbeiterbauverein« 74

*»Arbeitsgemeinschaft Deutsches
Schleswig«* (ADS) 27, 104

Arbeitsgemeinschaft Europastraße 3
54

Arbeitslosigkeit, »Erwerbslosenausschuß« 48, 52

»Ballhaus Hohenzollern« 11, 40, 57

Bannier, Theodor, Stadtrat 20, 59,
65

Bantelmann, Dr., Albert, Archäologe 131

Bartheidel, Friedrich, Kreisbrandmeister 105

Bartram, Dr., Ministerpräsident, in
Schleswig 129

Bastel, Hans, Architekt 107 f., 118

»Großer Baumhof« 93, 128

Baußnern, von, Pastor 115

»Beamten-Wohnungsverein« 74

Beckmann, Walter, Stadtbaumeister 63, 76, 84

*»Begegnung Berlin-Schleswig-Hol-
stein«* 132 f.

»Begegnung mit der DDR« 133

Behnfeldt, Architekt 111

Behrens, Oskar, Dr., Bürgermeister
i. R. 56, 106

»Beirat«, »Hauptausschuß« 17, 20,
24, 29, 42, 59, siehe unter Kommunalwahlen

»Berliner Ballett« 132

»Berliner Ensemble« 133

Bernaerts, Hildegard, Buchhändle-
rin 134 ff.

Beske, Dr., Stadtrat 45, 58, 88

BHE, »Block der Heimatvertriebenen und Entrechteten« 14 f., 149
(Anhang 1)

Bielfeldt, Adolf 128

Blunck, Hans Friedrich, Dichter 93

Böhme, Jacob, Stadtrat, Bürgermeister, Schlossermeister 24, 28, 44,
60, 102

Braun, Dr., Stadtrat 45, 58

Brekling, brit. Entlassungsstelle 33

Brockmann, Direktor d. Stadtsparkasse 106

Die »Brücke«, »British Center« 85 f.

Brühe, Walther, MdL, MdK 15, 53

Bubbers, Thies, Stadtkämmerer 94,
124

Büchmann, Walter, Stadtrat 39 f.,
65

Bürgermeisterwahl 1955 50 f

Bürgervereine 114

Bugenhagenschule 9, 63

Bulle, Stadtrat, Reg. Oberbaurat
48, 111, 135

Bundestagswahlen 43 (1949), 49
(1953), 53 f. (1957), 57 f. (1961)

Bundeswehr 52, 55, 109

Buresch, Dr., Präs. d. Landessozial-
gerichts 70

Busdorfer Teich 110

Butterwerk 110 f.

Candit, O. Verw. Gerichtsrat 39

CDU 27 f., 39 ff., 43 f., 52, 149 (Anlage 1)

Chöre 129, 52 »Liederfreunde Ostland«, 129 Domchor, 129 »Schleswiger Gesangverein von 1839
e. V.«, 134 Gesangverein »Germania von 1864«

Christiansen, Theo, Dr., Kulturreferent 6, 150 (Anlage 2)

Christophersen, Jes, Pastor 118

Clasen, Dr., Dir. der Landesrechnungskammer 70

Clasen, Reinfried, Pastor 116

Clausen, Hermann, Bürgermeister
17, 19 f., 24, 26 ff., 39, 59 f., 66 ff.,
126

»Clubs«, britische 30

de Crespigny, brit. Militärgouverneur 24 f.

Crumlin Pedersen, Ingenieur 131

Dänische Kirche 116

Dänische Schulen 20, 24 f., 43, 75

Dahl, Hans H., Gartenbaumeister
107

Dahlmann, Hermann, Min. Rt.
i. R. 109, 134

Daniell, E. B., Oberst, brit. Resi-
dent-Offizier 33, 86

Dannenberg, Kurt 53, 104

Dehler, Thomas, MdB, in Schleswig
1956 53

Deichgräber, Fritz, Schulleiter 13 f.

DM-Schein 42

»Deutsche Brücke« 86

»Deutsche Liste« 47, 149 (Anlage 1)

»Deutscher Grenzverein . . .« 27

»Deutscher Wahlbund« 27

Dibelius, Otto, D., Dr., Bischof 133

DKP, »Deutsche Konservative Partei« 43, 149 Anhang 1)

Dockhorn, K. H., Stadtverwaltungsdirektor 91

Dönitz, Großadmiral 9 f.

Dom, Domturm, Restaurierung
106, 115, 118, 135

Domglocken 118

Dominke, Walter, Stud. Rat 108,
125

Domschule 103, 107 f.

Doose, Inge 120

Drews, Werner, Dr. med, Lagerarzt 13

Ehrenbürger 56

»Entnazifizierung« i. d. ev. luth. Kirche 116

Das Entnazifizierungsverfahren«
35–38

Erhard, Ludwig, Prof. Dr., Bundeswirtschaftsminister, in Schleswig
1961 57

ESWIG, Fabrik für Ultraschallgeräte 78

Etzel, Franz, Bundesfinanzminister,
in Schleswig 1958 55

»Europäische Jugendzentrale« 103 f.

»Evangelische Akademie« 115

FDP 41, 43, 149 (Anh. 1)

Ferngas 64, 75, 82 f.

Fernsehsender, Fernsehen 104, 113,
137

Fernsprecher 112

Finanzamt 105

Finkenstein, Graf, Dichter 92 f.

Firjahn, Christian, Stadtrat 24, 87

Flatterich, Journalist 126

Fleed, brit. Major 24

»Flensborg Avis« 40

»Flensburger Straße« 108

»Flensburger Tageblatt« 40, 102

»Flüchtlinge«, »Heimatvertriebene« 9, 12 ff, 20

Der »Fragebogen« 35

»Fraternisierungsverbot« 29 f.

v. Friedeburg, Generaladmiral 10

Freilichtmuseum 100

Fremdenverkehr 104 f., 108

Friedhof a. d. Karberg 136

»Friedrichsberg«–Busdorfer Turn-
und Sportverein . . .« 125, 147

Friedrichsberger Kirchengemeinde
117

Furbach, Kurt, Dr., Stadtsyndicus,
Stadtdirektor 63 f., 104

Gallbergschule 64, 105

Gallionsfigur 131

Garnisonfriedhof 107

Gaswerk siehe unter Ferngas

»Gauturnfest« 1954 126

Gayk, Andreas, Oberbürgermeister,
Kiel, in Schleswig 1949 43

Gedenkstätte für die Toten d. Krie-
ge 107

Gemeindeordnung 43

Gemeindezentrum »Dom-Ost« 119

Gerhardt, Bruno, Schauspieler 128

Geschäfte 112

*»Gesellschaft für Schleswiger Stadt-
geschichte«* 135

Gewerkschaften 121–124
Gewerkschaftshaus 122
»Gewoba«, »Gemeinnützige Wohnungsbaugesellschaft Nord EG« 73 (Häuserblocks), 74, 146
Gnekow, Horst, Dr., Intendant 94–98, 135, 147
Gottorf, Schloß 68
»Gottorfer Schloßkonzerte 130
Grabow, Erwin, Propst 115, 117 f.
»Graukloster« 136
Grell, Franz, Stadtrat, Drogist 40, 44, 87, 93 f., 109, 128, 136
Grell, Günther, Schriftsteller 133
»Grenzfriedensbund« 27
Greulich, Eitel, Konrektor 129
Groborsch, Oberturnwart 124
Gründgens, Gustaf, Generalintendant 98
v. Gründeroth's Hof, Restaurierung 91 f., 134

Haarhutfabrik 79
Haesler, Alfred, Major a.D., Dolmetscher 63 f.
Hafen 10
Hafensilo 109
Hagge, Johs., Stadtrat, Landrat, MdB 20, 24, 28, 45, 54, 59, 65 f., 81 f., 89, 94, 106
Hahn, Irmela, Organistin 129
Haithabu 130 f.
Hallenbad 108
Haller, Hans Jacob, Domorganist 119, 129
Hampke, Hans, Maler 133
Hansen, Bernhard, Rektor 19
Hansen, Emil, Stadtrat, Installateur 58
Hansen, Karen, Bibliothekarin 5
Hartz, Walter, Dr., Präsident des Oberlandesgerichts 110
Hase, Herbert, Dr., Kreisverwaltungsrat 51
Heimwerkerverband, »Mahnmal« 109
Heitzer, Dr., Generalstaatsanwalt 70
Hellermann, Walter, Dr., Dir. d. Landeskrankenhauses 111
Henderson, brit. Regionalkommissar 27, 68
Henningsen, Christian, Rektor 93
»Herberge zur Heimat« 115
Heumann, Gerhard, kath. Pfarrer 120 f.
Heyer, Friedrich, lic., Pastor 115 ff., 120
Hingst, Hans, Dr., Archäologe 131
Hinrichs, Hans, Dr., komm. Bürgermeister 17, 20, 59 f., 68
Hoe'sche Bibliothek 90
Hoffmann, Ernst, Prof. Dr., Archivdirektor 132, 135
Hoffmann, Gertrud, Werbeleiterin 95, 126
Horn, Heinz, Reeder 108

Hoyer, Karl Heinz, Dr., Volkshochschulleiter 88

Idstedtgedächtnishalle 92 f., 136
Ingwersen, Peter, Dr., Reg. OSchulrat i.R. 108, 135
Internierungslager 33 ff.
Iversen, Hartwig, Pastor 118

Jacobi, Prof. Dr., Gynäkologe 63, 81
Jankuhn, Herbert, Prof. Dr., Archäologe 130 f.
»Jedermannshäuser« 72
Jepsen, Hans, Stadtrat, Kaufmann 58
Johannsen, Svend, Rektor, Stadtrat 17 f., 20 f., 24, 25, 27, 59, 63
Jonas, Heinrich, Dr., Dir. d. Landwirtschaftsschule 110
Jürgensen, Hans-Werner, Rektor 128
Jürgensen Lüngerau, Wilhelm 49
Jugendheime 193, 124 (»Schleswig 06«), 125 (Sportverein Friedrichsberg), 127 (1946)
Jugendherberge 103 (Sudhaus), 105
Jungjohann, Werner 128

Kammer, Klaus, Schauspieler 96
Kamphausen, Alfred, Prof. Dr., Museumspfleger 101 f.
Kamphøvener, Morten 16
Kanalisation 107, 111
Kellenbenz, Hermann, Prof. Dr., Historiker 6, 135
Kersten, Karl, Dr., Museumsdirektor 68 f., 91, 130 f.
»Kieler Erklärung« 28
Kindergärten 104, 106, 120 (kath.)
Kindergärtnerinnenseminar 106
Kirche, ev. lutherische 114–120
Kirche, katholische 120 f.
»Kirchlicher Arbeitskreis« 114
»Kirchliche Schule« 115
»Kirchlichkeit« 117
Kirkegaard-Jensen, dän. Pastor 116
Kläranlage 110
Klatt, Helgo, Stadtarchivar 6, 135, 146
Knecht und Wördemann, Lederfabrik 110
Kolbe, Hans, Landrat i.R. 108
Kommunalwahlen 21 ff. (1946), 27 f. (1948), 42, 47 (1951), 51 (1955), 55 f. (1959), 58 (1962)
KPD 41, 149 (Anlage 1)
Kraftfahrzeuge 112
Kraft, Waldemar, Vor. d. Landsmannschaft Weichsel/Warthe 14
Krankenhäuser 63 (1945), 81
Krankenhaus-Zweckverband 82
Kreisberufsschule 81
Kreishaus, Anbau 108
Kriegsgefangene (ausländische) 10 f.
Kriegsgefangene (deutsche) 48, 50, 52

Krohn, Friedrich, Leiter des Hauptamts 106
Kube, Paul, Stadtrat 45, 58
Kühl, Hans-Heinrich, Dr., Landrat 54
Kühn, Oberst d. Gendarmerie 30 f.
Küntscher, Prof. Dr., Osteologe 81
Kügler, Werner, Dr., Bürgermeister 51, 54, 58, 61, 90, 98, 100 ff., 107 f., 109 f.
Kuhnt, Dr., Präsident des Oberlandesgerichts 69, 110
Kuklinski, Landesminister 87
»Kulturkalender« 134

La Baume, Dr., Archäologe 134
Ladenstraße 109 f.
Laienspiel 128 f.
Landesarchiv 132
Landesbibliothek 75
Landesfeuerwehrtag 1954 105
Landesjugendheim 104
»Landeskulturverband Schleswig-Holstein e.V.« 132 f.
»Landeskulturwoche« 1952 132
Landesmuseen 67 ff., 103, 127 f., 130 ff., 133
Landesrechnungskammer 70
Landessatzung 26
Landessozialgericht 70, 105
Landesverwaltungsgericht 69
Landsmannschaften 14
Landtagswahlen 41 (1947), 46 (1950), 50 (1954), 55 (1958), 149 (Anhang 1)
Larschow, Wili, Lagerleiter 14
Lassen, Johs. Stadtrat, Schlossermeister 20, 24, 45
Lastenausgleich 15, 71
Laur, Wolfgang, Dr., Volkshochschulleiter 5, 88
Lazarette 11
Lemke, Dr., Bürgermeister 51, 106
Liesegang, Carl, Konzertleitung 130
Lindstrøm, Ture 19
Lollfußer Mädchenschule 64
Londoner Außenminister-Konferenz 1948 26
Lorenzen, Bruno, Reg. Rt., Bürgermeister 43 ff., 50, 60, 81, 83, 87, 94 f., 104 f.
Lornsenschule 103, 129
Lossau, Carl, Stadtrat 44 f., 110
Lübke, Friedrich Wilhelm, Landrat, Min.-Präsident 27, 81
Lüthen, August, Stadtrat, Gewerkschaftssekretär 58
»Luisenbund« 48
Luthe, Heinz, Stadtrat 20, 65 f., 122

Maaß, Bernhard, Stadtrat 58
Magistrat 45 (1950), siehe unter »Kommunalwahlen«
Mahrt, Stadtrat, Zimmermeister 24
»Maifeier« 1946 122 f.
»Marineverein...« 48
»Marthahaus« 88

Matthiesen Lunding, Hans, Oberstltnt. 20
Memorandum d. dän. Minderheit a. d. Alliierten 25
Mess, Erwin, Architekt 110
Meyer, Hauptpastor 116
Michaelisgemeinde 115
Michel, Fritz, Dr., Hauptschriftleiter 102
Miemietz, Dr., Dir. d. Finanzamts 58
Miethke, Alfred, Dir. d. Kreissparkasse 124
Militärpolizei, britische 30
Militärregierung, Anordnungen u. Verbote 31 f., 40 (Zeitungen)
»Minervalager« 13, 115
Mirow, OStudiendirektorin 106
Mittelschule 63, 76
Möller, Christmas, dän. Außenminister 20 f.
Möweninsel, Ausgrabung 134
Moltkekaserne 10 f., 13 ff., 115
Moritzen, Pastor em. 118
Müller, Holzbildhauer 107
Müller-Stahl, Stadtrat 45, 110
Müthling, Dr., Landesdirektor 24, 65 f., 69

»Nachbarschaften« 114
Nehm, Eduard, Dr., Generalstaatsanwalt 111
Neujahr, Pastor 109
Niederdeutsche Bühnen, 128 Axel Dühren-Schröder (1945 »Renaissancetheater« (1948), »Plattdütsche Komödi Schleswig« (1948–heute) – jetziger Name »Niederdeutsche Heimatbühne Schleswig«, »Speeldeel Schleswig« (1962)
Nielsen, Frede, dän. Parlamentsabgeordneter 19
Nicolai, Kay, Theaterdirektor 93
»Nordfleisch AG« 110
Nordmark-Landestheater 49, 93–100
Nordmark-Sinfonieorchester 130
Norwegische Brigade 14, 32
Nydal, Jens, Landesdirektor 103
Nydamboot 127 f.

Oberlandesgericht 69 f., 110
Oberverwaltungsgericht 105
Ondra, Anny, Filmschauspielerin 9
Orgelkonzerte 129
Ornowski, Johs. Lehrer 13
Osterloh, Edo, Kultusminister 108, 132 f.

»Paketaktion« 19
Panzersperren, Schützengräben 59
Pastorat »Dom-Nord« 118
Pastorat »Michaelis-Nord« 118
Paulsen, Anna, Dr. theol. 118, 136
Pautz, Otto 34
Pavelzik, Reg. Rt. 14

Paysen, Andreas, Stadtrat, Journalist 24, 44 f., 48, 58
»Peermarkt« 137
Personalausweis 32
Pestalozzischule 106
Peters, Friedrich Ernst, Dichter 135 f.
Petersen, Ernst Christian, Stadtarchivar 12, 31, 85, 91 f., 131
Petersen, Hans, Berufsschuldirektor 110
Petersen, Sophus, Stadtrat 24
Pferde 112, 137
Ploigt, Pastor 118
Pohl, Erich, Dr., OStudiendirektor 107
Pohl, Reimer, O.St. Rt. 5
Polen 59, 61
Polizei 30 f., 117
Polzin, Lehrer 13
Post 12
Postleitzahlen 111
Pries, Heinrich, Pastor 115
Propsteisynoden 115–120

Radtke, Christian, MA, Stadtarchivar 6
Ramcke, General 48
Ratsversammlung 44 f., siehe unter Kommunalwahlen
Regierungssitz vgl. Inhaltsverzeichnis
Rehberg, Michael, Schauspieler 99
»Renaissancetheater« 93, 128
Rieken, Bauingenieur 106
Rippert, Heinz, Intendant 98
Röhl, Uwe, KMD 99, 119, 129
Rothe, Hans, Prof. 99
»Rotjackenclub« 137
Ruge, Kreisbaumeister 81
Rust, Dr., Reichskulturminister 10

»Säuberung« der Verwaltung 1945 29, 59
Sagell, Ellen, Schauspielerin 96
Sander, Heinz, Dr., Verwaltungsgerichtsrat 54
Savory, Prof., engl. Unterhausabgeordneter 25
Schaarschmidt, Volkhochschulleiter 87 f.
Schacht, Heinrich, Sparkassendirektor 106
Schäffler, Margarete, Rektorin 63
Schardey, Luise, Stud. Rätin 129 f.
Schatz, Kaufmann 114
Scheel, Otto, Prof. Dr., Historiker 66, 90 f., 117, 134 f.
Schensky, Franz, Fotograf 108
Schietzel, Kurt, Dr., Archäologe 131
Schlee, Ernst, Dr., Landesmuseumsdirektor 91, 101, 130, 136
Schleibahn 106
»Schleihalle« 106, 137
»Schleiwoche« 1950 126
»Schleswig«, Fischereischiff 138

»Schleswig«, Küstenminenboot 109
»Schleswig 06« »Erster Schleswiger Sportverein von 1906« 124
»Schleswiger Nachrichten« 102
»Schleswig-Holsteinischer Heimatbund« 27, 134
»Schleswig-Holsteinische Theatertage« 133
»Schleswig-Holsteinischer Sängertag«1951 129
»Schloßparktheater«, Berlin 132
Schmeling, Max, Boxer 9
Schmidt, Hermann, St. Rt., Volkshochschulleiter 87
Schmidt, Johs. Lagerleiter 14
»Schmieden-Hof« 111
Schnöpf, Marianne, Büchereileiterin 88 ff., 109
Schreiber, Betti, OStudiendirektorin 106
Schriewer, Dr., Leiter d. Büchereizentrale 89 f., 132
»Schule Nord« 109
»Schule St. Jürgen« 110
Schulz, Eva, Büchereileiterin 90
Schumacher, Kurt, Vors. d. SPD 40 f.
»Schwarzer Weg« 109 f.
Schwarzhandel 62
»Schwedenhaus« 104
Schwesternwohnheime, Stadt u. Land 109
Segelcke, Karl, Leiter des Hauptamts 106
Selbstwählfernamt 110
Siemonsen, Propst, Konsistorialrat 114 f., 117
SJF, »Slesvig-Idräts-Forening« 124 f.
Sill, Edit 88
Sinfonieorchester (Wolf Hecht) 128
Sippenforscher 134
»Sittliche Zustände« 117
Skowronek, Herbert u. Gerd, Verwaltungsleiter 97
Smith, Dudley, Oberst, Kreisresident-Offizier 20, 32, 126
»Soldatenverband« 48
Sozialstruktur 112
SPD 27 f., 39, 43 f., 149 (Anhang 1)
Spielkasino 75
Sporthalle 110 f.
Sportvereine, verschiedene 125
»Spritfabrik«, Kartoffelverwertungsgesellschaft 111
SSV, »Südschleswiger Verein« 19, 21, 24 ff.
SSW, »Südschleswigsche Wählervereinigung« 27 f., 43 f.
Staatsanwaltschaft 70
Stadtarchiv 84 f., 146
Stadtbücherei 88 ff.
»Stadtcafé«, Hotel 111
»Stadt Hamburg«, Hotel 10, 53, 103, 109
Stadtjubiläum, 1150-Jahrfeier 105 f., 132

Stadtprospekt 102
»Stadt Schleswig«, Schiff 108
Stadttheater, Umbau 84
Stadtverkehr 12, 75, 110
Stadtverordnetenversammlung 20
  (1945), 42 f.
Städtefreundschaft 54 f., 56
Städtisches Museum 90−93
»Stahlhelm« 48
Statistische Daten 70 ff., 112 f.
Steiner, Heinrich, GMD 130
Steiner, Johs. 87
Steiner, ehem. Wehrmachtspfarrer
  118
Stelzer, Theodor, Oberpräsident
  66 f.
Steppat, Hans, Stadtrat, Schulrat
  20, 59
St. Johannis, Garnisonkirche 119 f.
»St. Pauluskirche« 119
Straße nach Husum 33
Straße nach Klein Rheide 111
Straßenbau 1949−62 74 f.
Straßennetz 108
Straßenumbennungen 41
Striebeck, Karl, Oberspielleiter 49,
  95
»Sudhaus« 115
Südschleswigausschuß (Sydslesvigsk
  Udvalg) 24
»Südschleswigsche Heimatzeitung
  27

»Tag der Heimat« 52 f.
Telling, Søren 68
Tessin, Dr., Geschäftsführer d.
  VVV 102
Theaterensemble 97 f., 99 f., 146
Thedieck, Staatssekretär 50, 132
Theune, O. Studiendirektor 103,
  107
Thomas, brit. Oberstltnt. 68
Thomsen, Johannes, Journalist 129

Thumsdorf, Dr. 63
Tiburtius, Senator, Berlin 132
Tiedje, Johs., Landrat 17
Timmermann, Dr., Chefarzt 63
Töwe, Stadtsyndicus 104
Toussieng, F. E. W., dän.
  Oberstltnt. 20
Trapp, Stadtrat 45
Tremblat, brit. Major 20
Tretow, Karl, Stadtrat 88, 111
Troeder, Bundeswehrpastor 120
Tröndle, Stadtrat 58
TSV, »Turn- und Schwimmverein
  von 1864 ...« 124

Uhu 138
»Umerziehung«, Readucation 30
Umgehungsstraße 75 ff.
Ungarnflüchtlinge 53
Universität 9, 66 f.
Unverhau, Dagmar, Dr., Historike-
  rin 6
Urban, Martin, Dr., Kunsthistori-
  ker 130, 133

Vereine 113 f.
Verkehrs- und Verschönerungsverein
  (VVV) 102
Versorgung 41 (1948), 61 f. (1945),
  103 (1950)
Vibach, Karl, Intendant 98 ff.
Vierck, Pastor 118
Vogel, Volker, Dr., Archäologe
  131
Volkshochschule 86 ff.
Volkssturm 9

»Währungsreform« 42
Wahl, Otto v. Stadtrat, RA 58, 88,
  130, 134 f., 138
Wahlwerbung, 22 f., 28, 46 f., 53
Warner, Theodor, Prof. Dr., Präsi-
  dent d. LKV 132

Wasserturm, Erhöhung 109
Wasserwerke 64
Wechselstrom 109
Wegener, Otto-Hellmuth, Dr., Präsi-
  dent d. Landesverwaltungsge-
  richts 69
Wehn, Carl, Bürgervorsteher 43 f.,
  47 f., 54, 58, 83, 109 f.
Weigel, Helene, Witwe Bert
  Brechts 133
Weiland, Asmus Peter, Bankdirek-
  tor 91, 134
Weiland, RA, Stadtrat 20, 59
Weimar, Dr., Leiter d. Büchereizen-
  trale 90
Weiß, Johs., Stadtrat, Reg. Rt. 20,
  24, 28, 59
Wendland, Franz 124
Wester, Reinhard, D., Bischof 95,
  115, 117 f.
Wetteramt 75, 105
Wilhelminenschule 9
Will, Kurt, Omnibusunternehmer
  125
Wittich, O-Landesgerichtsrat 87
Wittmaack, Max, geschäftsführender
  Vors. d. LKV 132
»Wobau« 74
Wohnungen »alter Kämpfer« 59
Wohnungsamt 72 f.
Wohnungsbau 1949/62 74 f., 109 f.
Wohnungskommission 14
Wohnungsnot 104 (1952), 110 (1958)
Wolf, Lehrerin 13
Wulff, Pastor em. 118

»Zentralbücherei Schleswig, Mittel-
  rücken« 90
»Zeugen Jehovas« 117
Ziegler, Intendant 94
»Zimmertheater« 128
Zuckerfabrik 76, 79 ff.

Stadtplan

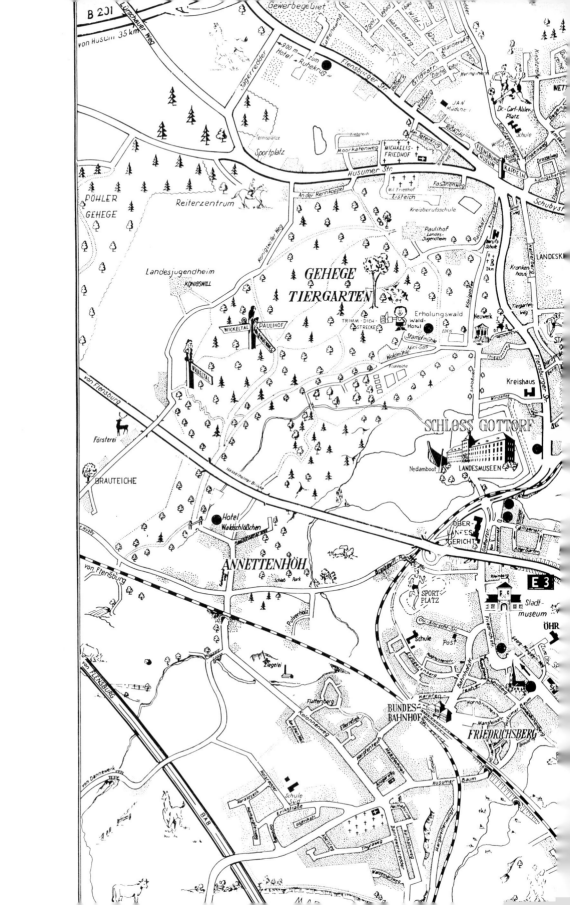